1 MONTH OF FREE READING

at

www.ForgottenBooks.com

By purchasing this book you are eligible for one month membership to ForgottenBooks.com, giving you unlimited access to our entire collection of over 700,000 titles via our web site and mobile apps.

To claim your free month visit:

www.forgottenbooks.com/free663378

ISBN 978-0-428-35825-9
PIBN 10663378

ALPHONSE GAGNON

L'AMÉRIQUE
PRÉCOLOMBIENNE

ESSAI

SUR L'ORIGINE DE SA CIVILISATION

QUÉBEC

A l'honorable sir LOMER GOUIN,

Premier Ministre de la Province de Québec.

Lorsque le congrès des Américanistes s'est réuni à Québec, en 1906, vous avez bien voulu, par une faveur exceptionnelle, mettre à sa disposition les salles de l'Assemblée législative pour y tenir ses séances ; vous lui avez souhaité la bienvenue en des termes extrêmement sympathiques ; de plus, votre gouvernement, par une aide généreuse, a contribué au succès de son œuvre. Permettez à l'auteur du présent ouvrage et membre de ce congrès, de vous dédier, comme témoignage de respect et de reconnaissance, le livre qu'il publie aujourd'hui sur l'Amérique préhistorique

PRÉFACE

—

Les progrès réalisés depuis un siècle dans les différentes branches des connaissances humaines, la diffusion générale de la science, la facilité des voyages, ont fait pénétrer chez les masses une foule de notions d'autant plus appréciées qu'elles sont mieux connues. Dans un domaine plus spécial du savoir, les découvertes archéologiques accomplies en ces derniers temps ont singulièrement élargi les horizons de ceux qui veulent étudier l'histoire de l'humanité. De toutes parts le passé se lève ; des peuples, dont nous ignorions jusqu'ici l'existence, se révèlent à nous de la profondeur des siècles. Pour l'archéologie préhistorique américaine en particulier, le jour commence à se faire. Les congrès internationaux des Américanistes ont imprimé un nouvel élan aux missions scientifiques publiques et privées dans les deux Amériques. Dans les différentes villes où se sont tenues ces assises scientifiques depuis 1875, date de leur fondation, elles ont créé un mouvement d'idées qui, sans elles, n'existerait pas, un centre, un foyer commun, où tous ceux qui s'occupent de l'histoire ancienne et de l'archéologie du Nouveau-Monde, peuvent se rencontrer, soumettre leurs travaux, faire connaître les résultats de leurs découvertes, populariser enfin la connaissance de l'Amérique précolombienne. Ainsi, on ne saurait se flatter aujourd'hui d'apprendre une chose nouvelle à la plupart des lecteurs en leur disant que l'Amérique des temps précolombiens a vu une civilisation très développée et offrant autant d'intérêt que les civilisations du Vieux-Monde ; qu'au moment de sa découverte par Christophe Colomb, notre continent était habité par deux grandes familles de peuples, dont l'une, composée d'une multitude de tribus à l'état sauvage, avait à peu près pour unique moyen de subsistance la chasse et la pêche ; l'autre, organisée en corps de nation, ayant des formes régulières de gouvernement et de religion basées sur une puissante hiérarchie sacerdotale, vivait des produits de la culture du sol, du commerce et de l'industrie. C'est encore un fait généralement connu que l'on trouve au Mexique, au Yucatan, dans l'Amérique centrale et au Pérou, les ruines de nombreuses et grandes cités ; que ces cités étaient remplies de temples, de palais, d'édifices extraordinaires par leur forme et leurs dimensions, élevés sur des terrasses artificielles et séparés les uns des autres par de vastes espaces. Mais ce que savent seuls les spécialistes, c'est le nombre et l'étendue de ces villes, l'usage et le genre particulier de tous ces édifices, l'histoire, encore confuse il est vrai, des auteurs de ces vieux monuments.

La tradition, quoique très obscure, touchant l'établissement dans notre continent des premiers États, qui ne furent probablement que de simples confédérations gouvernées par des chefs indépendants, nous laisse deviner que des révolutions et des désastres, dont il ne reste pas même de souvenirs, firent disparaître ces empires primitifs. A cette première destruction succédèrent d'autres monuments non moins imposants dont les ruines sont également perdues dans les sombres forêts ou dans les déserts du Nouveau-Monde ; car l'Amérique, dit un de ses historiens, a eu ses cataclysmes, ses invasions de barbares, ses civilisations successives et ses nationalités, tout comme le vieil hémisphère.

Il n'est peut-être pas hors de propos, pour la plus

parfaite intelligence des chapitres qui vont suivre,
de dire dès maintenant ce que l'on doit entendre
par l'appellation de « villes », appliquée à désigner
certains groupes de ruines qui jonchent le sol de
l'ancienne Amérique civilisée. Le lecteur ne doit
pas se figurer des villes tout à fait à l'image des
nôtres, renfermant ensemble, sans ordre apparent,
les édifices d'un caractère religieux, civil et domes-
tique qui les composent, car telle n'était pas la
disposition de ces anciennes cités. C'étaient plutôt
des centres habités que des villes, des centres religieux et politiques.

Ces villes indiennes se composaient toujours des
mêmes édifices, généralement au nombre de quinze
à vingt, bâtis sur d'énormes terrassements en forme
de talus et garnis d'escaliers. Ils se divisaient en
palais, temples et autres édifices sacrés, sortes de
monastères et de couvents, où se tenaient les prêtres
et les jeunes filles vouées au culte.

Ces monuments, dont les murailles étaient ornées
de bas-reliefs et couvertes de peintures éblouissantes,
étaient disséminés sur un grand espace et reliés
entre eux par des chaussées cimentées, colorées en
rouge et ombragées par des plantations de palmiers
et d'arbustes fleuris. On avait aménagé près de

ces temples et de ces palais des cours et des places au milieu desquelles se voyaient des statues, des colonnes et des stèles sculptées, qui montrent que, dans ces anciennes villes, l'ostentation et le luxe coexistaient avec la richesse, tout comme dans les contrées orientales. Ces premiers groupes de bâtiments, qu'entourait un mur d'enceinte, formaient le centre de la ville. Aux alentours, au milieu de véritables parcs, s'étendaient les habitations des grands seigneurs et des riches marchands, habitations parfois non moins somptueuses que celles du chef de l'État. Le peuple et les esclaves avaient leurs huttes beaucoup plus loin, en dehors de la ville. Ces cabanes ne formaient que d'éphémères agglomérations dans le voisinage de grandioses édifices, les seuls dont nous retrouvions encore des restes. Les vieilles cités américaines occupaient donc un circuit très étendu et ressemblaient à un immense jardin, selon l'expression d'un explorateur. Les ruines qui en subsistent aujourd'hui, perdues au milieu de sombres forêts ou éparses dans les déserts, produisent l'effet le plus saisissant dans leur silence et leur morne désolation. Malgré leur état de dégradation, elles portent encore en elles la preuve que la magnificence et la richesse existaient autrefois dans ces contrées, et que les descriptions que nous en ont laissées Cortez et les premiers écrivains espagnols n'étaient pas exagérées. Un explorateur, John-L. Stephens, comparant sur les lieux ces descriptions avec ce qu'il voyait, dit qu'elles n'expriment que la vérité, et il trouve singulier que leurs auteurs aient parfois été jugés peu dignes de confiance.

Un des premiers débris qu'il aperçut en atteignant l'emplacement des ruines de Copan (Honduras), fut une colonne en pierre de quatorze pieds de hauteur dont les quatre côtés, larges de trois pieds chacun, étaient couverts, de la base au sommet, de sculptures d'une telle exécution, que la vue inattendue de ce monument dissipa aussitôt et pour toujours de son esprit toute incertitude touchant le caractère des antiquités américaines. Il en demeura convaincu que les ruines qu'il cherchait étaient intéressantes, non seulement à titre de vestiges d'un peuple inconnu, mais encore comme objets d'art, prouvant, comme le feraient des témoignages historiques nouvellement découverts, que les peuples qui occupaient cette partie de ce continent n'étaient point des sauvages. L'architecture, la sculpture, la peinture, tous les arts qui embellissent la vie, avaient anciennement fleuri en ces lieux maintenant envahis par la forêt [1].

Ces temples, ces palais, tous ces vastes édifices, couverts d'étranges décorations, démontrent aussi que les classes dirigeantes exerçaient un pouvoir illimité sur le peuple. Toutefois, lorsque nous comparons ces ruines avec ce que nous disent les Espagnols de celles de ces anciennes villes qui existaient encore au moment où ils prirent possession de ce continent, on peut se représenter la vie qui les animait jadis. C'est ce qu'a fait le célèbre explorateur français, M. Désiré Charnay, lequel nous a donné, dans un récit plein d'intérêt [2], une évocation du passé, un tableau complet et « véritable en toutes choses » de cette civilisation, du moins de celle qui existait au Yucatan, vers l'époque de la Conquête.

Le plan horizontal des palais était presque toujours identique à ceux dont les anciens palais d'Orient nous offrent le modèle, de même que le groupement de ces palais et de ces temples, avec les tours qui

1. *Incidents of Travel in Central America, Chiapas and Yucatan*, New-York, 1841, pp. 102 et 105.

2. *Une Princesse indienne avant la Conquête*, Paris, 1888.

les surmontaient et les cours intérieures, ressemblaient beaucoup à ce qui se voit dans les parties sud et occidentale de l'Asie et en Egypte. Les objets que possèdent les musées, l'art de transmettre la pensée par l'écriture, les soins donnés à la culture et à l'irrigation, sont encore autant de témoignages que cette ancienne civilisation avait atteint un degré de développement relativement avancé.

Maintes fois, dans le cours de mes lectures, j'ai rencontré, et souvent même chez des auteurs qui écrivaient pour un tout autre objet que celui de rechercher l'origine des Américains, des passages comme les suivants :

« Le calendrier des Mayas présente à la fois les principes du calendrier égyptien et ceux des calendriers asiatiques. »

« L'identité des pyramides de l'Egypte, de l'Asie, de l'Océanie et de l'Amérique, prouve une relation primitive entre ces peuples. Une pareille coïncidence matérielle ne peut être l'effet du hasard. »

« De plus en plus, l'étude des traditions antiques aussi bien que celles de la civilisation et du calendrier, nous portent à chercher de l'autre côté du Pacifique les origines primitives de la civilisation qui existait au sein de la race cuivrée (américaine). »

« La comparaison des ruines de l'Egypte, de Ninive et de Babylone, qui en supposent tant d'autres plus anciennes, avec certaines ruines non moins antiques peut-être du continent américain, offre d'abord des rapprochements très remarquables ; de part et d'autres d'immenses édifices chargés de sculptures et d'hiéroglyphes, des monuments de forme pyramidale, de dimensions gigantesques, élevés en l'honneur du soleil, de l'astre brillant adoré en commun. De part et d'autres aussi des détails souvent identiques dans ces constructions, un pouvoir despotique et théocratique. »

« Quant à nous, dit M. Léon Douay, après avoir eu la bonne fortune de vivre au milieu de deux tribus centro-américaines restées pures, et après avoir été aux Indes dont nous avons étudié les coutumes et les croyances, nous avons été surpris d'y retrouver avec les coutumes et les croyances américaines de nombreuses analogies, dont quelques-unes à notre connaissance n'ont pas été signalées. »

Commentant le résultat des fouilles opérées tant en Amérique qu'en Orient, l'auteur de l'*Histoire des Littératures comparées* s'exprime ainsi :

« On apprit que les « pétroglyphes » exhumés du

sol de l'Amérique centrale sont souvent identiques, pour la forme et la signification aux hiéroglyphes égyptiens. Il fut reconnu — quant à l'antiquité du nouveau monde — que d'étroites communications avaient existé entre ses aborigènes et les peuples de l'Egypte et de l'Asie Mineure. On en détacha des comparaisons infiniment curieuses entre les cérémonies religieuses des peuples primitifs de l'Amérique centrale et celles de l'Inde et de la Chine. Enfin, les fouilles opérées avec succès ne laissèrent point de doute sur la coexistence des races américaines constituées et des races mentionnées dans les livres de Moïse. »

Ces citations, que je pourrais multiplier, avaient fini par frapper vivement mon esprit. Il me parut que la question des origines de la civilisation américaine devait être étudiée en regard des antiquités orientales ; que c'était là, en la matière, la voie la plus directe et la plus propre pour arriver à se former une opinion de quelque consistance. Je dirai même que l'archéologue qui fait de l'Amérique l'unique champ de ses études, pourra certainement nous donner des détails du plus haut intérêt sur les civilisations indigènes, mais il n'aura pas qualité pour nous en dire l'origine s'il ne peut en même temps comparer ces civilisations avec les civilisations orientales. L'Orient, on le sait, est le pays des révélations, des monuments gigantesques, des sacerdoces formidables. C'est dans cette partie du monde que se sont produits « les premiers élans de l'activité et de la vie », et l'Orient, c'est l'Egypte, la Phénicie, l'Assyrie, la Chaldée, l'Inde. De l'Amérique, je reportai donc mes études comparatives à ces pays, que de savants archéologues faisaient renaître une seconde fois. Les nouveaux éléments fournis par leurs découvertes, depuis surtout un quart de siècle, l'exhumation et le déchiffrement des inscriptions akkadiennes, hittites, himyriates et autres, provenant des nationalités primitives de l'Asie, l'étude même des langues actuelles de l'Indo-Chine et de la péninsule hindoustanique, nous donneraient, j'en avais la conviction, la clef de ce que nous serions si heureux de savoir touchant l'origine des premiers civilisateurs de notre continent. Je résume ici la question en la synthétisant, ou plutôt en réduisant à quatre chefs principaux ce qui me paraît rationnel d'après un examen attentif des faits.

Je n'ignore pas que l'esprit humain est partout identique à lui-même, que les mêmes besoins ont fait naître chez l'homme les mêmes efforts de l'intelligence, les mêmes créations de l'industrie. Il exécute les mêmes choses sous l'empire des mêmes circonstances. De fait, les débris trouvés dans toutes les parties du monde attestent que l'humanité, aux époques primitives de sa civilisation, s'est servie d'instruments semblables. Mais cette loi ne peut s'étendre qu'aux exigences de sa vie matérielle et non aux produits du génie de l'homme, aux conceptions de son intelligence cultivée, et qui sont chez lui les effets d'une civilisation déterminée. Tels, par exemple, les arts de la construction, qui fournissent des indications de la plus haute valeur sur les affinités ethnologiques. « Les temples, les palais et les tombeaux, dit le révérend Isaac Taylor dans ses *Etruscan Researches*, peuvent être regardés comme autant de pétrifications des aspirations, des pensées et des sentiments des peuples ; ils sont l'expression spontanée et inconsciente de particularités mentales héréditaires. »

Le concours de deux classes d'archéologues est indispensable à la production d'un travail comme celui que j'ai l'honneur de présenter aujourd'hui au public : les professionnels, opérant sur le terrain, et les hommes de cabinet qui, moyennant de patientes

les déductions logiques à retirer des divers travaux dus à ceux qui ont examiné les monuments sur les lieux. La vie humaine n'est pas assez longue pour permettre à un seul homme de visiter tous les monuments à mentionner dans une œuvre d'ensemble, de faire, au besoin, des travaux d'exploration, voyages et travaux qui nécessisteraient d'ailleurs des ressources pécuniaires illimitées.

Chaque explorateur, pour étudier avec profit, ne peut, tout au plus, que se cantonner dans une province, porter toute son attention sur le district dont il a fait choix, ne s'occuper que de tels et tels monuments, puis émettre à leur sujet les théories qui leur sont propres, mais qu'il ne peut appliquer à l'ensemble de la contrée tout entière, et, à *fortiori*, à un ensemble de pays. Il manque de cette largeur de vue permettant de modifier ou de confirmer par des preuves beaucoup des opinions qu'il s'était formées ou qui ont cours dans certains milieux. Ainsi, dans un intéressant ouvrage sur l'Amérique centrale, M. Stephens ne parle pas des antiquités du Pérou, lesquelles présentent pourtant une grande similitude avec les antiquités de la zone intertropicale. D'autre part, M. Hutchinson étudie l'archéologie péruvienne sans paraître se douter de cette similitude. M. Désiré Charnay, à qui le Mexique, le Yucatan et l'Amérique centrale sont si familiers, ne dit rien du Pérou, ne le connaissant point. Aussi, pris dans leur ensemble et dans leur état actuel, ces divers travaux ne sont et ne peuvent être que l'œuvre collective d'un grand nombre d'archéologues, travaillant indépendamment les uns des autres, et largement subventionnés par leurs gouvernements respectifs, par de puissantes sociétés savantes ou de riches particuliers. Cependant, une vraie gloire est réservée à ces chercheurs assez sagaces, assez persévérants et assez heureux pour tirer d'informes débris les traces de peuples que nous ne connaissons que par la tradition ou dont nous ne soupçonnions pas même l'existence. Or il suffit de lire les rapports qu'ils nous donnent de leurs travaux pour savoir au prix de quelles peines, de quelles fatigues, de quelles privations parfois, ils ont accompli leurs explorations de ruines souvent perdues au milieu de déserts ou recouvertes par d'épaisses forêts. Ces courageux travailleurs méritent tout notre respect et notre estime, et, sans eux, la science préhistorique demenrerait stationnaire ou ferait peu de progrès.

Reste le spécialiste qui, dans les labeurs du cabinet, recueille dans la masse des relations les faits mis au jour par les explorateurs, analyse les théories qu'ils émettent sur les résultats de leurs fouilles, de leurs découvertes, pour les résumer, après de longues et patientes études, en une œuvre comparative.

Personnellement, je regrette de ne pas avoir été placé, au point de vue des sources historiques, dans un milieu plus favorable que celui d'une modeste ville coloniale. Telle et telle partie de mon livre aurait pu être mieux documentée, plus complète, si j'avais eu l'avantage de pouvoir consulter un plus grand nombre d'ouvrages que je savais exister sur l'orientalisme et l'américanisme, et que renferment la plupart des bibliothèques des capitales européennes. Certaines divisions de la première et de la deuxième partie de mon livre étaient aussi susceptibles de plus amples développements, trop longs cependant pour entrer dans le corps de l'ouvrage sans distraire outre mesure l'attention du lecteur ; de là les chapitres particuliers qui suivent cette partie de mon travail, et qui n'en sont pour ainsi dire que des annexes explicatives.

Je n'ai point à m'excuser ici des emprunts que j'ai dû faire aux nombreuses publications des archéologues qui ont étudié les antiquités américaines et orientales. La nature de mon travail m'invitait à citer souvent les auteurs qui me servaient de guides. Du reste, je suis convaincu que le lecteur préférera à un exposé qui me serait personnel les paroles mêmes de ces savants. Je tiens à déclarer, cependant, que les conclusions de mon livre me sont propres, et que la thèse que j'y développe touchant l'origine de la civilisation de l'Amérique précolombienne me paraît constituer la solution la plus probable de ce problème.

Je puis ajouter, en terminant, que j'ai fait le présent travail l'esprit libre de toute idée préconçue, me gardant contre toute hypothèse aventureuse, pour m'en tenir exclusivement à la seule méthode qu'admet la science : l'observation directe des faits et les conclusions qu'ils autorisent. Je ne me cache pas les difficultés que présente la solution du problème de l'origine des premiers civilisateurs de l'Amérique précolombienne, problème qui n'a de nouveau ici que la manière de l'exposer. Nous n'arriverons en américanisme, comme c'est le cas d'ailleurs pour la science et pour l'histoire, à des résultats certains, que par l'étude d'un grand nombre de faits, même de ceux dont les détails semblent peu importants. Aussi, me suis-je efforcé de rassembler en un faisceau, en les prenant comme ils sont, tous les faits qu'il m'a été possible de connaître, et qui, de leur nature, contribuent à la solution désirée. Mais ce sera au lecteur à décider si les résultats auxquels je suis arrivé entraînent la conviction. J'avoue tout mon optimisme quant aux promesses que semble indiquer la voie suivie ici pour faire la lumière sur cette intéressante question, et, encore un peu, j'allais redire le triomphant *Eureka* de jadis, tellement j'ai confiance en la confirmation des données de la présente étude par les découvertes de l'avenir. Je ne suis pas cependant dans les dispositions de ce bon abbé de Vertot, lequel, recevant d'un chercheur érudit des documents précis pour servir à l'histoire du siège de Rhodes, répondait : « Ce n'est pas la peine, mon siège est fait. » Si des recherches ultérieures m'obligent à modifier les prémisses ou les conclusions de mon travail, je referai mon siège. Mais si, comme je me plais à le croire, les nouvelles découvertes et les progrès de la science ethnographique viennent

confirmer la thèse développée dans le cours de cet
ouvrage, je serai satisfait d'avoir servi aux véritables
intérêts de la science et contribué à la solution tant
cherchée de l'origine des anciens peuples civilisés
de notre continent.

AVANT-PROPOS

—

Montesquieu, ayant à parler d'Alexandre, s'établit en quelque sorte dans son sujet: « Parlons-en, dit-il, tout à notre aise.» Je voudrais bien éprouver une égale liberté d'esprit en traitant de questions relatives aux origines de notre continent. Parler d'une manière adéquate d'un personnage qui rentre tout 'à fait dans les cadres de l'histoire est chose relativement facile, surtout quand on est doué d'un grand talent, comme l'illustre publiciste que je viens de citer. Mais l'étude de l'antiquité américaine est un sujet autrement complexe et hérissé de difficultés: aussi remarque-t-on chez les nombreux auteurs qui se sont occupés de l'Amérique préhistorique des divergences d'opinions inévitables dont l'effet a d'ailleurs été de provoquer des recherches plus scientifiques et plus profondes. Grâce aux progrès de l'anthropologie, de la linguistique, de l'ethnographie, aux nombreuses et récentes découvertes archéologiques, aux travaux incessants de nos devanciers et des contemporains, nous commençons à nous reconnaître dans tout ce passé de notre vieille Amérique, et plus d'un problème naguère obscur semble maintenant avoir reçu une solution définitive.

Avant d'aborder le sujet propre de mon modeste travail, qu'il me soit permis de synthétiser quelques-uns des points jadis controversés du préhistorique américain qui paraissent être entrés aujourd'hui dans le domaine des vérités constatées et généralement admises. Dans l'intérêt de l'avancement des études américanistes, il importe de procéder avec ordre, de distinguer les matières encore sujettes à discussion de celles dont les solutions sont acquises à la science, de savoir non seulement où il faut s'avancer, mais où il faut s'arrêter.

I.—*Les aborigènes de l'Amérique sont-ils autoch-tones ?*

Cette question peut-elle être maintenant considérée comme résolue dans un sens ou dans l'autre ?

Le problème de l'origine de l'*Homo* américain

est inséparable de celui de l'unité de l'espèce humaine, avec quelque point de l'Asie comme premier berceau, doctrine maintenue dans la tradition constante et générale des peuples [1]. Et les recherches scientifiques du siècle dernier prouvent jusqu'à l'évidence qu'au point de vue zoologique l'homme constitue une espèce unique, produisant une foule de variétés ou de races, suivant l'influence de l'habitat et du genre de vie, dont l'action apparaît parfois même dans des espèces différentes. La lecture attentive des travaux de la plupart des savants qui se sont particulièrement occupés de cette grave question, nous amène à conclure avec l'illustre M. de Quatrefages que « l'hypothèse du cosmopolitisme premier de l'espèce humaine est aujourd'hui abandonnée, et qu'il ne reste qu'à rechercher comment et par où les peuples les plus éloignés ont irradié du centre d'apparition humain jusqu'aux extrémités du globe [2]. » Il ressort égale-

---

1. « Il n'y a jamais eu de nation sur la terre, qui, ayant des traditions de l'origine de la race humaine, ne l'ait pas tirée d'un *seul couple*, sinon d'une seule personne », dit Max Muller, qui ajoute que cette idée est celle de Humboldt, Bunsen, Pritchard, etc.

2. Dans un mémoire lu à l'Académie des sciences, en 1873, le célèbre professeur d'anthropologie au Muséum d'histoire

ment, comme un des résultats les plus incontestables des études américanistes, que les peuples primitifs de l'Amérique appartiennent à des races différentes, et qu'à diverses époques il y a eu des immigrations sur le nouveau continent [1]. Aussi cette théorie que les indigènes de notre continent formeraient une espèce distincte qui se serait développée sur place, théorie naguère encore si en faveur parmi certains ethnologistes américains, n'est-elle presque plus soutenue aujourd'hui.

2° — Date du peuplement de l'Amérique.

La question de la date du peuplement de l'Amé-

---

naturelle, disait : « L'application à l'homme des lois qui régissent la distribution des autres êtres organisés, conduit à admettre pour lui un cantonnement primitif, à le considérer comme le type caractéristique d'un centre de création, ou mieux d'apparition unique et relativement très restreint. Un ensemble de faits permet de placer le centre d'apparition humain, soit dans le grand bassin qui circonscrit l'Hymalaya, le Bolor, l'Altar-Tau, l'Altaï ou ses dérivés. le Félina et le Kuen-Loun, soit au nord même de cette région. En tout cas, aucun des faits recueillis jusqu'ici ne permet de placer le berceau de notre espèce ailleurs qu'en Asie. » C'est le même principe scientifique qui est développé dans son ouvrage, *L'Espèce humaine*, publié en 1890.

1. DE NADAILLAC, *L'Amérique préhistorique*, p. 570.

rique, question grosse de difficultés, ne pouvait être
éclaircie qu'après de nombreuses constatations archéologiques soigneusement controlées, jointes aux
éléments d'observation que nous fournissent la
géologie et la paléontologie. Mais ils sont encore
trop incertains et donnent lieu à trop d'opinions
contradictoires ou d'affirmations qu'annéantissent de
nouvelles découvertes ou une plus saine interpréta-
tion des faits, pour nous permettre de préciser le
moment de·l'apparition des premiers hommes en
Amérique. Voici, je crois, ce que le progrès des
études préhistoriques peut nous autoriser à conclure
sur le présent sujet :

D'abord, il ne peut être question de l'homme
tertiaire en Amérique, pas plus d'ailleurs que son
existence n'est admise aujourd'hui sur l'ancien
continent. Toutes les assertions contraires expri-
mées dans l'enthousiasme des premières recherches
archéologiques, ici comme en Europe, n'ont pu
soutenir l'épreuve de la critique Mais de récentes
découvertes, bien qu'elles ne soient pas universelle-
ment acceptées, semblent démontrer la présence
de l'homme en Amérique vers la fin de l'époque
glaciaire. Or la moyenne des calculs, basée sur les
dernières observations, porte de 6000 à 10,000 ans

la retraite définitive des glaciers ; quelques glacié-
ristes américains, dont l'autorité s'impose, ne la
font pas remonter au delà de 7000 à 8000 ans. Par
conséquent, dans l'état actuel de nos connaissances,
et pour autant que l'on puisse en pareille matière
fixer des dates, ou même les indiquer sous toutes
réserves, ce dernier chiffre de 7000 à 8000 ans doit
être adopté comme marquant l'époque la plus probable du peuplement du continent américain [1]

3° — *Unité d'origine ou pluralité des races indigènes américaines.*

La discussion sur l'unité d'origine ou la pluralité
des races indigènes américaines, forme aujourd'hui

---

1. « It is impossible to define closely the date of man's coming
into America, but it is known to have preceded the end of the
Glacial period. In the late Glacial gravel deposits of the
Delaware valley, at Trenton, N. J., under a beach ridge of the
Glacial lake Iroquois in western New York, in late Glacial
valley deposits of Ohio, in a similar flood-plain of the Mississipi
at Little Falls, Minnesota, and in a beach ridge of the Glacial
lake Agassiz in northwestern Manitoba, geologists have found
traces of man's presence during the closing scenes of the Ice
Age. (Warren UPHAM, *Derivation and Antiquity of the American Race*, dans l'*American Antiquarian and Oriental Journal*,
année 1901, p. 86.)

une littérature très vaste et encore assez confuse.

A première vue, on ne peut s'empêcher de remarquer un certain air de famille entre les différentes tribus indiennes de l'Amérique, mais cette ressemblance est plutôt apparente que réelle. C'est même à tort que les Indiens des deux Amériques ont été qualifiés de peaux-rouges, leur teint étant bel et bien brunâtre et jaunâtre, variant toutefois des tons brun-foncé aux tous très clairs. Il y en a même qui sont presque blancs ; d'autres, mais en petit nombre et en faible proportion, accusent un mélange de sang noir. Parlant de ces populations, le Dr Ten Kate, que sa science et ses voyages ont rendu bon juge en la matière, s'exprime comme suit : « Maintes fois, j'ai vu des individus qui me rappelaient des Chinois, des Japonais, des Annamites, des Malais et des Polynésiens. » C'est qu'il y a des choses dont on ne peut se faire une idée exacte sans les avoir sons les yeux, la vue étant le meilleur, le seul moyen que nous ayons pour saisir tous les détails, toutes les nuances, dont l'ensemble forme ce que nous appelons la physionomie. Dans le cas qui nous occupe, c'est un moyen que n'aurait pas désavoué, je crois, le baron de Verulam. Et ce moyen est tel que le voulait le consciencieux

Hodgson : « Que celui qui remonte aux éléments des destinées humaines pour étudier sérieusement le progrès des sociétés, doit se garder d'envisager le passé d'après des théories préconçues ou des préjugés classiques, mais se donner la peine de regarder autour de lui et de comparer [1]. »

Une cause fréquente d'erreurs dans la classification des races est d'attribuer une importance exagérée à certains caractères somatiques ou à la morphologie crânienne. Quand on voit la forme de la tête varier de la brachycéphalie à la dolichocéphalie la plus prononcée chez des hommes d'un même clan, comment voudrait-on, en Amérique peut-être moins qu'ailleurs, baser sur ce principe le caractère distinctif d'une race ? A toutes les époques, on a trouvé sur ce continent des hommes au crâne brachycéphale, vivant au milieu d'hommes au crâne dolichocéphale ou mésaticéphale. Dans la plupart des tumuli attribués aux Mound-Builders, on a trouvé des crânes qui paraissent remonter à la même époque et qui affectent des formes différentes. Le même fait a également été constaté dans maintes fouilles opérées sur l'ancien continent.

---

1. HODGSON, *On the Aborigines of India*, Journal of the Asiatic Society, 1849.

La race la moins mélangée, la plus pure parmi les habitants primitifs de l'Amérique, est bien celle des Esquimaux ; néanmoins, King affirme que le « visage oval associé à un nez romain n'y est pas rare.» Ces formes n'ont donc point, en ethnologie, toute l'importance qu'on semble quelquefois leur attribuer.

Je suis loin de croire que le dernier mot ait été dit sur le point si débattu de l'unité ou de la pluralité des races américaines ; mais voici, si je ne me trompe, ce que l'on peut penser de plus juste sur la question dans son état actuel :

A la première souche de population du Nouveau Continent, population dont l'existence en Amérique comme en Europe est accusée par les mêmes vestiges, attestant les mêmes moyens de lutte pour la vie, se seraient mêlés par la suite de nombreux éléments hétérogènes provenant des trois grandes familles, blanche, jaune et noire ; dès lors, des croisements multiples, ainsi que l'effet des influences climatériques, d'alimentation, auraient produit ce qu'on est convenu d'appeler les races américaines [1].

---

1. On sait que le climat modifie, après quelques générations, les Européens établis en Amérique. Le tempérament même change. Ainsi, «l'Anglo-Américain tend à prendre les carac-

« Mes recherches personnelles, dit M. de Quatrefages, m'ont conduit aux mêmes conclusions générales que M. Virchow : qu'on doit renoncer définitivement à la construction d'un type unique et commun des indigènes américains.   D'Orbigny, après de longues années d'études en Amérique, repousse avec énergie l'idée d'un peuple unique [1]. L'explorateur D. Charnay, traitant le même sujet, n'est pas moins affirmatif : « Le Maya, dit-il, n'est pas plus le parent de l'Otomi du Mexique que du Peau-Rouge de l'Amérique du Nord : ce qui met à néant la théorie faisant des peuples des deux Amériques une seule et même race [2].»

M. Ten Kate lui-même distingue au moins cinq ou six types primordiaux et répondant presque à autant de langues qui ne paraissent pas avoir une origine commune.   Dans les Andes et sur le versant Pacifique existent nombre de familles linguistiques sans aucun lien apparent entre elles.   M. Deniker [3]

---

tères physiques des aborigènes des Etats-Unis : peau sèche comme du cuir, développement des os zoyomatiques, yeux enfoncés, doigts fort allongés, etc.» (MAURY, *La Terre et l'Homme.*)

1. *L'Homme Américain*, t, I, p. 123.

2. *Les Anciennes Villes du Nouveau Monde*, 1885, p. 233.

3. *Les Races et les peuples de la Terre*, Paris 1900.

dit que les populations indigènes de l'Amérique
centrale, éparses entre le Guatemala et l'isthme de
Panama, se servent d'idiomes qui ne rentrent dans
aucun groupe de langues américaines. M. Lucien
Adam, dont l'autorité en pareille matière est si
grande,constate le même fait pour la langue misskito,
parlée au Nicaragua, qui n'est, paraît-il, apparentée,
ni de près ni de loin, à aucune des langues actuelles
de notre continent. Il faut rayer de la science,
dit-il, cette habitude de vouloir faire une famille
des langues américaines [1]. L'anthropologie et la
linguistique, deux sciences dont les données doivent
se compléter mutuellement, tendent donc à établir
le fait de la pluralité des races américaines, fait qui
milite également contre l'hypothèse d'une seule
voie d'immigration asiatique par le nord-ouest de
l'Amérique.

D'ailleurs, la linguistique seule est impuissante
dans certains cas à résoudre le problème de la
filiation ethnique des peuples. Les Phéniciens, pour
ne citer qu'un exemple pris dans l'antiquité, avaient
de bonne heure perdu leur langue d'origine pour
ne parler qu'une langue sémitique ; on sait pourtant

---

1. Congrès international des Américanistes, 1879, t. II, p. 574.

maintenant qu'ils étaient des Chamites venus des bords du golfe Persique à ceux de la Méditerranée. Quiconque tenterait de retracer l'origine des Normands de France par la langue qu'ils parlent aujourd'hui, n'y perdrait-il point son temps et sa peine ? Et quand il s'agit d'idiomes américains, les difficultés se multiplient à raison de l'instabilité et de la rapidité avec lesquelles ces idiomes se transforment, surtout lorsque l'écriture n'en a pas fixé les mots.

4°—Les Mound-Builders.

Mais que dirais-je des Mound-Builders ? Ici encore, craignant de fatiguer l'attention du lecteur en donnant à ces observations générales des proportions trop étendues, je me contenterai de résumer les conclusions que semblent justifier l'ensemble des connaissances acquises sur les mounds et leurs auteurs présumés.

Celui qui a parcouru la vaste région des tertres. depuis les Grands Lacs jusqu'au Mexique, qui a examiné attentivement ces constructions si caractéristiques, si nombreuses et dont quelques-unes sont si extraordinaires par leur masse que pour en élever

de semblables aujourd'hui il faudrait des milliers
d'ouvriers pendant des mois et des mois de travail,
constructions toujours orientées avec une précision
qui demande des moyens de calculs et des connaissances mathématiques avancées ; s'il a examiné les
objets que les mounds nous livrent, les vestiges de
l'état social et religieux de ces constructeurs de
tertres ; si, de plus, il a relevé les traces des canaux
que ces gens creusaient pour irriguer leurs cultures,
et cela aux endroits mêmes que requéraient la conformation du terrain et les besoins de la population ;
s'il a visité les lieux où ils exploitaient les mines
de cuivre ; si, enfin, il s'est rendu compte du commerce étendu qu'ils faisaient, il restera fortement
impressionné par l'idée que tout ce qu'il a vu ne
peut être que l'œuvre d'une race unique, race de
bâtisseurs, socialement organisés, jouissant d'une civilisation comparative, race, en un mot, radicalement
distincte de celle de nos Indiens. « Ces populations,
dit avec infiniment de raison M. de Nadaillac,
étaient nombreuses, à en juger par les constructions
qui leur survivent ; homogènes, car partout nous constatons les mêmes rites funéraires, les mêmes arts,
la même industrie ; sédentaires, des nomades n'auraient élevé ni de semblables tertres, ni de sembla-

bles retranchements ; agricoles, la chasse et la pêche n'auraient pu suffire à leurs besoins ; soumises à des chefs, une autorité despotique était indispensable pour l'exécution de travaux aussi considérables ; commerçantes, enfin, car sous un même mound on recueille le cuivre du lac Supérieur, le mica des Alleghanys, l'obsidienne du Mexique, les perles et les coquilles du golfe [1]. »

Tout ceci suppose chez les Mound-Builders des mœurs et des habitudes tout à fait étrangères aux peuplades indiennes que nous avons toujours connues. « Il n'y a pas, et il n'y avait pas au XVIe siècle, entre le Pacifique et l'Atlantique, disent MM. Squier et Davis, une seule tribu indienne, ayant des moyens de subsistance assez assurés, pour être en état de fournir une somme de travail improductif aussi considérable ou dont l'état social permît aux chefs d'imposer au peuple un tel labeur [2]. » Venu ici à l'état de nomade, vivant de chasse et de pêche, l'Indien y est demeuré tel, du moins jusqu'à l'arrivée des Européens, et nous n'avons qu'à nous transpor-

---

1 Marquis de NADAILLAC, *L'Amérique préhistorique.* p. 184.

2. Citation dans le *Prehistoric Times* de sir John Lubbock, p. 273

ter de l'autre côté du Détroit de Behring pour y retrouver ses congénères[1]. Aussi, incapables d'élever ces monuments, les Indiens les ont jamais attribués à leurs aïeux, mais plutôt à une race d'hommes dont ils ne connaissaient aucunement l'histoire. Aussi bien, ces ouvrages, dont l'érection nécessitait une

---

1. On retrouve les congénères des tribus nord-américaines chez les Tchouktchi, qui habitent aujourd'hui l'extrémité N.-E. du continent asiatique. Même physique, mêmes mœurs, mêmes croyances Les Tchouktchi parlent même une langue qui se rapproche beaucoup des langues polysynthétiques de l'Amérique. Les Yacoutes, dont le territoire est borné au nord par l'Océan Arctique, présentent aussi beaucoup de ressemblance avec nos Indiens. Toutes ces peuplades se distinguent par les mêmes caractères psychologiques : elles sont graves, méditatives, un peu obtuses, mélancoliques. « Du reste dit Murray, dans tout le nord de l'Asie, de l'Europe, de l'Amérique, nous retrouvons presque toujours la même race.» Dans son existence nomade, elle est arrivée en Amérique par le Détroit de Behring ou l'archipel des îles Aléoutiennes, lieu de passage le plus vraisemblable.

M. Waldemar Bogoras, un des membres de la «Jesup North Pacific Coast Expedition », a lu au congrès international des Américanistes de New York (1902), un mémoire démontrant la parenté des mythes, des légendes, des préjugés populaires dans la Sibérie nord-orientale et le Nord-Ouest américain. « Désormais, dit à ce sujet M. Lejeal dans le compte rendu qu'il a fait de ce congrès (Journal de la Société des Américanistes de Paris, 1903), la pénétration réciproque des deux Folk-Lores, les échanges d'idées d'une rive à l'autre de l'Océan, qu'on ne faisait que soupçonner, s'élèvent au rang de vérités certaines. Voilà, ajoute-t-il, l'un des plus brillants résultats de la campagne subventionnée par M. Morris Jesup.»

trop grande somme de travail pour ne pas être permanents, ne pouvait servir qu'à une population attachée
au sol, et non à une population « caractérisée par
des migrations locales et de transformations perpétuelles », suivant l'expression de Parkman. L'étude
que M. J.-T. Short a faite des constructions en terre
de l'État de la Louisiane et des vallées arrosées par
les rivières Rouge et Arkansas, l'amène également
à conclure que ces territoires n'étaient pas seulement
la partie la plus peuplée de l'aire entière occupée
par les Mound-Builders, mais que ce qui reste de
ces tertres artificiels présente de tels rapports de
conformité avec les grands monuments du Mexique,
qu'on ne peut mettre en doute la filiation ethnique
des ouvriers des uns et des autres [1]. C'est ce que
faisait déjà remarquer de son temps M. Brakenridge,
qui a été l'un des premiers à étudier ces monuments : « La distance qu'il y a, dit-il, de la grande
pyramide de la Rivière-Rouge aux premiers teocalli

---

[1]. « The attempt to identify the Mound-Builders and espe-
cially those situated in the Gulf States, with the modern
Indians, has been over-ridden, and has had a tendency to put
the Mound-Builders, as a class, in the wrong light, for there is
no Indian tribe of the present time who properly represents the
real condition of the Mound-Builders of the prehistoric age. »
(*The American Antiquarian and Oriental Journal*, 1903, p. 240.)

de la Nouvelle-Espagne, n'est pas si grande que je ne puisse les considérer comme des monuments de la même contrée [1].

Sans doute la civilisation des constructeurs de tertres n'était pas aussi avancée que celle des peuples du Mexique et de l'Amérique centrale ; mais l'impression que produisent l'arrangement et la disposition générale des mounds est que la même forme de gouvernement subsistait dans les deux régions.

Je parle ici des Mound-Builders comme race et de l'ensemble de leurs œuvres, sans m'arrêter à examiner le cas de telle et telle peuplade indienne douée de certaines aptitudes particulières. Les Mound-Builders n'ont pas dû tous avoir été exterminés ou refoulés vers le Sud [2]. Il est tout naturel de croire, à en juger par ce qui s'est passé ailleurs depuis les temps historiques, que quelques familles, des groupes plus ou moins nombreux, parmi les

---

1. Trans. Americ. phil. Soc. VI, p. 158.

2. Voir au sujet de l'expulsion des Mound-Builders et les traditions des Sauvages relatives à cet événement, les Mémoires présentés au congrès international des Américauistes, 1ère session, Nancy, 1875, pp. 240 et suiv., et 2e session, Luxembourg, 1877, p. 107.)

Mound-Builders, alors qu'ils occupaient encore les vallées du Mississipi ou pendant la période des guerres qui a précédé leur fuite, se soient trouvés incorporés de gré ou de force dans quelques tribus sauvages — ce qui avait lieu assez fréquemment quand elles ne brûlaient pas leurs prisonniers — et que ce mélange de sang, quoique altéré, ait produit, ci et là, un type d'hommes plus intelligents, plus industrieux, plus assimilables, que la masse des barbares répandus par tout le territoire. Les Chérokis, dont la physionomie se rapproche de celle des Européens et qui, dit-on, savaient élever des constructions en terre ou utiliser celles qui existaient déjà, seraient peut-être un exemple de la possibilité de telle incorporation. Peut-être aussi ont-ils pu s'élever au simple contact d'une civilisation plus avancée. Et pourtant, à ce que rapportent les voyageurs, les Chérokis eux-mêmes déclaraient que leurs ancêtres n'avaient point bâti les mounds de leur pays, mais qu'ils les trouvèrent debout dès leur arrivée dans la région [1]. Quelques Américanistes sont d'opinion que les Natchez, tribu

---

1. On sait aujourd'hui que ces Indiens sont entièrement civilisés. Ils ont même un parlement composé de deux Chambres, un pouvoir exécutif, des écoles, des journaux, etc.

aujourd'hui éteinte, doivent être rattachés par leur religion aux Mound-Builders. Cela n'est pas invraisemblable, car les Natchez avaient un gouvernement, des mœurs et des croyances qui les distinguaient des autres Indiens. Ils adoraient le soleil et lui élevaient des temples. Leur chef se donnait lui-même comme le fils du soleil et gouvernait despotiquement. « La petite tribu des Natchez, dit Squier, avait plus qu'aucune autre nation du continent des institutions civiles et religieuses, des mœurs, des habitudes et des coutumes analogues à celles des Péruviens [1].

---

1. *Travels in Central America*, vol. II, p. 331.

L'AMÉRIQUE

PRÉCOLOMBIENNE

ESSAI SUR L'ORIGINE DE SA CIVILISATION

PREMIÈRE PARTIE

LES MONUMENTS

I

> "Dans leurs manifestations pre-
> mières, les hommes se rencontrent
> presque toujours ; mais lorsqu'il
> s'agit de monuments, de coutumes,
> de religions, ces ressemblances ne
> peuvent venir que de parenté, de
> relations suivies ou de traditions."
>
> DÉSIRÉ CHARNAY.

L'ARCHÉOLOGUE qui parcourt le Mexique, l'Amérique centrale et le Pérou, rencontre partout
des ruines témoignant, d'une manière irrécu-
sable, de l'existence en ces contrées d'une ancienne

et étrange civilisation. Parlant de la région du Yucatan, un explorateur s'exprime ainsi : « Que de fois, poursuivant un oiseau ou un insecte à travers les forêts qui couvrent aujourd'hui les champs qu'ensemençaient les Mayas, le hasard m'a mis à l'improviste en présence d'un des édifices élevés par ce peuple mystérieux ! Que d'heures mélancoliques passées à errer à travers ces ruines, à contempler ces murailles croulantes, ces œuvres magnifiques d'hommes dont le monde moderne sait à peine le nom et l'histoire ! Et pourtant, ces pierres ouvragées, couvertes de dessins bizarres, fantastiques, capricieux en apparence, où des plantes, des fleurs, des objets matériels s'enroulent autour de guerriers à la pose orgueilleuse ou humblement agenouillés en vaincus, racontent les faits des siècles écoulés. Ces bas-reliefs sont une écriture, ces palais sont des livres de granit. O vanité ! celui qui a donné l'ordre d'élever ces murailles, d'inscrire sur chaque pierre son nom et ses hauts faits, a dû se croire immortel. Et voilà qu'aujourd'hui des voyageurs égarés, appartenant à des races d'hommes dont il n'a pas même soupçonné l'existence, contemplent indécis son œuvre gigantesque qui parlait jadis et qui est devenue muette [1]. » Ces *murailles croulantes*, ces *œuvres magnifiques*, on le sait main-

---

1. Lucien BIART.

Fig. 2.—Bas-relief d'un temple à Palenqué (Chiapas).

tenant, sont les restes de cités somptueuses, de pyramides superbes, aujourd'hui couvertes de verdure, de palais, de temples aux proportions colossales. Il est évident que nous avons affaire ici à une race civilisée, fortement organisée, race de bâtisseurs, bien différente des tribus nomades et sauvages qui peuplaient le reste de l'Amérique au moment de l'arrivée des Européens. Mais si nous retrouvons, par exemple, dans certaines parties du monde oriental, des monuments présentant avec ceux de notre continent de telles analogies d'architecture et d'ornementation, inclinant à présupposer des usages communs, que les expressions qui servent à décrire les uns peuvent être appliquées aux autres; si, de plus, ces constructions révèlent chez leurs auteurs des similitudes de mœurs, de croyances, de coutumes trop nombreuses et trop frappantes pour être l'effet du hasard, on ne pourra faire autrement, si l'on veut être conséquent avec la logique, que conclure qu'il faut chercher quelque part, de l'autre côté du Pacifique, l'origine des premiers constructeurs et civilisateurs américains.

Je n'ai pas l'intention de parler ici des rapports ethniques qui ont pu exister entre les différentes races ou tribus ayant peuplé autrefois les régions dont nous allons maintenant nous occuper; de rechercher, par exemple, si les Mayas, comme le dit M. Biart, constituent la race la plus ancienne qui ait habité le Mexique, ou si elle est postérieure

aux Otomis et aux Nahuas prétoltèques; si les
Incas du Pérou descendent des Aymaras qui, selon
quelques auteurs, auraient colonisé le pays à des
époques tellement reculées qu'on n'en peut rien
dire ; si les Lenca, comme le prétend M. E. Reclus,
étaient supérieurs aux Quichés par la civilisation
ou la portée intellectuelle, et s'il est possible qu'ils
aient été les précurseurs des Mayas, comme le
pensent certains américanistes. Ce sont là des
problèmes que la science future résoudra sans doute
à notre satisfaction. Il n'en est pas moins constant
qu'une civilisation relativement brillante a régné
autrefois sur une portion considérable de notre
continent. Outre les monuments qui le témoignent,
nous le savons encore par les récits des auteurs de
l'époque de la conquête ou qui ont vécu peu de
temps après l'arrivée des Espagnols, et l'étude qui,
depuis, a été faite des ruines, nous prouve la fidélité
de leurs renseignements.

« Aucune des histoires connues de l'Ancien Monde,
dit à ce sujet Fernando Ramirez, historien lui-même
et très versé dans les antiquités mexicaines, ne
peut rivaliser avec la nôtre, et ni Aulu-Gelle, ni
Macrobe, ni Pétrone, ni aucun de ceux qui préten-
dent nous peindre les mœurs privées des peuples
qu'ils connaissaient, ne peut s'appuyer sur des faits
aussi authentiques et aussi dignes de foi que ceux

que nous ont laissés nos chroniqueurs et principale-
lement Sahagun [1].

II

Les peuples qui, primitivement, ont habité l'Inde,
y compris l'ile de Ceylan, la Chaldée, la Palestine

---

1. PRESCOTT, *Histoire de la Conquête du Mexique.* Notes cri-
tiques par Jose F. Ramirez, t. II, Cumplido.

L'histoire véritable, toutefois, telle que la veut la critique
moderne, ne peut remonter, quant au Mexique, d'après les
renseignements fournis par les auteurs indigènes et espagnols,
au delà de 200 ans avant la conquête, et encore plus d'un point
reste dans l'ombre. Pour la période antérieure, c'est-à-dire
celle de la domination des Toltèques, du VIIe au milieu du XIe
siècle ou environ, elle est plus incertaine, vu que nous ne pos-
sédons aucun des manuscrits toltèques, anéantis par les Chichimèques et les Aztèques, leurs successeurs, ou détruits par les
ravages du temps. Ce que nous en savons nous a été transmis
par la tradition, par les souvenirs gardés dans la mémoire des
peuples. Au Yucatan, on a pu reconstituer d'une manière plus
ou moins exacte l'histoire politique du pays jusqu'à deux ou
trois siècles avant la conquête. On s'accorde à reconnaître
comme authenthique la liste qu'on nous donne des souverains
du Pérou ; mais les détails que l'on raconte sur la vie de
chacun d'eux sont plus ou moins légendaires, à l'exception de
ceux des derniers règnes. Cette liste couvre une période de
cinq siècles avant l'arrivée de Pizarre. Au delà de ce temps,
c'est la nuit, moins quelques vagues traditions et les grands
monuments pré-incassiques, qui nous disent clairement que la
civilisation de la dynastie des Incas n'a été que la survivance
de civilisations antérieures. En général, les souvenirs conservés par les peuples policés de l'Ancienne Amérique nous
reportent, comme extrême limite, à 2000 ans avant l'ère vul-
gaire.

et une partie de l'Asie mineure, l'Arabie méridionale, l'Ethiopie, l'Egypte, le Pérou, l'Amérique centrale, le Mexique et une certaine proportion du territoire actuel des Etats-Unis, ont élevé, dans chacun de ces pays, des édifices d'un genre spécial et offrant entre eux plus d'un trait d'une étroite ressemblance. On retrouve aussi des constructions identiques parmi certaines ruines de l'Indo-Chine, de Java et des îles de la Polynésie. Les peuples en question, dont je rechercherai plus loin l'origine, pratiquaient un culte religieux caractéristique et dont le fonds leur était commun ; ils avaient un mode de culture qui semble leur avoir été particulier, et la société, chez ceux d'entre eux du moins qui nous sont historiquement connus, était divisée en castes, généralement au nombre de quatre. Les différences de détails que l'on peut signaler, soit dans le mode d'architecture, soit dans la conception et la manifestation des idées religieuses ou sociales de ces peuples, peuvent être attribuées à certaines circonstances extérieures qui ont influé sur leur civilisation, et aux modifications que finit par imposer à toute collectivité le milieu où elle vit.

MODE D'ARCHITECTURE

Parlons d'abord des monuments que l'on voit dans tous les pays que je viens d'énumérer.

Ces monuments sont des pyramides, souvent
d'une très grande élévation et percées de longues
galeries, des palais, des temples, quelquefois taillés
dans le roc vif au sein des montagnes, mais le plus
souvent construits sur des assises étagées ; ce sont
encore, œuvres gigantesques, des forteresses élevées sur des sommets qui semblent inaccessibles,
des fortifications aux murs cyclopéens. Les obélisques, les colonnes de toute grandeur que l'on
rencontre partout en Egypte, en Babylonie, dans
l'Inde, comme dans les anciens empires de l'Amérique, font encore partie de ce mode d'architecture,
dont la base est la forme pyramidale, type qui fut
conduit à sa perfection en Egypte, en Chaldée et
dans quelques centres américains. Quand le temple
ne couronne pas la pyramide, il s'élève devant
celle-ci, comme on le voit en Egypte, au Nicaragua,
un des foyers de l'ancienne civilisation américaine,
et dans la mystérieuse cité de Quechmictoplican,
découverte dans l'Etat de Guerrero, Mexique, en
1896.

Les Chaldéens et, plus tard, les Assyro-Baby-
loniens, qui les imitèrent, bâtissaient les temples
et les palais sur des assises préparées de main
d'homme. Ces palais sont d'immenses édifices
quadrangulaires, avec cours, portiques, esplanades,
terrasses, et sont entourés de galeries. Comme
leur étendue dépassait de beaucoup leur élévation,
on construisait d'abord, pour leur donner du relief,

Fig. 3. — Palais de Nonnes à Uxmal, façade de l'aile nord.
(Charnay, *Les Anciennes Villes du Nouveau-Monde*)

Dessin de J. Guiaud, d'après une photographie.

une colline artificielle avec faces tantôt verticales
tantôt inclinées en talus, surmontée d'une terrasse
soigneusement dallée et sur laquelle reposait l'édifice. Les temples étaient aussi construits sur pyramides tronquées, avec un retrait pour chaque étage
qu'on y ajoutait. Les palais et les temples qui
s'élevaient aux époques préhistoriques dans notre
continent, présentaient absolument les mêmes principes généraux de construction.

On sait que le Yucatan entier est couvert de
ruines d'une apparence imposante. Uxmal, Aké,
Chichen-Itza, Kabah, Itzamal, Merida, et, plus
loin, à l'ouest, Palenqué et Lorillard, sont celles
des anciennes villes explorées jusqu'ici qui renferment les plus beaux et le plus grand nombre de
monuments. Ces monuments, invariablement, ont
pour fondations des plates-formes artificielles. A
Uxmal, l'édifice le plus intéressant, appelé la *Casa
del Gobernador*, s'élève sur une éminence naturelle
modifiée et à laquelle on a ajouté trois terrasses
successives. Le palais des Nonnes, de la même
ville, repose sur trois terrasses superposées. Cet
édifice forme un vaste quadrilatère composé de
quatre ailes de grandeurs inégales et enclavant
une cour de 214 pieds de large sur 258 de profondeur. A Chichen-Itza, sur plusieurs milles d'é-
tendue, on ne voit que des assises en terrasses,
des colonnes renversées, des sculptures, de lourdes colonnades. On a pu y compter jusqu'à 80

socles de colonnes. Le Guatemala est également jonché de ruines, de bas-reliefs ; les statues, les monolithes y atteignent parfois jusqu'à 25 pieds de hauteur. On a compté dix-neuf pyramides dans

Fig. 4.—Colonnes sculptées de Chichen-Itza.

l'antique ville de Copan, dans le Honduras, à douze milles de la frontière du Guatemala, outre un grand nombre de statues, d'obélisques, de colonnes chargées de sculptures et d'hiéroglyphes. Ces

pyramides, de diverses hauteurs, les unes couronnées de temples, les autres de palais, d'autres encore
d'édifices affectant un caractère civil ou religieux,

Fig. 5.—Pyramide de Mayapan (Yucatan).

étaient séparées par des cours intérieures où se
voyaient nombre de stèles et de monolithes admirablement sculptés. « Les pyramides sont certai-

nement le fait le plus saillant de l'ancienne architecture américaine. C'est sur des pyramides tronquées que les téocallis ou les palais s'élèvent à Palenqué comme à Copan, dans le Yucatan et le Honduras, comme dans l'Anahuac ; elles se dressent devant le voyageur jusque sur l'isthme de Tehuantepec. On peut constater les différences locales, dont il faut souvent chercher la cause dans la différence des matériaux à la disposition des constructeurs ; mais, toujours, le type primitif persiste et se relie au souvenir lointain des mounds, qui, des rives de l'Ohio et du Mississipi, ont pénétré dans la Floride, puis dans les régions plus au sud, où elles restent, comme les derniers témoins des migrations de ces peuples [1]. »

L'Egypte est surtout intéressante par ses pyramides, ses temples souterrains, ses temples à ciel ouvert et ses tombeaux souterrains. Les grandes pyramides, toutefois, sont les monuments typiques de l'ancien empire (5004-3064) [2]. Pratiquement, l'âge de la construction des pyramides, qui dura environ 1000 années, prit fin peu de temps après l'érection de la grande pyramide de Giseh, vers l'an 4000 avant J.-C. La forme de ces pyramides, telle qu'elle est conservée à Sakkarah, est celle d'un

---

1. Marquis de NADAILLAC, *L'Amérique préhistorique*, p. 354.
2. CLOQUET, *L'Art monumental*, p. 7.

temple à gradins successifs. C'était la forme des
constructions pyramidales de l'Inde, de la Chaldée
et de l'Amérique. Ces ruines sont maintenant trop
connues des touristes et de la plupart des lecteurs
pour qu'il y ait lieu d'en parler ici avec quelques
détails. Disons seulement que toute cette architecture égyptienne se distingue par la puissance des
masses mises en œuvre et par ses dimensions colossales.

Les ruines de l'Arabie méridionale, de la Phénicie, de la Chaldée, nous ont été révélées il n'y a
guère plus d'un quart de siècle ; les fouilles qui se
pratiquent actuellement dans toute la plaine euphratique amènent tous les jours sous nos yeux étonnés
des débris d'édifices extraordinaires, et les inscriptions, les livres, les bibliothèques entières que ces
monuments nous livrent, nous renseignent sur leur
antiquité et sur l'histoire de leurs auteurs[1]. Ces
découvertes et ces écritures ont fait revivre pour
nous d'une lumière nouvelle une des pages de la

---

1. Les derniers documents découverts à Nippur, en Chaldée,
nous donnent une histoire exacte de l'humanité qui remonte à
cinq mille ans avant l'ère chrétienne. Ce sont les plus anciennes annales de la vie humaine. Mais dès une époque qui flotte
indécise dans la lointaine perspective des temps, il nous semble
déjà apercevoir des associations humaines sur les bords de
l'Euphrate. Aussi le professeur Hilprecht croit-il que lorsqu'on
aura déterré les tablettes qui gisent au-dessous de celles actuellement mises au jour, l'on aura des données qui reculeront
encore d'un ou deux millénaires l'histoire écrite.

Fig. 6.—Birs-Nimroud. (Perrot et Chipiez, *Hist. de l'Art dans l'Antiquité.*)

Genèse, celle où il est question de la Tour de Babel, identifiée aujourd'hui avec Birs-Nimroud, l'antique Borsippa, masse de ruines informes en briques vitrifiées, situées à moitié chemin entre Badgad et Babylone. C'est le « temple des sept lumières de la terre », le temple de Bélus, « abandonné depuis les jours du déluge », et dont parle une inscription de Nabuchodonosor, mais que ce dernier fit rebâtir sans rien changer de l'ancien modèle et y ajoutant le faîte. « J'ai mis la main, dit le grand roi, à reconstruire la tour, comme jadis elle dut être, et à en élever le faîte; ainsi je l'ai refondée et rebâtie comme elle dut être dans les temps éloignés, ainsi j'en ai élevé le sommet », ce que n'avaient pas fait, ajoute-t-il, les premiers constructeurs. On sait, en effet, le mécompte qui arriva à ces hommes présomptueux, dont les desseins semblaient défier le ciel. Hérodote, qui a vu l'édifice restauré, y donne huit étages ou huit tours, dont la dernière était couronnée d'une « grande chapelle ». Mais il prend pour le premier étage le fondement ou monticule sur lequel les sept autres étaient bâtis; en réalité, elle n'avait que sept étages, d'une hauteur égale, et qui allaient toujours en diminuant proportionnellement selon leur degré d'élévation. On parvenait à l'esplanade finale, ajoute Hérodote, au moyen « d'une rampe qui tournait successivement autour de tous les étages de la tour supérieure. » Les angles de l'édifice, d'une orientation parfaite, répondaient aux

Fig. 7.—Temple chaldéen.
(Perrot et Chipiez, *Hist. de l'Art dans l'Antiquité*.)

quatre points cardinaux. Tous les temples chaldéens et assyriens pouvaient à peu près se ramener à ce type unique : les édifices présentaient l'aspect de terrasses en retrait les unes sur les autres.

« Les considérations émises par Hérodote s'appliquent aux pyramides et aux temples américains, et l'on n'a qu'à comparer les deux planches, figures 173 et 174 de l'*Histoire de l'Art dans l'Antiquité* de MM. Perrot et Chipiez, (1882-97, 8 vol.), dit M. Désiré Charnay, avec le grand temple de Mexico et la pyramide restaurée du temple du soleil à Teotihuacan, pour s'apercevoir que les monuments américains ont été construits d'après les mêmes principes et sur le même modèle que les monuments chaldéens.

« Nous trouvons dans les monuments chaldéens deux espèces de rampes : une rampe continue et une rampe brisée passant d'un étage à l'autre ; nous avons la rampe brisée pour le temple de Huitzilopochtli à Mexico, et nous avons la rampe continue pour la pyramide de Cholula, où Clavigero nous affirme être parvenu à cheval jusqu'au sommet.

« L'esplanade du temple mexicain avait une petite chapelle comme l'esplanade supérieure du temple chaldéen, et l'esplanade de ce dernier n'avait, d'après la restauration de Chipiez, qu'un groupe de statues ; nous retrouvons la même disposition sur la plateforme supérieure des pyramides du soleil et de la

s chal-
amener
l'aspect

.

e s'ap-
ricains,
figures
ntiquité
dit M.
exico et
Teoti-
ts amé-
es prin-
uments

aldéens
nue et
; nous
uitzilo-
ontinue
o nous
et.
e petite
temple
d'après
tatues;
plate-
et de la

Fig. 8.—Temple de Mexico, d'après Clavigero.

lune à Teotihuacan ; là, comme à Babylone, pas de
sanctuaire, les massives idoles du soleil et de la
lune s'élevaient en plein air, toujours exposées à
l'adoration des fidèles, et si les esplanades en retrait
s'élevaient en talus avec une pente de quarante-sept
degrés au lieu de murs perpendiculaires, nous y
retrouvons, comme nous l'avons dit, les deux rampes
babyloniennes ; mais la ressemblance devient identique si nous passons à Palenqué, Chichen et autres
villes américaines ; là, dans des proportions moindres, nous trouvons des pyramides à sept, huit et
dix esplanades en retrait, à murailles perpendiculaires avec petits temples qui les surmontaient ; de
plus, murailles perpendiculaires et talus étaient
peints de couleurs vives. La planche 169 du même
ouvrage représentant un autre temple chaldéen,
nous offre une ressemblance tout aussi extraordinaire avec la grande pyramide d'Itzamal, où la
chapelle en retrait sur la dernière esplanade domine
sur l'arrière un mur perpendiculaire qui, de ce côté,
termine la pyramide ; il y a donc là mieux que des
rapprochements et des ressemblances fortuites : il y
a des instincts héréditaires, il y a des traditions, une
parenté [1]. »

La très ancienne pyramide de Papantla, dans

1. Congrès international des Américanistes, 8e session, 1890,
p. 384. *Mémoire sur les Analogies*, par Désiré CHARNAY.

Fig. 9. — Pyramide de Cholula. (Une église est maintenant érigée sur le sommet.)

l'État de Vera Cruz, Mexique, avait sept étages.
Humboldt, qui l'a examinée, dit qu'elle en avait
six, mais il fait observer qu'un septième étage
semblait se dérober à la vue par la végétation qui
recouvrait les côtés de la pyramide. Ce monument,
carré à sa base, était construit en pierres de grandeur énorme, mais admirablement taillées et polies,
et couvertes d'hiéroglyphes et de petites niches
symétriquement disposées.

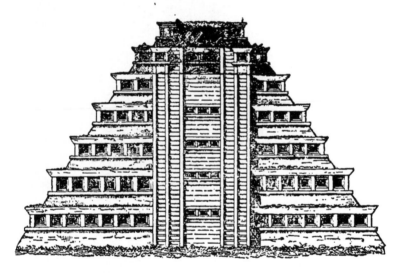

Fig. 10.—Pyramide de Papantla.

Ces constructions pyramidales, tant en Amérique
qu'en Asie, n'avaient pas toutes ce nombre de sept
étages. Celle du temple de la ville d'Ur, en Chaldée, n'en avait que trois, d'autres quatre ou cinq.
Le temple aztèque de Mexico, construit, dit-on, sur
le modèle de la grande pyramide de Teotihuacan,

s'élevait par cinq terrasses élevées en retrait les unes sur les autres. On accédait à la plate-forme supérieure par un escalier de cent-quatorze marches contournant successivement chacune des terrasses.

La pyramide de Cholula, qui mesure 1440 pieds carrés et couvre une superficie presque le double de la grande pyramide de Chéops, atteignait une élévation de 177 pieds, comprenant quatre terrasses successives, construites en briques et en argile.

La pyramide tronquée de Cahokia, dans l'Illinois, Etats-Unis, d'une élévation d'une centaine de pieds, avait quatre terrasses successives. Une plate-forme de 200 par 450 pieds en formait le sommet, et tout porte à croire que, jadis, sur cette terrasse, s'élevait un temple aux vastes proportions. Quatre autres tertres, d'une hauteur de 20 à 30 pieds, orientés de l'est à l'ouest et au sud-ouest, défendaient les approches de ce temple. Le mound Seltzertown, Mississipi, de 600 par 400 pieds de base, couvrait une superficie de six acres de terre. Son sommet, auquel on accédait au moyen d'une rampe, est d'une étendue d'environ quatre acres, et deux petites pyramides coniques avaient été élevées à chaque extrémité. Huit autres pyramides, de proportions relativement peu considérables, entouraient le mur principal, lui-même orienté suivant les quatre points cardinaux. Les pyramides de Cahokia et de Seltzertown rappellent de très près, comme on le voit, le type méridional.

En 1896, M. W. Niven, minéralogiste attaché au musée d'histoire naturelle de New-York, découvrait, à 40 milles au N.-O. de Chipalcingo, capitale de l'État de Guerrero, Mexique, les restes d'une ville, égale en étendue, nous dit-il, à celle de New-York. Aussi loin que ses regards pouvaient porter, la vallée, les collines étaient couvertes de ruines. Çà et là surgissaient des colonnes brisées, des pans de murs à demi écroulés, derniers témoins de l'ancienne cité. Il compta vingt-deux temples et de nombreux autels érigés sur de colossales pyramides en adobes que l'on pouvait apercevoir de tous les points de la cité. Les temples qui, ici, ont toujours un autel médian, étaient généralement construits en pierres de grandes dimensions équarries avec soin. Deux immenses colonnes au sommet arrondi se dressent en avant d'un de ces temples ; on a prétendu y voir les témoignages du culte phallique si commun dans toute l'Amérique centrale et dans l'Inde, qui semble en être le pays d'origine[1], culte dont les monuments de la Chaldée, de la Palestine et de la Phénicie, attestent également la coexistence. Les auteurs font souvent mention, à propos des temples syriens ou phéniciens, disent Perrot et Chipiez[2], de hauts piliers qui se dressaient, comme les obélisques en

---

1. *The American Antiquarian and Oriental Journal*, 1904, p. 10.

2. *Histoire de l'Art*, p. 48.

Fig. 11.—Ruines de Pachacamac.

Egypte, par couples devant le sanctuaire, images conventionnelles et emblèmes de la puissance créa·trice.

Au Pérou, les ruines des cités et des temples présentent les mêmes caractères extérieurs que celles du Mexique et de l'Amérique centrale. Il existe dans l'empire des Incas deux genres de monuments : incassiques et préincassiques. On prétend que les plus massifs dans leur construction, les plus artistiques dans leur exécution et les plus asiatiques dans leurs traits généraux appartiennent au style le plus ancien, et seraient les produits d'une puissante civilisation qui aurait existé au Pérou de nombreux siècles avant l'établissement des Incas. C'est probablement dans cette première catégorie de monuments qu'il faut classer les ruines de la ville de Pachacamac, situées sur le Pacifique, à 20 milles de Lima, et du temple qui avait été élevé sur une sorte de montagne artificielle ou de vastes pyramides avec terrasses. Sur les autres mame·lons s'élèvent les ruines des monuments publics.

Au petit village de Moche, sur le même côté du Pacifique, existent des ruines, encore très impo·santes par leur masse, auxquelles Squier donne le nom de *palais*. Ces ruines consistent en une suite irrégulière de constructions s'élevant sur une pyramide à terrasses successives couvrant plu·sieurs acres de terrain et comprenant une série de salles, de chambres, de corridors, de souterrains voûtés. Les murs sont couverts de stucage d'une grande richesse et dont les motifs d'ornementation rappellent ceux de Mitla. On y distingue, à l'extrémité sud, une pyramide tronquée, formée de terrasses en retrait les unes sur les autres, au nombre primitif de neuf, dont sept subsistent encore. Une pente insensible permettait d'atteindre le sommet, sur lequel reposait un vaste édifice, un temple probablement, car les fouilles ont fait voir que ce n'était pas un lieu de sépulture.

« Trujillo, fondée par Francesco Pizarro en 1535 et baptisée du nom de sa ville natale, a gardé un certain aspect de cité, grâce aux restes de ses murailles d'enceinte, mais elle n'a peut-être pas la dixième partie des habitants qui peuplaient autrefois la ville de Chimu ou Gran-Chimu, capitale d'un empire antérieur aux Incas. Les ruines de l'antique cité et des villages qui en dépendaient occupent un espace énorme ; comparables à celles de Memphis, elles s'étendent au nord et au sud de la rivière Moche, sur plus de 20 kilomètres en longueur et de 8 à 9 kilomètres en largeur. Il semble que là se soit élevée l'agglomération urbaine la plus populeuse du Nouveau-Monde. Des murs, des entassements de briques séchées au soleil se montrent de toutes parts, assez distincts en quelques endroits pour qu'il soit possible de reconnaître le

plan des édifices.   La ville proprement dite, située
sur trois terrasses qui s'étagent au-dessus du littoral,
entre Trujillo et Huanchaco, renfermait des temples, des palais, des réservoirs, des greniers, des
labyrinthes ; les aqueducs et les tombeaux ne peuvent laisser aucun doute aux archéologues. Certaines
pyramides funéraires, divisées en innombrables niches où les cadavres sont assis, offrent des dimensions comparables à celles des pyramides secondaires
de l'Egypte [1]. »

Toutefois, au Pérou, les édifices, en général, du
moins ceux de date plus récente, différaient des
constructions du reste de l'Amérique en ce sens
qu'ils étaient érigés à fleur du sol au lieu de l'être
sur des tertres artificiels ; mais les forteresses s'élevaient sur des terrasses, et les lieux de sépulture,
appelés *huacas* [2], étaient des pyramides tronquées.
Le huaca Obispo, un des plus remarquables, ne
mesure pas moins de 150 pieds de hauteur, et couvre,
dit M. Squier, une superficie de huit acres.   Une
avenue, dont chaque côté était bordé de monuments,
conduisait à cette demeure funéraire.   Dans la partie du Pérou qui regarde la mer, sur une longueur
de 600 milles du nord au sud, surgissent de nom-

---

1. E. RECLUS, *Géographie*, t. XVIII, p. 561.

2. Par extension, le mot *huaca* signifie tout endroit sacré ou
vénéré.

breuses pyramides d'une grande élévation et qui ressemblent aux pyramides de l'Amérique centrale. Seulement, dans l'Amérique centrale, au Yucatan et au Mexique, les constructions pyramidales n'étaient que les travaux préliminaires sur lesquels on bâtissait les temples et les palais, — du moins on l'avait cru jusqu'à ces derniers temps, — tandis qu'au Pérou on y enterrait les morts. On signale pourtant sur certains points du Mexique et de l'Amérique centrale, des pyramides qui semblent avoir été érigées pour servir de tombeaux. On doit même ajouter que les plus récentes découvertes tendent à démontrer que les pyramides élevées au Mexique et dans l'Amérique du centre étaient aussi souvent destinées à servir de monuments funéraires que d'assises pour l'érection des temples, usage qui les assimile aux pyramides de l'Égypte, de l'Assyrie et de la Babylonie [1]. M. H. Saville, archéologue américain, a fait au Mexique, en 1898 et durant les quatre années subséquentes, de nombreuses et importantes découvertes dans l'État d'Oaxaca, habité autrefois par les Zapotèques, dont la civilisation était bien supérieure à celle des Aztèques.

M. Saville a mis au jour des tombeaux que recouvraient des tertres dont quelques-uns présentaient des dimensions monumentales, et ce fait

---

1. Voir un article de M. Stephen D. PEET, *Mexican and Maya Architecture*, dans l'*American Antiquarian*, 1901, p. 126.

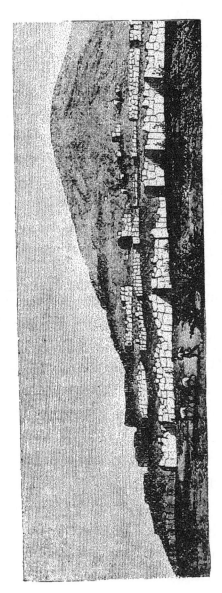

Fig. 12. — Ruines de la forteresse de Cuzco.

constitue précisément l'intérêt particulier de ses travaux d'exploration. Ces tombeaux étaient entourés de murs épais, couverts de peintures, et aussi de signes hiéroglyphiques. Les chambres funéraires que décrit cet archéologue, sans être aussi importantes en magnificence que les tombeaux égyptiens, rappellent singulièrement le mode de sépulture des anciens habitants des bords du Nil.

Au Pérou, avons-nous dit, les forteresses s'élevaient sur des terrasses et, souvent, sur des hauteurs inaccessibles, telle la forteresse de Cuzco et celle de Choccequiaro, cette dernière servant de résidence aux héritiers de la couronne des Incas. La colline qui domine, au nord, la ville de Cuzco, est couverte par les fortifications de la célèbre forteresse de cette ancienne capitale des Incas. Ces fortifications avaient triple murailles et triple terrasses.

A quelques milles du lac de Titicaca, la *forteresse*[1] de Tiahuanaco, de forme rectangulaire, s'élevait à une hauteur de 150 pieds, par terrasses successives, en retrait les unes sur les autres et soutenues par des murs massifs. C'était « une montagne faite de main d'homme, mais singulièrement élevée », suivant l'expression de Garcilaso, qui parle des « grands et incroyables bâtiments » de cette ville extraordinaire bâtie sur un plateau de 12,000 pieds au-dessus

---

1. C'est le nom donné par les indigènes. mais beaucoup d'archéologues veulent y voir un temple (NADAILLAC).

du niveau de la mer, et qui, d'après toutes les
traditions, fut pourtant le siège de la civilisation à
la fois la plus brillante et la plus ancienne de
l'Amérique du Sud. Cette région, habitée primitivement par les Pirhuas, adorateurs du soleil, appelés Aymaras par les Espagnols, passe pour avoir
été le berceau de la civilisation péruvienne. Sur
les bords du lac de Titicaca, dit Prescott, se trouvent des ruines que les Péruviens reconnaissent
être antérieures à l'arrivée des Incas, et avoir fourni
à ceux-ci les modèles de leurs constructions [1].

C'est de là que serait venu le premier Inca, Manco-
Capac, ce fils du soleil et civilisateur des Qquichuas.
A tout événement, là se trouvent des temples de
100 à 200 mètres de longueur, ornés de suites de
colonnes anguleuses colossales, de portiques monolithes que recouvrent des reliefs représentant des
allégories religieuses, de hautes statues de basalte,
chargées de sculptures, dont le dessin à tête-carrée
est demi-égyptien. Les longs vêtements représentés
sur ces statues étaient différents de ceux portés du
temps des Incas. Ce qui paraît être le monument
le plus ancien de la ville forme un parallélogramme
de 445 pieds sur 388, et il était entouré d'un vaste
parvis construit en blocs de trachyte [2].

Les dimensions extraordinaires des temples et

---

1. *History of the Conquest of Peru*, pp. 129, 130.
2. SQUIER, *Peru*, 299.

Fig. 13. — Ile de Titicaca. Ruines d'un temple ou palais.

des palais, les masses imposantes dont ils se composent, dépassent en beauté comme en grandeur tout ce qui a été bâti postérieurement par les Incas. Toutes les pierres employées sont admirablement polies. « En aucune partie du monde, dit Squier, je n'ai vu des pierres taillées avec autant de précision mathématique et de savoir-faire qu'au Pérou, et, de ces pierres, nulle part dans le Pérou on n'en peut trouver qui puissent surpasser, comme beauté d'exécution, celles qui gisent éparses dans les plaines de Tiahuanaco. »

A Huanuco Viego existait un édifice précédé d'une entrée de six portes monumentales rappelant les pylônes égyptiens. On sait qu'en Égypte, l'entrée des temples était gardée par deux pylônes, sorte d'avant-corps en forme de pyramide quadrangulaire, tronquée et percée d'une porte. Devant les pylônes étaient placés des mâts à oriflamme, des statues colossales et, souvent, des obélisques.

Le système pyramidal, en un mot, est le caractère dominant de toute cette ancienne architecture américaine, depuis les rives du Mississipi et de l'Ohio jusqu'à l'isthme de Tehuantepec et au Pérou, et les temples et les palais, avec leurs étages décroissants, entourés de galeries que soutiennent de massifs piliers, leurs larges frises bordées de corniches saillantes, leurs compartiments fouillés et sculptés, les monolithes, les forteresses, les constructions souterraines, les longs canaux d'arrosement, les immenses

Fig. 14.—Huanuco Viego. Portes monumentales précédant l'entrée de l'édifice fig. 45.

réservoirs, ont leurs similaires dans tous les pays énumérés en tête de cet ouvrage et, en particulier, l'Égypte, la Chaldée et l'Inde.

Aux Indes, dit Heeren [1], on voit, par leurs vestiges, que les temples les plus antiques étaient des pyramides. Le plus ancien des livres sanscrits, le *Rig-Veda*, racontant les combats que les Aryas

Fig. 15.—Pylône d'un temple égyptien.

eurent à soutenir dans leur invasion de l'Inde, où ils rencontrèrent une race d'hommes qui se posèrent comme leurs rivaux, n'a pas de termes assez énergiques pour peindre la stupéfaction où les jeta la vue de la multitude de forts et de villes fortifiées

---

1. HEEREN, *Politique et Commerce des Anciennes Nations indiennes*, ch. II.

qui couvraient le pays, et des nombreuses citadelles dressées sur des rochers en des sites inaccessibles. A chaque instant, on lit des textes comme le suivant : « Le dieu des Aryas a frappé cent villes formées d'une pierre merveilleuse. » Le Kashmire offre encore, en plus d'une localité, des ruines étendues de villes et de temples bâtis en pierre de taille énormes, et dont quelques-unes atteignent à 40 et 50 pieds de longueur sur 3 à 15 pieds de largeur, et les restes d'anciennes cités se voient sur tout le parcours de l'Hindou-Koush au Gange et sur celui de l'Indus.

Sur toute la côte ouest de la grande Péninsule, on rencontre des temples creusés dans les chaînes de montagnes. Ces temples sont disposés par groupes et, au moyen de galeries, reliés entre eux et aux salles annexes qui servaient d'habitation aux prêtres. Les chaînes des Ghattes orientales et occidentales, situées entre le Dékan et la mer, sont toutes creusées de ces temples. Un des plus célèbres est celui de l'île d'Eléphanta, près de Bombay, creusé dans un calcaire peu dur et facile à fouiller. Il avait trois entrées, soutenues par des colonnades de seize piliers.

« J'avais déjà lu bien des descriptions pompeuses de ce temple creusé dans le roc, dit un touriste ; mais quelle que fût mon attente, la réalité la surpassa de beaucoup.

« Les dimensions de ce souterrain me parurent plus vastes, ses proportions plus nobles, ses sculptures plus élégantes que je n'avais osé l'imaginer. Les statues mêmes, les colossales images qui s'élèvent de chaque côté des sanctuaires ou chapelles creusées latéralement à la nef principale, sont exécutées avec une hardiesse et avec une grâce qui perce encore à travers leur état de vétusté et de dégradation [1]. »

A l'extrémité du sanctuaire principal, dont la forme de croix rappelle une basilique gothique [2], est une figure colossale de Çiva, également représentée dans les autres temples souterrains de cette partie de l'Inde. Les cavernes de Kennery, dans l'île de Salcette, sont des monuments semblables à ceux d'Eléphanta, et leur antiquité est prouvée par le fait que les images de Bouddha et les symboles de son culte y ont usurpé la place d'images et de symboles plus anciens [3].

---

1. F. de LANOYE, *L'Inde contemporaine*, 1858.

2. Il existe, sous un palais de Mitla, une galerie souterraine en forme de croix.

3. Au deuxième siècle de l'ère chrétienne, un prince indien envoya une embassade à l'empereur Antonin. Dans un fragment d'un ouvrage de Porphyre conservé dans la 10e églogue de Stobbée, nous lisons le fait suivant de Bardesane : « Les envoyés indiens rapportent qu'il existe dans l'Inde, à l'intérieur d'une haute colline, une vaste grotte dans laquelle on voit une

Xochicalco, à 75 milles S.-O. de Mexico, est une masse de roc de 384 pieds, taillée de main d'homme

Fig. 16.—Ruines du temple de Xochicalco (Mexique).

et entourée d'un large fossé. « Ce monument, dit l'auteur de *L'Amérique préhistorique*, est assurément un des monuments les plus originaux du Mexique.

---

statue d'une hauteur de dix à douze aunes, les bras croisés sur la poitrine, et dont le côté droit représente un homme et le côté gauche une femme. » Cette description répond à la description de Çiva dans le temple d'Eléphanta, lequel, probablement, dès cette époque, était dans le même état d'abandon et de mystère qu'il est maintenant.

Au milieu de la plaine se dresse une éminence conique, dont la base, de forme ovale, mesure deux
milles de circonférence et dont la hauteur est diversement évaluée de trois à quatre cents pieds. Deux
tunnels, percés dans le flanc de la colline, s'ouvrent
au nord ; le premier a été reconnu sur une longueur
de 82 pieds, où les explorateurs ont dû s'arrêter.
Le second tunnel pénètre dans le massif calcaire
de la colline, par une large galerie haute de neuf
pieds et demi et qui se continue par divers embran-
chements sur une longueur de plusieurs centaines
de pieds. Le sol est pavé à une grande profondeur
(le pavage n'est pas moins d'un pied et demi
d'épaisseur) ; les parois sont soutenues par des murs
en maçonnerie, partout où ces travaux ont été
nécessaires, puis recrépies en ciment, et peintes en
ocre rouge. La galerie principale conduit à une
salle qui mesure 80 pieds, et telle était la connaissance pratique de leur art, que les architectes
avaient su ménager deux pilastres, pour donner
plus de solidité à la voûte. Dans un des coins de
la salle s'ouvre une petite rotonde de six pieds de
diamètre, excavée, comme la salle elle-même, dans
le rocher, et dont le dôme en forme d'ogive frappa
singulièrement les premiers explorateurs qui ne
s'attendaient guère à trouver au fond du Mexique
un spécimen de l'art gothique [1].

---

1. Marquis de NADAILLAC, *L'Amérique préhistorique*, p. 351.

Fig. 17.—Xochicalco. Côté Est de la terrasse inférieure. — (Adela Breton, *Some notes on Xochicalco.*)

A l'extérieur, la colline tout entière a été travaillée de manière à former cinq terrasses successives en gradins maçonnés d'une hauteur de 70 pieds. La colline a ainsi l'aspect d'une pyramide tronquée, ses quatre faces orientées exactement sur les points cardinaux. Dupaix rapporte que l'on arrivait au sommet par un chemin ayant 8 pieds de largeur. La plate-forme mesure 328 pieds sur 285, et est entourée d'un mur en porphyre parfaitement taillé. Ces pierres sont couvertes de bas-reliefs de taille colossale. Et parmi les figures qui les décorent, on remarque des crocodiles et des hommes assis, les jambes croisées, à la façon des Orientaux. Un temple s'élevait sur cette plate-forme en l'honneur d'un dieu inconnu. Le bâtiment, de forme rectangulaire et bien orienté, était construit en blocs de gra-

nit porphyritique posés sans mortier et avec un
tel art que les joints sont à peine visibles.   Il
serait impossible de dire le travail qu'il a fallu
pour amener ces blocs d'une carrière éloignée et
pour les placer à la hauteur qu'ils occupent.

Les flancs des collines d'Ellora, dans le Dékan,
sont percés de galeries souterraines qui n'auraient
pas moins de deux lieues de longueur.   Quelques-
unes de ces excavations ont plusieurs étages qui
communiquent entre eux.   A un endroit, on y voit
une salle soutenue par vingt-huit colonnes.   La plus
ancienne comme la plus remarquable de ces constructions est le temple de Çiva, taillé dans un
énorme bloc de basalte découpé dans la montagne
même et isolé au milieu d'une cour, enceinte de
longues galeries.   Cette merveille architecturale,
cette « somptueuse basilique » où l'on voit des chapelles, des portiques, des frises, des colonnades
supportées par des éléphants, deux obélisques de
douze mètres, une tour haute de trente, des escaliers
qu'éclaire un jour sombre et des galeries obscures,
est tellement parfaite de proportions que les indigènes en attribuent l'origine à l'art merveilleux
des génies.   Ses murailles sont couvertes d'innombrables statues et de sculptures étranges, mais
d'une grande richesse.   Toute la capacité des salles
est taillée au ciseau.   Les murs sont couverts de
figures colossales réservées dans la masse.   L'en-

Fig. 18.—Monument dit « Maison du Nain » à Uxmal, d'après Stephens.

semble représente un travail qui effraie l'imagination [1].

Waldeck [2] parle d'un édifice d'Uxmal (Yucatan) *la casa del Enano* (la maison du nain) comme d'un « chef-d'œuvre d'art et d'élégance ». Cet édifice se compose de deux salles intérieures et d'une espèce de petite chapelle en contre-bas, qui est « fouillée comme un bijou. » On ne saurait d'ailleurs trop faire remarquer la richesse des sculptures des édifices du Yucatan. A Chichen-Itza, l'église bâtie par les Indiens est remplie de bas-reliefs arrachés aux ruines. On a calculé que les sculptures, d'un fini admirable, qui ornent la vaste frise des murs extérieurs de la *Casa de Monjas*, autre édifice d'Uxmal, couvraient une superficie de 24,000 pieds carrés. Aucune de ces sculptures ne se ressemble, et, elles aussi, présentent à la vue, suivant l'expression de Stephens, un effet étrange mais qui surpasse en magnificence tout ce qui a encore été découvert en ce genre parmi les ruines. Une niche, merveilleusement ouvragée, que devaient occuper des statues, surmontait chaque porte de deux en deux.

Comment expliquer, sans le fait d'une origine commune, la persistance d'une pareille similitude

---

1. L. CLOQUET, *L'art monumental.*

2. WALDECK, *Voy. pittoresque et arch. dans la Province de Yucatan, Paris, 1838.*

de goûts et d'instincts chez des peuples séparés par un tel écartement de temps et de lieux ?

Cette montagne d'Ellora, remplie de temples, nous rappelle encore le sphinx égyptien, taillé dans un rocher ; les deux temples de Memphis que Ramsès II fit également creuser dans le roc, la construction du Ramesséum de Thèbes aux merveilleux portiques, le temple des colosses, le spéos d'Ibsamboul, en Nubie, taillé dans une haute colline de grès, orné d'une série de bas-reliefs historiques du plus grand intérêt et contenant plusieurs statues colossales du célèbre monarque égyptien, le roi monumental par excellence, et que M. Maspéro a fait sortir de sa tombe où il avait reposé près de quarante siècles pour en faire... un simple numéro de musée.

M. Saville, en 1898, dans une campagne d'exploration dans la province mexicaine d'Oaxaca, eut occasion de visiter la vaste crypte découverte en 1886 par le célèbre archéologue, le docteur Sologuren. L'intérieur de cette grotte présentait de curieux monuments d'architecture d'une signification rituelle caractéristique, et des symboles religieux qui indiquent que l'origine de la religion des Zapotèques, ces anciens habitants du pays dont on commence seulement à soupçonner la très haute antiquité et la civilisation avancée, était la même que celles des peuples du monde oriental. Il existait de nombreux souterrains dans la région explorée par M. Niven, en 1896. A Tajas, il découvrit

des salles immenses à moitié comblées par des
dépôts de cendres et de poteries brisées appartenant
à des époques fort différentes. A Texcal, l'édifice
entier était souterrain et les fouilles n'ont pu découvrir jusqu'ici que les dalles qui formaient la
toiture. M. Désiré Charnay, explorant l'èmpla-
cement de la ville préhistorique de Teotihuacan,
nous dit avoir marché lui-même près de dix minutes,
sans en apercevoir la fin, dans une des galeries d'un
souterrain, lequel, d'après le guide qui l'accompagnait, conduisait jusqu'à la pyramide du Soleil à
plus d'un mille et quart au delà. Des souterrains
avaient été pratiqués à Palenqué et à Uxmal,
suivant Waldeck et Stephens, et les ruines de
l'Amérique centrale en renferment également.

M. Stephens décrit une de ces constructions souterraines qu'il a explorées à un endroit où se trouve
le village actuel de Maxcanú (Yucatan), construction que les Indiens désignent sous le nom de
labyrinthe. Ce n'est qu'une suite de corridors
murés, de galeries et de chambres construites,
comme les salles des édifices au-dessus de terre, en
pierres polies et voûtées en encorbellement. La
description de ces corridors et de ces galeries, qui
courent dans diverses directions, ne couvre pas
moins de deux pages du livre du célèbre explorateur. « Dans l'ignorance absolue où j'étais des
lieux, dit-il, je me trouvai à passer et à repasser
dans ces sombres et étroits couloirs qui, en vérité,

Fig. 19.—Façade principale du Palais des Nonnes à Chichen-Itza (Yucatan), d'après Stephens.

semblaient ne pas avoir de fin, et justifiaient le nom
de labyrinthe donné à ces ruines [1]. » Squier men-
tioune également dans ses *Central States of America*, les ruines en pierre de taille d'Opico, près de
San Vincente, dans le San Salvador, qui couvrent
une superficie de près de deux milles carrés, et qui
comprennent de vastes terrasses, des bâtiments en
ruines, des tours de forme circulaire et carrée et de
grandes galeries souterraines.

Si je me transporte maintenant en Arabie, je
retrouve sur tout le pourtour méridional de la
grande presqu'île des monuments semblables à tous
ceux dont il vient d'être parlé : pyramides à étages,
tronquées, avec édicule à la cime, temples, forteresses, grandes villes, remarquables travaux hydrauliques, etc.

Pline parle des nombreux temples qui existaient
dans cette région.

L'architecture de ces édifices, dit Caussin de
Perceval [2], devait procéder de celle de Babylone,
comme la civilisation et la religion du pays étaient
étroitement apparentées à celles de la Chaldée.

Le khalife Othman fit détruire, au VIIe siècle de
notre ère, le palais élevé dans la forteresse de

---

1. John-L. STEPHENS, *Incidents of Travel in Yucatan*, vol. I,
pp. 214 et 215.

2. *Essai sur l'histoire des Arabes*, t. I, p. 75.

Ghoumdân, ainsi décrite par l'historien musulman
Kazwyny : « C'était un immense édifice à quatre
faces : l'une rouge, l'autre blanche, la troisième
jaune; la quatrième verte. Au milieu s'élevait un
bâtiment de sept étages en retrait les uns sur les
autres, ayant chacun 40 coudées de hauteur. Le
dernier formait un salon (iwân) entièrement en
marbre et couvert d'une seule dalle de marbre... »

Comme on le voit, c'était un bâtiment construit
d'après le type traditionnel de la pyramide babylonienne à sept étages, surmonté d'un édicule garni
de revêtements aux couleurs éclatantes et symboliques. Aussi, encore aujourd'hui dans le pays parle-
t-on des auteurs de ces anciens édifices comme de
bâtisseurs d'une habileté merveilleuse. Diodore de
Sicile, enfin, décrit avec le plus grand enthousiasme
la magnificence et la richesse des antiques cités
dont les ruines gigantesques couvrent encore toutes
les parties du Yemen, et qui rappellent, par leur
étendue, quelques-unes des vieilles cités américaines.

L'intérieur de l'île de Ceylan renferme les ruines
de villes depuis longtemps abandonnées. Anaradjapura est une de ces villes mortes que l'on est
actuellement à déterrer, et qui dépassait en superficie nos plus vastes métropoles modernes, Paris,
Londres, New-York. Elle comptait, comme l'atteste
l'étendue des ruines, des milliers de temples et de
palais bâtis sur pyramides, superpositions de ter-

rasses carées, pavées de granit. Partout, dit un
touriste, l'œil rencontre dans toutes les directions
comme un chaos de pierres taillées, amoncelées
pêle-mêle, bouleversées par l'irrésistible poussée de
la végétation tropicale. Partout le sol est rongé à
perte de vue par les débris poudreux des briques.
Et à l'aspect de cette houle de matériaux informes,
la grandiose vision passe, des yeux à l'âme, d'une
cité énorme.

« Ayant pris possession de ma nouvelle demeure,
je voulus, avant qu'il fît nuit, jeter un coup d'œil
sur la ville ; mais j'eus beau la chercher, je n'en
aperçus aucune trace : je ne voyais autour de moi
que de la verdure, des arbres et des jardins, et
encore des jardins, des arbres et de la verdure. Et
pourtant, j'étais au cœur d'Anaradjapura : la forêt
vierge, c'est la ville, ou plutôt la forêt vierge
occupe ce qui fut la ville. Vous la cherchez, la
Babylone des tropiques ? Vous y êtes. Ces ver-
doyantes montagnes de forme conique, que vous
apercevez dans mainte direction, et que vous prenez
pour des éminences naturelles, ce sont de prodigieux
monuments artificiels, dont les matériaux se cachent
sous une orgie de végétation. Ces hautes herbes,
sous lesquelles se glissent les serpents, croissent à
l'endroit même où il y eut une rue à circulation
intense. Si d'aventure vous rencontrez une de ces
majestueuses idoles de pierre devant laquelle se

Fig. 20.—Anaradjapura. — Ruines envahies par la jungle.

(Jules Leclercq, *Un Séjour dans l'Ile de Ceylan.*)

courbèrent d'innombrables générations, vous lui trouverez le même œil impassible. dont elle contemplait les adorateurs couchés depuis deux mille ans dans la poussière. » — (Jules Leclercq.)

Un missionnaire anglais, apercevant des gravures représentant des édifices de Chichen-Itza, les prend, à première vue, pour une illustration des dagobahs d'Anaradjapura, tellement la ressemblance est frappante. En lisant la description des ruines de cette ancienne capitale de Ceylan, le tableau que nous font les explorateurs de certaines villes préhistoriques américaines me revenait forcément à l'esprit. « Une ville immense se déroulait devant moi, dit M. Niven, en présence des restes de la cité mythique de Quechmictoplican découverte par lui en 1896, dans l'Etat de Guerrero (Mexique); aussi loin que mes regards pouvaient porter, la vallée, les collines, étaient couvertes de ruines. Partout à mes pieds des ruines, des temples, des monuments ensevelis sous le sable et sous la poussière des siècles, cachés par la végétation tropicale. Çà et là surgissaient des colonnes brisées, des pans de murs à demi écroulés, derniers témoins de l'ancienne cité.» M. Niven reconnut subséquemment que la superficie de la ville égalait en étendue celle de New-York [1]. Les

---

1. Copan mesurait sept à huit milles de longueur et deux milles de largeur.

Les rues de Palenqué s'étendaient sur une longueur de six à

parois des temples d'Anaradjapura sont, comme celles des édifices américains, revêtues d'un stuc brillant. La voie carrossable de ses rues était étendue d'un brillant sable blanc, et la partie réservée aux piétons était saupoudrée de sable noir. A Copan, les rues, les avenues et les places publiques étaient pavées en pierres ou en ciment d'une couleur blanche, composé de chaux et de roches pulvérisées. Au Yucatan et au Mexique, on communiquait, dans les villes, d'un monument à l'autre, par des chaussées cimentées colorées en rouge.

« Les villes du pays de Chanaan, à la venue des Israélites, dit M. de Saulcy, étaient construites en véritable appareil cyclopéen. Quelques-unes d'entre elles étaient d'une étendue qui dépasse ce que

---

huit lieues. . « For five days did I wander up and down among these crumbling monuments of a city which, I hazard little in saying, must have been one of the largest ever seen.» (Stephens.)

Utatlan, capitale indienne du Guatemala, contenait, selon les anciennes chroniques, 80,000 maisons et plus de 300,000 habitants. Iximché, la capitale des Cakchiquel, dans le même Etat, occupait un espace de trois lieues en circonférence, et reposait sur une éminence factice. Memphis, la capitale égyptienne que Mena lui-même fit construire, était assise sur un terrain artificiel immense, amené au prix d'incroyables travaux.

Le docteur Cabot et Stephens remarquèrent sur l'emplacement et dans les environs du village d'Iturbide (Yucatan) les vestiges de ce qui avait été autrefois une très grande ville ; ils y comptèrent trente-trois pyramides qui avaient servi de base à autant d'édifices élevés dans les airs. (*Incidents of Travel in Yucatan*, vol. II, p. 190.)

l'imagination la plus active pourrait se figurer.»
On vient de découvrir les restes d'une de ces
anciennes villes dans un endroit à l'est du Jour-
dain [1]. Les forteresses s'étendaient à perte de vue
le long des collines.

Les temples consacrés au Soleil sur les versants
du Liban et de l'Anti-Liban, région primitivement
occupée par les Chananéens, non seulement devaient
être nombreux, mais devaient présenter un aspect
monumental, à en juger par les ruines qui en
restent. Ces édifices étaient construits sur terrasses.
Le Dr Hoskins, archéologue d'autant plus compé-
tent à se prononcer en la matière qu'il a fait des
lieux une étude minutieuse, cite un de ces temples
qui s'élevait sur sept terrasses successives, et dont
la base, composée d'énormes blocs en pierre calcaire,
formait un rectangle de 300 pieds par 225 [2]. Ces
anciens temples, comme nous le verrons plus loin
pour les monuments américains, invariablement
avaient été érigés sur des points bien en vue, au
milieu d'une nature saisissante et offrant des effets
de paysage d'une rare beauté [3]. D'ailleurs les *hauts*

---

1. *Biblical World*, fév. 1904, p. 146.

2. *Records of the Past*, mars 1906, p. 74. — *The Temples of Cœle—Syria.*

3. « On both the flanks of Lebanon, we encountered the ruins of ancient temples, in every case erected on conspicuous sites and amidst scenery of rare beauty and impressiveness. » —(*Ibid.*, juillet 1906, p. 203.)

lieux où les Chananéens allaient sacrifier sont historiquement célèbres.

Le sol plusieurs fois ravagé de la Phénicie est
très pauvre en monuments. Nous ne connaissons
rien des édifices phéniciens des époques primitives.
« Les ruines mêmes y ont péri », suivant le mot du
poète. Il n'est rien resté des célèbres temples de
Melkart, à Tyr, et d'Astarté, à Sidon, admirés par
Hérodote. Les Phéniciens, dont toute l'énergie se
portait vers l'industrie et les navigations lointaines,
n'avaient ni les loisirs ni la main-d'œuvre nécessaires pour se payer le luxe de constructions colossales, que ne permettait pas, d'ailleurs, l'exiguité de
leur territoire. On sait qu'ils taillaient le roc ;
qu'ils se servaient de grands matériaux, souvent à
peine dégrossis et superposés sans ciment. On a
cru reconnaître, cependant, qu'à Cypre certains
temples, dont on attribue la fondation aux Phéniciens, étaient bâtis par un procédé qui rappelle
celui rencontré en Assyrie [1]. Il est une construction pyramidale, près de l'ancienne Sarepta, entre
Tyr et Sidon, qui ne mesure pas moins de 131 pieds
de haut sur 656 de diamètre. Il en existe de moindres dimensions à Audjeh, près de Jaffa, d'autres

---

1. *Revue archéologique*, série II, t. XXII, p. 362.

dans la plaine de la Bekkà, entre le Liban et l'Anti-
Liban [1].

Grâce aux récits bibliques, nous connaissions déjà,
au moins de nom, l'existence des Hittites ou Héthéens, établis dans le nord de la Syrie et la vallée
de l'Euphrate. Les monuments égyptiens et assyriens viennent de mettre en lumière ce peuple de
l'antiquité, et les découvertes archéologiques que
nous a livrées jusqu'ici le sol que ce peuple habitait, nous le montrent se servant d'une écriture
cunéiforme, bâtissant « dans le flanc rocheux des
collines entourant Boghaskoi, un sanctuaire dont·
les parois portent de longues théories de personnages sculptés », (temple qui daterait de plus de
4000 ans, d'après les explorateurs allemands qui
viennent de l'exhumer), creusant d'étonnantes
hypogées dans le pays d'Urgurb qui forment un
« labyrinthe sans fin », des réservoirs d'irrigation,
gravant des bas-reliefs avec figures et disques solaires, de nombreuses inscriptions, encore indéchiffrées,
possédant enfin une civilisation que nous ne voyons,
en ces âges reculés, que dans les pays colonisés par
les Chamites. Si les Héthéens ne sont pas Chamites d'origine, ils le sont de civilisation et de
religion.

---

1. L'abbé HAMARD, *L'Age de la Pierre*, Paris, 1883, p. 282.

Nous avons déjà dit «la multitude de forts et de villes fortifiées qui couvraient l'Inde kouschite à l'arrivée des Aryas, et «les nombreuses citadelles dressées sur des rochers en des sites inaccessibles.» Dans plusieurs provinces de la République mexicaine, on rencontre des ruines de semblables forteresses élevées par d'anciens conquérants sur les grandes voies d'émigration des peuples. Dans le Nouveau-Mexique, le Chihuahua, dans le Chiapas et l'Etat d'Oaxaca, les montagnes dominant les passages et les vallées sont couronnées de forts, dont nul ne connaît ni l'origine, ni la date, ni l'histoire[1]. Nous parlerons plus loin des forteresses péruviennes.

Une dernière et rapide excursion aux ruines d'Ongkor, dans le Cambodge, et à celles de Boeroe-Boedor, à Java, et ce sera fini.

Il m'est impossible de donner ici de longs détails sur ces anciens monuments; je tiens cependant à les mentionner à cause des ressemblances et des rapprochements vraiment étonnants qu'ils offrent avec ceux de cette région de l'Amérique centrale qui embrasse la plus grande partie du territoire du Guatemala, l'ouest de l'Honduras et la partie sud du Mexique, y compris la péninsule du Yucatan.

---

1. D. CHARNAY, A *Travers les forêts vierges*, Paris, 1890, p. 370.

On dit même que le grand temple de Boeroe-Boedor,
dans l'île de Java, correspond si exactement avec
celui de Palenqué, qu'il n'est guère possible de contester sérieusement la communauté d'origine et de
destination de ces deux monuments[1]. M. Désiré
Charnay, cet infatigable explorateur, qui a vu sur
place les monuments en ruines des deux pays, Java
et l'Amérique centrale, dit qu'il a aussi été vivement frappé de leur ressemblance ; il cite, entre
autres rapprochements, la pyramide affectée au
temple, avec escalier semblable à ceux que l'on
trouve au Mexique, au Yucatan et dans l'Amérique
centrale. Mêmes dispositions et construction intérieure des temples, voûtes en encorbellement ;
mêmes détails d'ornementation, terrasses, esplanades, localisation des temples en centres religieux,
etc.

A ce propos, Fergusson fait remarquer que les
Javanais, pas plus que les Américains, n'ont pu
s'enseigner mutuellement l'art de bâtir ; mais qu'une
ancienne et commune foi, le sang, les instincts
héréditaires en un mot, ont pu survivre et se réveiller chez les deux peuples et produire les mêmes
effets à d'aussi grandes distances. Si la cause n'était
pas celle-là, ajoute-t-il, cette ressemblance ne serait
qu'un simple accident, et ce serait la seule de ce
genre constatée dans l'univers.

---

1. *Revue d'Edimbourg*, avril, 1867.

Après avoir lu attentivement les descriptions que l'on donne des ruines d'Ongkor ou d'Ongkor-Thom, et les avoir comparées avec celles de Palenqué, de Copan et autres monuments américains, je suis, moi aussi, resté sous la conviction qu'il faut nécessairement attribuer la construction de tous ces édifices à des peuples d'une origine commune, chacun d'eux ayant gardé les traditions premières, selon la vivacité de son esprit, de ses instincts et la force de ses souvenirs.

En Asie comme en Amérique, tous ces monuments sont élevés sur des collines naturelles ou artificielles, et produisent tout d'abord chez le spectateur la même impression. Partout ils présentent à la vue un enchevêtrement de temples, de terrasses, de galeries, de promenoirs, d'esplanades, de tours, d'une richesse d'architecture et d'une ornementation incomparable.

« A Ongkor, dit un explorateur, M. Henri Mouhot [1], dans la province de Cambodge qui a conservé le même nom et qui est située à l'est du grand lac Touli-Sap, se trouvent des ruines si imposantes, fruit d'un travail tellement prodigieux, qu'à leur aspect on est saisi de la plus profonde admiration,

---

1. Henri MOUHOT, *Voyage dans les royaumes de Siam, de Cambodge et de Laos.* Paris, 1883.

Fig. 21.—Ruines d'Ongkor, façade septentrionale. (Henri Mouhot, *Voyages dans les royaumes de Siam, de Laos, de Cambodge et d'autres parties centrales de l'Indo-Chine.*)

et l'on se demande ce qu'est devenu le peuple puissant, civilisé et éclairé, auquel on pourrait attribuer ces œuvres gigantesques.

« ... Nous débouchâmes tout à coup sur une belle esplanade pavée d'immenses pierres bien jointes les unes aux autres, et bordée de beaux escaliers qui en occupent toute la largeur et ayant à chacun de ses quatre coins deux lions sculptés dans le granit.

« Quatre escaliers donnent accès sur la plate-forme...

« Au delà d'un large espace dégagé de toute végétation forestière s'élève, s'étend une immense colonnade surmontée d'un faîte voûté et couronné de cinq hautes tours. La plus grande surmonte l'entrée, les quatre autres les angles de l'édifice. Au lieu d'une déception, à mesure que l'on approche, on éprouve une admiration et un plaisir plus profond. Ce sont tout d'abord de belles et hautes colonnes carrées, toutes d'une seule pièce ; des portiques, des chapiteaux, des toits arrondis, tous composés de gros blocs admirablement polis, taillés et sculptés... A la vue de ce temple, l'esprit se sent écrasé, l'imagination surpassée.

« A deux milles et demi au nord d'Ongkor-Wât, un temple a été élevé au sommet du mont Ba-Kheng, qui a cent mètres à peu près de hauteur. Au pied du mont, au milieu des arbres, s'élèvent deux magnifiques lions de deux mètres vingt-cinq centimètres de haut, ne formant qu'un avec les piédestaux.

« Des escaliers, en partie détruits, conduisent au sommet du mont, d'où l'on jouit d'une vue si étendue et si belle, que l'on n'est pas surpris de ce que ce peuple, qui a montré tant de goût dans la dispositiou de ses magnifiques édifices, dont nous cherchons à donner une idée, ait couronné cette cime d'un splendide monument.

« Cette belle nature est aussi muette et déserte aujourd'hui qu'elle devait être vivante et animée autrefois ; le cri des animaux sauvages et le chant d'un grand nombre d'oiseaux troublent presque seuls ces profondes solitudes... »

« La voiture nous déposa sur une terrasse, dit M. Désiré Charnay, en arrivant aux ruines de Boeroe-Boedor. Là, nous restons stupéfaits, devant la création la plus étonnante et la plus grandiose. On ne saisit pas tout d'abord, on ne comprend pas ; l'œil n'embrasse qu'un ensemble dont l'énormité vous écrase ; puis le jour se fait ; les parties se détachent comme autant d'édifices merveilleux, les détails comme une longue suite de chefs-d'œuvre. Quel effet devait produire ce monument dans son entier, puisque, ruine dévastée, il impose une telle émotion ! »

L'édifice, qui rappelle les pyramides d'Égypte

Fig. 22. — Boeroe-Boedor

par sa forme et sa grandeur, s'élève sur une colline
d'un contour bien proportionné, dont on a égalisé
les quatre pans, qu'on a doublée de pierre et divisée
en neuf terrasses successives ; la partie qui constitue
le temple est le haut de cette même colline aplanie
en forme d'esplanade. De la coupole terminale,
l'œil plane sur un chaos de terrasses et de rotondes
à jour chargées de sculptures, de murs en retrait,
de galeries. « L'imagination, en remontant le cours
des siècles, dit un voyageur, essaie de se représenter ces terrasses, ces gradins, ces galeries, ces promenoirs, aujourd'hui déserts et muets, tels qu'ils
étaient lorsque ce même soleil éclairait les longues
théories de prêtres et de pèlerins qui s'y déroulaient
en chantant les louanges de Bouddha [1]. »

« Nous gravissons la pyramide, dit maintenant
M. Désiré Charnay en parlant de Palenqué, nous
pénétrons dans le palais, et l'impression que j'éprouve
est profonde. Plus jeune j'avais trouvé l'édifice
modeste ; j'y retourne plus vieux, et je le trouve
grandiose.

« Une courte promenade aux environs, au milieu
de ce qui reste encore de ruines debout, me pénètre
d'admiration. Ce palais massif, (avec ses galeries-
promenoirs,) ces temples ruinés, ces pyramides de
toutes hauteurs, sont plus que majestueux, ils sem-

---

1. Jules LECLERCQ, *Un Séjour dans l'île de Java.* Paris, 1898.

Fig. 23. Palais de Palenqué, d'après Stephens.

blent effrayants, et l'on se demande si le peuple qui
éleva ces monuments profita des éminences naturelles qui parsèment les flancs de la Cordillère, pour
y placer ses demeures, ou si ces ouvrages étonnants
par leur grandeur sont sortis tout entiers de la main
des hommes.   Non ; nous nous en sommes assurés
plus tard.   Les constructeurs distribuaient le terrain en esplanades, sur lesquelles ils élevaient de
petites pyramides ; mais ils doublaient les collines
de pierres, et les divisaient en étages.   « Rien
d'étrange comme une promenade au milieu de ces
édifices extraordinaires ; cet abandon, ce silence,
cette solitude, l'ombre épaisse des arbres qui cou-
ronnent édifices et pyramides, grandissent encore
le mystère qui plane sur les ruines, et vous plon-
gent dans une tristesse indicible   . [1] »

Les ruines de Lorillard-City, groupées sur la rive
gauche de l'Usumacinta supérieur, dans l'État de
Chiapas, présentent exactement la même disposition
que celles de Palenqué.   Partant des premières terrasses, à environ soixante pieds du fleuve, les
monuments s'élèvent en amphithéâtre sur des collines naturelles que les constructeurs ont divisées en
esplanades ornées de soutènements de pierres et
garnies d'escaliers.   Des terrasses artificielles proté-
geaient les côtés de la montagne sur le sommet de

---

1. *Les Anciennes Villes du Nouveau-Monde*, p. 189.

Fig. 24.—Palenqué, restauration de l'aile intérieure du palais. (Désiré Charnay, *Les Anciennes Villes du Nouveau-Monde*.) Dessin de H. Toussaint, d'après les indications de l'auteur.

laquelle étaient les ruines de l'antique cité découverte par M. Saville en 1898 à Xoxo, sur les fron-
tières d'Oaxaca, Mexique.

Ecoutons encore M. George-Byron Gordon, au
service du musée d'archéologie de l'Université
d'Harvard, dans la description enthousiaste qu'il
nous donne des ruines de Copan :

« Perdue dans les montagnes du Honduras, dit
l'explorateur, dans une charmante vallée de ce pays
où la solitude est un des traits caractéristiques des
lieux, se trouve la ville de Copan, antiquité des
plus inexplicables des temps actuels. Ses limites
embrassent une surface unie de sept à huit milles
de longueur et de deux milles dans sa plus grande
largeur. Cet espace est couvert de débris d'édifices
en pierre. Les rues, les avenues et les places
publiques. étaient pavées en pierre ou en ciment
d'une couleur blanche composé de chaux et de
roches pulvérisées ; le drainage de la cité se faisait
au moyen de canaux et de conduits souterrains
construits en pierre et en ciment. Les versants des
montagnes sont aussi parsemés de ruines et on peut
voir, jusque sur les plus hauts sommets, des colonnes
renversées et des constructions écroulées. La grandeur et l'importance de ces ruines sont de nature à
convaincre les esprits les plus prévenus qu'ils sont

ici en présence d'une ville étrangère à l'histoire, mais aussi remarquable et aussi digne de leur attention qu'aucune de celles des anciens centres civilisés du vieux monde.

« Le groupe principal de constructions, temples, palais et autres édifices d'un caractère public, est situé au centre de la ville, sur la rive droite de la rivière Copan. Il compose une masse aux propotions énormes, de forme irrégulière, partant de la plaine et s'élevant en gradins et en terrasses faits en maçonnerie, et se terminant en plusieurs élévations pyramidales, chacune d'elles couronnée d'un temple en ruine, ses côtés correspondant aux quatre points cardinaux; sa plus grande longueur, du nord au sud, est d'environ huit cents pieds, et il mesurait originairement presque autant de l'est à l'ouest. L'ensemble de ces constructions présente ainsi l'aspect d'une colline de 120 pieds de hauteur, offrant à la vue un amas confus de murs et d'étages renversés à venir jusqu'au bord de l'eau. A l'intérieur de ce groupe de bâtiments, on voit une cour de 120 pieds carrés, laquelle, avec les motifs d'architecture qui en décorent l'entourage, a dû produire un effet merveilleux lorsqu'elle subsistait en son entier... Les temples, aux murailles sculptées, couvertes de peintures aux vives couleurs, étaient d'une grande magnificence. Une légère couche de stuc sur laquelle on avait peint, en diverses couleurs, des figures et autres motifs d'ornementation, recouvrait les murs intérieurs [1].

« ...Si, du côté nord de la cour, nous gravissons une suite de marches escarpées, nous découvrons, au milieu des ruines du temple II, une vue de ce qui a dû être un des plus beaux spectacles de cette étonnante cité, à l'édification de laquelle, semble-t-il, les génies qui servaient Salomon avaient présidé. A notre droite sont les ruines d'un autre temple de l'entrée duquel un escalier, convert d'hiéroglyphes, descendait jusqu'au pavé, soit une hauteur de cent pieds. Malgré le triste état de délabrement dans lequel nous le voyons aujourd'hui, cet escalier, où les anciens sculpteurs avaient épuisé les ressources de leur art, présente encore un effet saisissant. Quel imposant coup d'œil il a dû offrir à l'époque de sa construction première... Dans l'enceinte de la plaza se trouve le groupe le plus important d'obélisques, de monolithes et de stèles auxquels Copan doit sa principale renommée. Ils mesurent une hauteur moyenne de douze pieds par trois pieds carrés et sont sculptés sur toute leur surface...

« Enfin, lorsque nons eûmes terminé et que, me

---

1. La tête gigantesque reproduite sur la couverture du présent ouvrage, était enclavée dans un de ces murs. Cette tête avait six pieds de hauteur, et, au moment de sa découverte, était quelque peu dérangée de sa position première par la croissance d'un arbre dans son voisinage immédiat.

Fig. 25.—Idole monolithe de Copan.—(*Stephens Travels.*)

plaçant sur les débris d'un trône au pied de l'escalier dont il vient d'être parlé, il me semblait, tant
les dispositions de l'ensemble m'étaient devenues
familières, que je pouvais, sans un grand effort
d'imagination, écarter le voile qui me cachait le
passé, et reconstituer dans sa forme première tout
l'édifice maintenant en ruines.

« De la position que j'occupais, j'apercevais la
plaza tout entière, avec ses monuments et ses pyramides couronnés de temples. Le pavé uni et
cimenté était là, droit devant moi, et se continuait,
du côté de l'ouest, jusqu'à une rangée de terrasses
qui le borne dans cette direction, laissant à découvert la vue des montagnes au delà de la vallée...
Mon esprit, en présence de ces ruines solitaires et
de ce silence de la nature, évoquant la mémoire des
temps passés, revoyait tout un long cortège de générations qui avaient autrefois animé ces lieux. Et
cette évocation était plus qu'un simple jeu de l'imagination. Cette plaza, n'en doutons point, a été
témoin de scènes imposantes et de plus d'un bruyant
spectacle. Des prêtres en procession et accomplissant des rites solennels, ont gravi les degrés de ces
escaliers sculptés où je suis en ce moment [1]... La

---

1. Les prêtres Babyloniens guidaient de longues processions
sur les degrés des pyramides, sur le sommet desquelles ils faisaient leurs offrandes au Soleil. Les prêtres de l'Egypte présidaient également à de semblables processions qui défilaient entre
deux rangées de sphinx jusqu'à l'entrée des temples.

retrouvant dans un tel endroit et la contemplant dans son aspect actuel, au milieu du charme mélancolique du désert, j'étais pénétré d'admiration à la pensée de ce qu'avait dû être, vu la beauté de sa situation et la grandeur barbare de son architecture, l'effet de cette superbe ville dans les temps de sa plus grande magnificence. Il est difficile de décrire l'impression que produit la vue de ces ruines sur celui qui les visite. Plus nous les examinons, plus l'esprit est frappé de la force et de la grandeur de ses constructions, du genre de monuments, si parfaits d'exécution, d'une apparence si singulière, d'une si grande richesse d'ornementation, et cependant si inintelligibles pour nous... [1]».

C'est la formule admirative qu'emploient M. Henri Mouhot en présence des ruines d'Ongkor, M. Désiré Charnay devant celles de Boeroe-Boedor et de Palenqué pour rendre l'impression que leur cause la vue de ces monuments.

Les ruines de Piedgras Negras (Guatemala), que décrit M. Teobert Maler [2], attaché au Peabody Museum, se trouvent sur un plateau de forme irrégulière et donnent l'illusion d'une suite de collines communiquant ensemble au moyen de terrasses arti-

---

1. *Century Magazine*, janvier 1898.

2. *Scientific American*, 26 septembre 1903.

Fig. 26. — Ruines de Piedgras Negras. Autel avec inscription hiéroglyphique. (*Scientific American*, 26 sept. 1903.)

'ig. 27.—Ruines de Piedgras Negras. Linteau sculpté de l'entrée d'un templ
(*Scientific American*, 26 sept. 1903.)

ficielles. Au moment de son exploration, on pouvait
encore apercevoir, sur une grande étendue, les restes
de plusieurs groupes de pyramides avec terrasses
superposées ; mais les temples qui avaient été érigés
dessus ne formaient plus que des amas de décombres.
Du côté nord d'une de ces pyramides est un vaste
palais enclavant diverses cours. On pénétrait de ce
palais dans la cour principale par plusieurs ouvertures dont la voûte avait la forme d'une arche
triangulaire. Huit stèles, profusément sculptées
et ressemblant à celles de Copan et de Palenqué,
avaient été placées à l'entrée de cet édifice. Partout,
en face des temples en ruines, se voyaient encore
un grand nombre de monolithes et de grands autels
élevés sur des piliers en pierre. Ces autels consistent
en blocs de forme oblongue ou carrée sur lesquels
on a gravé des signes hiéroglyphiques ou des groupes
de figures humaines. Les colonnes, les autels, les
marches d'escaliers conduisant aux terrasses, sont
couverts de signes hiéroglyphiques. Quand on
pourra les déchiffrer, ce qui, espérons-le, arrivera
bientôt, l'une des plus remarquables civilisations
connues apparaîtra en pleine lumière.

Un linteau sculpté de l'entrée du temple dont il
vient d'être parlé, contient une inscription de quatre-
vingt-un caractères. Au-dessous est une sculpture
représentant probablement une scène de guerre et
qui rappelle singulièrement certains bas-reliefs de
l'art chaldéen primitif. Le roi se fait amener les

Fig. 28.—Stèle de Hourrin-Cheihk-Khan.

(D'après une photographie de J. de Morgan. Mission archéologique
en Perse).

L'inscription cunéiforme à droite du relief est postérieure à
celui-ci. On y lit : « Tardonnis, préfet, fils de Sin ipsah (sin
console !), toute cette image a replacée; alors qu'elle tombait, il
l'a restaurée. Quiconque détruit cette image, sa race et son
nom que Shamash et Adad anéantissent.

Que doit-on penser de l'antiquité de cette stèle dont la restauration date d'une époque tout au moins contemporaine de Goudea? (J. de Morgan), de Goudea qui vivait cinquante-six siècles
avant nous.

vaincus ; les uns prosternés ou agenouillés, les autres debout, tendent vers leur fier vainqueur des mains suppliantes, figures esquissées plutôt que dessinées[1].

Nous retrouvons, d'ailleurs, au Chiapas, au Yuca-tan et au sud du Mexique la même civilisation qu'au Honduras et au Guatemala, et des monuments d'apparence semblable, avec, en général, mêmes motifs d'ornementation et de sculptures.

Stephens, parlant d'un des édifices d'Uxmal, dit qu'il était surmonté de treize tourelles de sept pieds de hauteur chacune, chargées d'ornements, mais dont quatre seulement étaient debout lors de sa visite. Il est tout admiration d'ailleurs, devant la pose et le poli des pierres entrant dans la construc-tion de ces mêmes monuments, qu'il déclare être aussi parfaits que pourraient l'exiger les règles de la meilleure architecture moderne. Rien ne peut, ajoute Désiré Charnay, après ses premières explo-rations, lutter de richesse, de grandeur et d'harmonie avec les édifices de cette ancienne ville[2].

Viollet-le-Duc et le capitaine Dupaix décrivent les édifices de Mitla qui étaient encore debout de leur temps et auxquels ils donnent le nom de

---

1. La stèle ci-contre (p. 123), provient de la Susiane, région voisine de la Chaldée. Sa reproduction ici, avec la description qui l'accompagne, est extraite de l'ouvrage de M. Elisée Reclus, *L'Homme et la Terre*, vol. I, p. 421.

2. *Cités et Ruines américaines*, p. 437.

«palais», et ils disent que ces édifices avaient été érigés avec une magnificence inouïe [1]. « Les parements, dressés avec une régularité parfaite, les joints bien coupés, les lits irréprochables, les arêtes d'une pureté sans égale, indiquent de la part des constructeurs du savoir et une longue expérience.»

Fig. 29,—Salle d'un palais de Mitla.

Remarquons ici que la salle principale du palais ou temple de Mitla était ornée de six colonnes, destinées, sans doute, comme dans les temples égyptiens, à soutenir la toiture. Dans ces derniers temples, après avoir franchi le pylône d'entrée

1. VIOLLET-LE-DUC, *Cités et Ruines américaines*, Int. p. 77.

par la porte centrale, on arrivait dans une grande cour de forme rectangulaire, au fond de laquelle s'ouvrait la pièce principale, la nef du temple, vaste salle couverte d'un plafond plat, que soutenaient des colonnes. C'est dans la partie extérieure de ces temples que se déroulaient, au milieu d'une pompe éblouissante, les longs cortèges de prêtres en procession.

Les découvertes faites dans les îles de la Polynésie, voie présumée du passage d'Asie en Amérique des premiers immigrants civilisateurs, prouvent qu'une population d'architectes et de constructeurs, possédant des outils pour tailler et sculpter la pierre et capables de transporter et asseoir des blocs énormes, avaient précédé les habitants incivilisés que nos navigateurs ont rencontrés dans ces îles. Si ces régions avaient d'abord été peuplées par des sauvages et si leurs descendants sont incivilisés, on pourrait se demander qui a érigé ces temples et élevé ces fortifications. Entre l'homme primitif comme sauvage et la population incivilisée des temps postérieurs, il n'y a pas de place pour ces restes d'architecture. Ces constructeurs ne furent donc pas les prédécesseurs, mais les ancêtres des habitants actuels de ces îles. C'était la conviction de Crawford et Maerenhout que ces insulaires descendent de quelque grande nation civilisée.

« Les documents, dit le docteur E.-B. Taylor,

réunis aujourd'hui en un petit volume [1], viennent tous à l'appui de l'opinion qui, depuis des années, avait grandi dans la pensée des anthropologistes au sujet de la civilisation des Polynésiens. Il est vrai qu'on les a trouvés, du temps du capitaine Cook, vivant dans un état barbare, et que la rareté des vêtements et le manque des métaux ont porté des observateurs superficiels à les classer comme sauvages; mais leurs croyances et leurs coutumes laissent voir les traces évidentes de leur *descendance* d'ancêtres qui partageaient la plus haute civilisation des peuples asiatiques.»

Nous trouvons, en effet, dans plusieurs de ces îles, des ruines qui rappellent tous les monuments que nous avons jusqu'ici énumérés : ruines de temples et de fortifications, tertres artificiels pour les grands édifices, pyramides à étages, statues gigantesques avec une coiffure semblable à celle que « les divinités égyptiennes portent sur la tête », selon l'expression de Cook.

«A Tahiti, raconte le célèbre navigateur, nous fûmes bientôt frappés de la vue d'un énorme bâtiment qu'on nous dit être le moraï d'Omao et d'Obéréa, et le principal morceau d'architecture qui fût dans l'île ; c'était une fabrique de pierre élevée .

---

1. *La Nouvelle-Zélande*, ouvrage que M. Taylor a publié à Hawaï.

en pyramide, sur une base en carré long, de deux cent soixante-sept pieds de long, et de quatre-vingt-sept pieds de large ; elle était construite comme les petites élévations pyramidales sur lesquelles nous plaçons la colonne d'un cadran solaire, et dont chaque côté est en forme d'escalier... Nous comptâmes onze rampes élevées chacune de quatre pieds, ce qui donne quarante-quatre pieds pour la hauteur du bâtiment. Chaque marche était composée d'un rang de morceaux de corail blanc taillés et polis avec soin. Quelques-unes des pierres étaient très grandes ; nous en mesurâmes une qui avait trois pieds et demi de long et deux pieds quatre pouces de largeur. Nous fûmes étonnés de voir une pareille masse construite sans instruments de fer pour tailler les pierres, et sans mortier pour les joindre. La structure en était aussi compacte et aussi solide qu'aurait pu le faire un maçon d'Europe... Toute cette pyramide faisait partie d'une place spacieuse, presque carrée, dont les grands côtés avaient trois cent soixante pieds de long, et les deux autres trois cent cinquante-quatre pieds ; la place était environnée de murailles et pavée de pierres plates dans toute son étendue.»

« Qu'est cela, dit un auteur, sinon un témoignage de l'origine de ces enfants perdus de l'Orient, partis, il y a bien des siècles, de l'Egypte ou de l'Inde, et qui, dans leur mémoire et dans leurs yeux, ayant gardé l'image des monuments qui marquaient le plus le caractère de leur ancienne patrie, essayaient encore, par ces imitations imparfaites, de perpétuer le souvenir de leur souche primitive et de leurs aïeux [1]. »

Un voyageur, rapporte le docteur Taylor [2], dit avoir vu dans la vallée des Marquises, de vastes terrasses en pierre s'élevant, par étages, à une hauteur considérable depuis la base d'une des montagnes entourées de tous côtés par un épais fourré. Ces terrasses ne peuvent avoir moins de trois cents pieds de long sur vingt de large. Cependant leur hauteur est moins frappante que la taille immense des blocs avec lesquels ils ont été construits. Quelques-unes des pierres, de forme oblongue, ont de dix à quinze pieds de longueur et de cinq à six pieds d'épaisseur. Ces masses, nous apprend Porter, souvent apportées de loin, « étaient réunies ensemble avec autant d'adresse que le pourraient faire nos plus habiles maçons.» Ces constructions accusent évidemment une très haute antiquité.

On trouve encore, aux îles Sandwich, des ruines préhistoriques d'une architecture plus remarquable et également disposée en terrasses, tout comme les monuments asiatiques et américains. Un explora-

---

1. Eugène LOUDUN, *Les Ignorances de la Science moderne.*

2. Ouvrage cité.

9

teur, accompagné de plusieurs touristes, parle d'une de ces ruines qu'il vit dans l'intérieur de l'île d'Havaï, localisée à environ trente milles de Hilo. Il s'agit de la colline de Kukuï, qu'il décrit ainsi :

« Cette colline est d'un contour si régulier qu'elle se révèle à nous comme une œuvre d'art, un effort gigantesque des Mound-Builders. Sa forme extérieure ressemble beaucoup à la pyramide mexicaine de Cholula, et cette circonstance ajouta à l'intérêt que j'éprouvais déjà d'en faire l'ascension. Mes compagnons, Conway, Eldhardt, Kaiser et moi-même, gravîmes le talus gazonné de cette colline, où nous n'aperçumes aucune matière volcanique ; les seules pierres qui s'y trouvaient étaient celles que la main de l'homme y avait transportées. Près du sommet, nous vîmes, au milieu de broussailles, de grands blocs carrés de pierre et nous constatâmes que le sommet lui-même avait été nivelé, pavé et dressé en carré suivant les quatre points cardinaux. Deux monolithes en pierre de taille, orientés de l'est à l'ouest et en partie enfoncés dans la terre, étaient encore debout. Une herbe touffue avait envahi toute cette plate-forme sur laquelle avait poussé un bosquet de cocotiers qui pouvait avoir une centaine d'années. Un examen plus attentif des lieux nous apprit que la partie supérieure de cette colline avait été disposée en terrasses, que l'on pouvait parfaitement distinguer près du sommet. Les pierres qui avaient évidemment servi à construire les façades de ces terrasses avaient la forme de carrés parfaits de pas moins de trois pieds de diamètre, quelques-unes mêmes présentaient des proportions encore beaucoup plus grandes. Composées de basalte vitreux noirâtre, matière minérale des plus dures, ces pierres cependant avaient été si bien taillées et polies sur tous leurs côtés qu'elles pouvaient s'ajuster l'une à l'autre avec une précision parfaite. Mon esprit fut vivement frappé de la ressemblance que la forme et la perfection de taille de ces pierres offraient avec celle des pierres polies de quelques-uns des pans de murs de Tiahuanaco et autres ruines du Pérou. Plusieurs de ces blocs gisaient maintenant isolés et disjoints; on en avait probablement enlevé quelques-uns, mais on pouvait encore reconnaître, sur une longueur d'une trentaine de pieds, la façade encore intacte de la terrasse de l'extrémité inférieure. Il était facile de se convaincre que ces ruines avaient beaucoup souffert des ravages du temps et des commotions de la nature, à en juger par les couches de terre, d'herbages et de broussailles qui s'y étaient accumulées.

« Comme nous descendions, nous remarquâmes une venue d'arbrisseaux suivant une pente déterminée et directe allant du sommet à la base de la colline. Sur examen, nous reconnûmes dans cette pente l'emplacement d'un escalier, construit évi-

demment en pierre de taille, et qui conduisait de la
base au sommet de la colline, c'est-à-dire une hauteur de près de trois cents pieds.   Cette élévation,
avec le temple qui la couvrait jadis, présente un
aspect d'une grandeur vraiment imposante, où l'on
jouit d'une vue étendue, couvrant l'océan, les montagnes d'alentour et la grande plaine de lave de
Puna.   Au point de vue stratégique, on ne pouvait
choisir un meilleur poste d'observation.

« Quand et par qui cette colline a-t-elle été ainsi
transformée en pyramide artificielle ? Qui a taillé
ces blocs de pierre ? Il y a là un mystère qui n'existe
nulle part ailleurs dans les îles Sandwich. Ces
ruines sont les plus anciennes que l'on ait encore
découvertes dans cet archipel, et elles doivent leur
existence à un peuple évidemment avancé en civilisation, sachant se servir d'instruments en métal,
capable d'orienter ses édifices suivant les quatre
points cardinaux et possédant, enfin, certaines connaissances mathématiques.   Doit-on considérer ces
gens comme les ancêtres des Hawïens actuels,
ou étaient-ils d'une race différente maintenant disparue ? [1] »

Nous venons de dire, quelques pages plus haut,
ce que l'on doit penser de ces bâtisseurs.

---

1. BALDWIN, *Ancient America*, p. 291.

L'explorateur à qui nous devons les détails qui
précèdent, s'enquit auprès des plus vieux habitants
du pays touchant l'histoire de ces ruines, mais ils
ne purent lui donner que des réponses vagues,
confuses et contradictoires, sinon, que de mémoire
d'homme personne n'avait jamais fait usage de ces
édifices. Là-dessus il y avait unanimité d'opinion.
Ils ajoutèrent que des ruines semblables et dont
l'histoire était également perdue, existaient en un
autre endroit de l'île.

Il n'y a pas jusqu'à l'infime et solitaire île de
Paques, « où tout est pour inquiéter l'imagination »,
qui ne renferme des ruines de « pyramides, assises
de pierres cyclopéennes, restes d'épaisses murailles,
débris de constructions gigantesques, composées de
pierres brutes posées les unes sur les autres, des
traces de camps retranchés sur les montagnes, des
terrasses faites de pierres immenses, où l'on montait
jadis par des gradins semblables à ceux des anciennes
pagodes hindoues. » Ces terrasses étaient couvertes
de dieux « aujourd'hui renversés la tête en bas, le
visage enfoui dans les décombres. » Autre mystère,
ajoute l'auteur que nous citons, « des routes dallées,
comme étaient les voies romaines, *descendent se
perdre dans l'océan* [1]. » Et, derniers vestiges d'une

---

1. PIERRE LOTI, L'Ile de Paques, dans *Reflets de la sombre
route.* p. 316.

civilisation qui se perd dans la nuit des origines,
« quantité de petites tablettes en bois, gravées d'hiéroglyphes », et nombre de statues géantes « qui ont
l'air de regarder et de penser, et qui paraissent avoir
la patine des siècles qui ne se comptent plus [1].»

Quelle race, se demande M. Loti, écrivain célèbre
mais non américaniste, quelle race aujourd'hui
disparue sans laisser d'autres souvenirs dans l'histoire humaine, aurait donc vécu ici jadis, et comment
se serait-elle éteinte?... Cette race, dont je dirai
bientôt l'origine, est la même que celle qui a laissé
de semblables souvenirs de son passage sur d'autres
points de la Polynésie, en Amérique et dans les
contrées orientales et africaines particulièrement
étudiées dans cet ouvrage.   M. Bastien, archéologue
allemand, a trouvé des statues semblables à celles
de l'île de Paques dans le département de d'Escuintla
(Guatemala).   Elles étaient groupées trois par trois
à égales distances les unes des autres, et présentaient
l'apparence d'une colonnade détruite.   Les statues
étaient en pierre, et portaient pour coiffure une
espèce de turban, lequel, renversé, avait la forme
d'une monstrueuse pierre meulière [2].

---

1. Ces statues, d'après l'auteur des *Reflets de la sombre route*,
ne sont point l'œuvre des Maoris actuels.   Les ancêtres de
ceux-ci, selon les traditions des vieillards, en débarquant de
de leurs pirogues, il y a un millier d'années, auraient trouvé
l'île déserte, gardée seulement par ces monstrueux visages.

2. Marquis de NADAILLAC, *L'Amérique préhistorique*, p. 372.

Les constructeurs des monuments dont nous venons de parler, non seulement étaient des architectes d'une habileté merveilleuse, mais ils manifestaient, dans le choix même de l'emplacement de leurs cités et dans la disposition de leurs édifices, une intelligence des lieux et, pourrait-on dire, une préoccupation esthétique qui frappent à première vue. Nous venons de le voir pour la colline pyramidale d'Havaï, dont le sommet « présente un aspect d'une grandeur imposante, où l'on jouit d'une vue étendue, couvrant l'océan, les montagnes d'alentour et la grande plaine de Puna. Au point de vue stratégique, on ne pouvait choisir un meilleur poste d'observation. »

« De la coupole terminale qui forme le couronnement de ce vaste édifice (Boeroe-Boedor) dit M. Leclercq [1], on jouit d'une des plus belles vues qui soient au monde. Ce n'est évidemment pas au hasard que l'emplacement du temple a été choisi : du haut de la montagne sur laquelle il est étagé, l'édifice était visible de très loin, et il dominait une immense étendue de pays. Au fond du tableau surgissent des volcans entourés de forêts et éclairés par une lumière incomparable.»

M. Mouhot, en parlant du temple élevé sur le mont Ba-Khêng (Cambodge), d'où l'on jouit d'une vue si étendue et si belle, dit que l'on n'est pas

---

1. *Un Séjour dans l'Ile de Java.*

surpris de ce que ce peuple, qui a montré tant de
goût dans la disposition de ses magnifiques édifices,
ait couronné cette cime d'un splendide monument.

« En arrière du temple et sur une pyramide
beaucoup plus haute, se trouve le monument le
plus élevé et le plus considérable de la ville Lorillard (sur la frontière du Guatemala et du Mexique).
Là, sur une vaste esplanade, se développaient six
palais divers disposés en rectangle... Cet édifice
était peut-être la demeure du prince, ou la forteresse ; en tout cas, il était admirablement situé.
Du haut de l'esplanade on avait une vue magnifique,
et je ne pouvais me lasser d'admirer le sens pratique,
l'entente du bien-être développé chez les constructeurs.. Soir et matin, la vue qui se déroulait
devant les habitants de ces demeures était merveilleuse ; ils avaient au nord les petites collines éche-
lonnées, surmontées de palais bâtis en contre-bas ;
ils avaient le cours du fleuve, torrent l'été, rivière
immense au temps des pluies ; puis l'autre bord
avec ses collines boisées, les jardins et les plantations qui devaient autrefois recouvrir les pentes.
Derrière eux, l'œil embrassait une immense plaine
bornée à l'horizon par les ligues bleuâtres de la
Cordillère [1]. »

---

1. Désiré CHARNAY, *Les Anciennes Villes du Nouveau-
Monde*, p. 388.

Fig. 30.—Temple à la ville Lorillard. (D. Charnay, *Les Anciennes Villes du Nouveau-Monde.*) Dessin de P. Sellier, d'après un croquis de l'auteur.

M. Byron Gordon, l'explorateur des ruines de Copan, on l'a vu quelques pages plus haut, est également « pénétré d'admiration à la pensée de ce qu'avait dû être, vu la beauté de sa situation et la grandeur barbare de son architecture, l'effet de cette superbe ville dans le temps de sa magnificence. Les terrasses de ses édifices, laissant à découvert l'aspect des montagnes, présente « une vue de ce qui a dû être un des plus beaux spectacles de cette étonnante cité.»

Du temple du Soleil, à Itzamal, élevé sur une très haute pyramide, le spectateur avait une vue magnifique. «Dominant la grande plaine yucatèque, son regard embrassait un panorama merveilleux qui s'étendait à tous les points de l'horizon... jusqu'à l'océan, qu'on voyait miroiter par un temps clair.»

La ville préhistorique du Mont Alban (sud du Mexique), est située sur une montagne dont les côtés, transformés en terrasses servant de base à de hautes pyramides, présentaient autant d'aspects artificiels. L'archéologue W.-H. Holmes, qui a visité cette région, après avoir parlé de son ascension de la montagne et des ruines, de forme quadrangulaire, qui s'y voyaient, décrit ainsi le tableau qui se présenta devant lui :

« De la place que j'occupais, je gravis là pyramide centrale, qui est le point culminant de cette partie du plateau et qui me permettait d'embrasser du regard la montagne, les vallées et les collines environnantes [1]. D'abord on reste interdit, confondu, en présence du spectacle qu'offre, du côté nord, le couronnement même de la montagne. Mes années de voyages et d'explorations alpines m'avaient déjà ménagé plusieurs surprises saisissantes, telles que celles que j'éprouvai en atteignant certains plateaux couverts de forêts de l'Arizona et me trouvant tout à coup en face du Grand Cañon du Colorado, ou encore en apercevant à l'improviste quelque grandiose panorama alpestre : mais rien ne m'a jamais impressionné au point où je l'étais en ce moment.

« Le couronnement du Mont Alban, d'un quart de mille de largeur et se prolongeant sur une longueur de près d'un mille dans la direction du nord, était là, à mes pieds. Ce n'étaient pas seulement des amas de ruines informes et dispersées çà et là sur le sol que je m'attendais de voir, c'était encore la montagne tout entière qui avait été façonnée par la main de l'homme jusqu'à y faire disparaître toute trace de son contour naturel. Le plateau contenait un vaste système de cours dont le sol avait été nivelé, entourées de terrasses et bordées de pyramides superposées. Les côtés mêmes de la montagne

---

1. Sise à l'intersection des trois grandes vallées d'Oaxaca, d'Etla et de Talpan, cette ancienne ville donnait vue dans toutes les directions.

descendaient en une suite de terrasses, et le couronnement entier, séparé par l'atmosphère vaporeuse
des vallées que l'on distinguait à peine à plus de
mille pieds au-dessous, et complètement isolé de la
ligne bleuâtre de l'horizon s'étendant au delà,
semblait suspendu au milieu des airs.   Une ombre
de mystère, de solitude, d'extrême désolation, pla-
nait seule en ces lieux, que ne venait animer aucun
son humain, où l'on ne pouvait apercevoir la moindre trace de couleur locale.   En vérité, il me semblait être en présence d'un ville fantôme.

« Une immense terrasse, couronnée par la pyramide centrale dont je viens de parler et par une
autre moins considérable placée au coin sud-est,
forme le premier plan du tableau que j'ai essayé de
reproduire.   Ce premier plan fait face à ce qui a dû
être le trait caractéristique de cette ville morte, et
qui consiste en une vaste cour ou enceinte à terrain
uni, surbaissé, de six cents pieds de largeur par mille
pieds de longueur, entourée de terrasses et de pyramides, avec une rangée de quatre pyramides au
centre.   Cette rangée, s'étendant ainsi du nord au
sud et occupant le milieu du grand carré, est une
des parties les plus intéressantes des ruines.   A la
vue de ces travaux extraordinaires, on se plaît à se
figurer l'état de choses qui a dû exister au temps
où cette ville était habitée.   Quel imposant spectacle devaient présenter ces pyramides à l'époque
où elles étaient surmontées de temples aux pro-

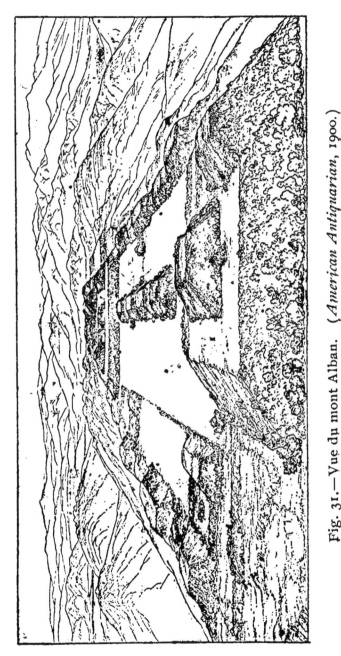

Fig. 31.—Vue du mont Alban. (*American Antiquarian*, 1900.)

portions monumentales, aux jours où l'immense
enceinte qui les environnait était témoin des fêtes
aux pompes barbares mais brillantes d'un peuple
en liesse, alors que des foules encombraient les
terrasses et les pyramides élevées au centre de la
plaza. En fait de déploiement théâtral, la civilisation n'a rien imaginé de nature à surpasser en
magnificence ce que l'imagination peut ici se représenter.»

Clavigero fit, de son temps, l'ascension de la
pyramide de Teotihuacan, dont les quatre côtés
répondaient aux quatre points cardinaux. « L'ascension de la pyramide, dit-il, fut pénible, surtout
avec le soleil de plomb qui nous accablait ; mais,
parvenus au sommet, nous fûmes grandement récom-
pensés de nos peines par le spectacle grandiose qui
s'offrit à nos yeux ravis. Au nord, on apercevait
la pyramide de la Lune, de moindre dimension, et
la grande voie des Morts, bordée de tumuli et semée
de tombes, et, sur un circuit de neuf milles carrés,
une multitude de débris, plateaux et pyramides,
marquant l'emplacement des palais et des demeures ;
au sud-ouest, les montagnes de Tlascala, les villages
de Saint-Martin et de San Juan, et la crête blanche
de l'Iztacihuatl, se détachant au-dessus des collines
de Maylacinga ; à l'ouest, la grande vallée de
Mexico avec ses lacs, tandis que, dans les lointains,

se dessinait la ceinture bleuâtre de la Cordillère, où nos regards allaient se perdre [1].»

Ce trait commun relatif au choix des lieux et à la disposition de nombre de monuments américains avec ceux de Java et du Cambodge, ne signifie pas que les hommes qui ont construit les édifices de ces derniers pays, ou leurs successeurs, ont émigré en Amérique ; mais ils prouvent uniquement que toutes ces constructions érigées en des régions si diverses sont issues du même génie, qu'elles ont été élevées par des peuples de même origine et de mêmes tendances héréditaires. Il est possible cependant que l'Amérique ait reçu, à une époque difficile à préciser, des émigrés partis du Cambodge ou de Java, où nous trouvons de nombreux vestiges qui rappellent certaines régions de civilisation préhistorique de notre continent [2].

Un autre trait particulier des monuments qui

---

1. CLAVIGERO (Frs-Xavier) né à Vera-Cruz, en 1720 et mort en 1793, publia en 1780, une *Histoire ancienne du Mexique et de sa conquête*, en quatre volumes. C'est un des meilleurs guides, ajoute Lucien Biart, que l'on puisse suivre, après les auteurs dont il s'est inspiré et dont il a judicieusement redressé nombre d'erreurs.

2. A Java, des routes en briques menaient de temple à temple et de ville à ville ; au Yucatan et au Mexique, on communiquait d'une ville à l'autre, d'un monument à l'autre, par des chaussées cimentées.

nous occupe, est celui de leur force massive et imposante, accusant chez leurs auteurs une unité de
conception artistique et une identité de penchants
et d'habitudes héréditaires. Dans le nouveau comme
dans l'ancien continent, ces ruines produisent le
même effet de puissance et de grandeur. Aujour-
d'hui encore, nous ne pouvons nous expliquer par
quels moyens mécaniques ces hommes pouvaient
transporter sur les lieux et placer aux élévations
parfois prodigieuses où nous les voyons, des pierres
de soixante pieds de longueur sur vingt pieds de
hauteur et d'épaisseur, et, invariablement, nous nous
demandons, comme M. Maxime du Camp en face
des ruines de Thèbes : « Mais comment donc ont-
ils fait cela ? »

C'est l'impression que provoque l'aspect des pyramides d'Egypte, véritables montagnes de blocs
énormes, étonnement des siècles. « L'idée seule
des peines qu'ont coûtées l'extraction, la taille et le
transport de ces matériaux, dit un visiteur, étourdit
la pensée. » L'unité parfaite des vastes plans des
monuments égyptiens indique qu'ils sont l'œuvre
d'armées d'ouvriers, travaillant comme marchent
des soldats, sous une direction bien réfléchie, inspi-
rée par des règles consacrées [1]. De fait, l'ancienne
architecture égyptienne est surtout imposante par

---

1. L. CLOQUET, *L'Art monumental*, p. 3.

Fig. 32.—Ruines de Thèbes (Karnak). O. Reclus, *La Terre à vol d'oiseau.*

10

la puissance des masses mises en œuvre et ses dimensions colossales ? Les matériaux dont s'était servi Ména pour construire le temple de Phtah, à Memphis, jetaient encore dans l'admiration, il y a quelques siècles, le médecin arabe Abdul-Latif.

Les quelques rares et faibles ruines trouvées en Phénicie et dans quelques-unes des îles de la Méditerranée colonisées par les Phéniciens, témoignent que ceux-ci employaient des matériaux de dimensions énormes, qui « éveillent une idée de force et de puissance », suivant l'expression des auteurs de l'*Histoire de l'Art dans l'Antiquité*. Un des temples élevés à Malte par ces célèbres navigateurs, la *Giganteja*, ou « construction des Géants », comme disent les habitants de l'île, non pas tant à cause des proportions du monument que de celles des matériaux mis en œuvre, contient des pierres qui mesurent vingt-deux pieds de long, onze pieds de haut et trois pieds et demi d'épaisseur.

On sait l'épouvante dont furent saisis les espions que Moïse envoya pour reconnaître la terre de Chanaan, à la vue des grandes villes entourées de murailles dont le pays était couvert, et leurs lamentations, quand ils revinrent, à l'idée d'affronter les « géants monstrueux » (Nombres XIII, 33) qui les habitaient. Ces « géants monstrueux » étaient tout simplement des hommes d'une stature ordinaire ; mais là, comme ailleurs, leurs œuvres faisaient naître l'impression que ces hommes étaient doués d'une force gigantesque.

Encore à présent, les Arabes se représentent les architectes des grandes ruines de leur pays comme des êtres doués d'une taille et d'une force surhumaines.

Dans l'Inde, on l'a vu déjà dans les pages qui précèdent, les ruines de villes et de temples démontrent qu'on bâtissait en pierre de taille de grandes dimensions, quelques-unes atteignant parfois jusqu'à quarante à cinquante pieds de longueur et trois à quinze pieds de largeur.

M. Reclus, parlant des temples d'Ellora, dit que « pour accomplir de pareils travaux, il fallut assembler des armées de travailleurs non moins nombreux que celles qui construisirent les pyramides [1]. » L'ensemble de ces temples, ajoute l'auteur de *L'Art monumental*, représente un travail qui « effraie l'imagination. »

« Il ne paraît pas, dit encore le célèbre géographe, que de nos jours, chez nos peuples militaires disposant d'un énorme budget, d'un si grand personnel de soldats et d'une si puissante industrie, une seule ville fortifiée ait des enceintes qui puissent se comparer, pour les dimensions, à celles de Babylone [2].

Un voyageur, sous le coup de l'étonnement que

---

1. *Géographie universelle*, VIIIe vol., p. 492.
2. *L'Homme et la Terre*, t. I, p. 528.

lui cause la vue des gigantesques et antiques travaux d'irrigation, dont il sera bientôt parlé, dans l'île de Ceylan, s'écrie : « Comment ont disparu la puissance qui commanda, les bras qui exécutèrent de telles œuvres ? Nul ne peut le dire [1].»

A Anaradjapura, un archéologue, M. Burrows, tandis qu'il remontait à force de grues et de poulies, sur quatre colonnes antiques, une immense dalle tombée, formant autrefois la toiture d'une sorte de pavillon, se prit soudainement à réfléchir, et à se demander comment les anciens Cinghalais qui, vraisemblablement, ne connaissaient pas l'usage de nos engins mécaniques, avaient-ils pu venir à bout de hissser sur ces colonnes une dalle d'un tel poids [2] ?

Après avoir décrit le temple pyramidal d'Ongkor, M. Mouhot ajoute : « Quelle force a soulevé ce nombre prodigieux de blocs énormes jusqu'aux parties les plus élevées de l'édifice, après les avoir tirés des montagnes éloignées, équarris, polis et sculptés ?

« Lorsqu'on interroge les indigènes sur les fondateurs d'Ongkor, ils font invariablement une des quatre réponses suivantes :   « C'est l'ouvrage du roi « des anges, Pra-Enn », ou bien : « c'est l'œuvre des « géants », ou encore : « on doit ces édifices au fameux

---

1. LANOYE, *L'Inde contemporaine*, p. 434.

2. Jules LECLERCQ, ouvrage cité.

« roi lépreux (un roi légendaire du pays), ou enfin :
« ils se sont créés d'eux-mêmes. »

« Un travail de géants ! L'expression serait certainement juste si on l'employait au figuré pour parler de ces travaux prodigieux dont la vue seule peut donner une juste idée, et dans lesquels la patience, la force et le génie de l'homme semblent s'être surpassés, au point de confondre l'imagination et afin de laisser des preuves de leur puissance aux générations futures [1]. »

Boeroe-Boedor se compose de gros blocs équarris, polis et posés à sec sans ciment.

« Toute l'industrie, tout le travail que l'homme a dépensés pour la grande pyramide ne sont qu'un effort insignifiant comparés à la peine qu'exigea ce grand temple sculpté dans l'intérieur de Java [2]. »

« Ces vastes terrasses, répondait à un voyageur, un indigène de la Nouvelle-Zélande, sont contemporaines de la création du monde et l'œuvre des grands dieux eux-mêmes [3] », expression qui marque et l'antiquité des monuments et l'effort presque surhumain que leur construction a exigé.

« Tant de blocs taillés, remués, transportés et érigés, attestent la présence ici (l'île de Pâques)

1. Henri MOUHOT, *Voyage dans les Royaumes de Siam, de Cambodge, de Laos*, 1858-1861.

2. O. RECLUS, *La terre à vol d'oiseau.*

3. TAYLOR, *La Nouvelle-Zélande.*

pendant des siècles, d'une race puissante, habile
à travailler les pierres et possédant d'inexplicables
moyens d'exécution [1]. »

Le *Sacsahuaman*, célèbre forteresse de Cuzco,
ancienne capitale des Incas, était construit sur un
rocher à pic dominant la ville, qui reposait elle-
même sur une montagne à une hauteur de 11,380
pieds au-dessus du niveau de la mer. L'érection
de cette forteresse, dit M. le marquis de Nadaillac,
dura probablement de longues années et usa
plusieurs générations d'ouvriers. « Je mets cet
ouvrage, dit Garcilaso de la Vega [2], au rang de tout
ce que l'on a célébré dans l'antiquité, car l'exécution en paraît impossible même avec tous les
instruments et toutes les machines connus en
Europe. Aussi, plusieurs personnes ont cru qu'il
avait été fait comme par enchantement, à cause de
la familiarité que les Indiens avaient avec les
démons, et je ne suis pas fort éloigné de ce sentiment. »   Pour être différent, l'enthousiasme de
Squier n'est pas moins expressif ; c'est un monument, dit-il, qui doit défier le temps et rester un
éternel témoin de la puissance de l'homme. La
ville que cette forteresse protégeait renfermait de
nombreux édifices, où l'on voyait des portiques et

---

1. Pierre LOTI, ouvrage cité.
2. *Hist. des Incas, rois du Pérou*, trad. franc., t. I, p. 268.

Fig. 33—Vue par le bout des murs de Cuzco.

des murs faits d'une seule pierre de trente pieds de longueur, quinze de largeur et six d'épaisseur.

Quant à la constructruction des murailles de Cuzco, Squier dit que toute maçonnerie moderne, exécutée soit en Europe, soit en Amérique, est médiocre, en comparaison de celle de l'ancienne cité péruvienne. Ces murailles, à triple enceinte, sont en roches d'une extrême dûreté, en diorite, en porphyre, en gros blocs de trachyte brun, amenés à force de bras, sans chemins frayés, des carrières d'Anduhaylillas, à vingt-deux milles de distance.

A quinze lieues au nord de Cuzco se trouvent les ruines d'Ollanty-Tampu. La grandeur massive de ces ruines, dit un voyageur, frappe et étonne l'imagination. On les admire surtout en songeant aux difficultés qu'ont dû éprouver les constructeurs pour extraire des carrières ces énormes pierres, les mettre en œuvre, les transporter d'une distance de plusieurs milles par des sentiers impraticables et les poser sans machines et sans instruments de fer. « Le temple du Soleil, de soixante-dix mètres carrés, avec son cloître quadrangulaire, ses annexes dédiées à la lune, aux étoiles, à la foudre et à l'arc-en-ciel, son parvis décoré de cinq fontaines ou bassins purificateurs, aux cariatides en ronde-bosse et d'un style plus indou qu'égyptien ; le palais du Villacumu ou grand pontife soudé à ses murailles, la demeure des prêtres et celle des trois mille serviteurs attachés au culte du dieu, ce temple, disons-nous, avec ses

Fig. 34.—Mur avec niches faisant partie des fortifications d'Ollanty-Tampu.

cours, ses douze monolithes qui servaient de gno-
mons, ses volières d'oiseaux et sa ménagerie d'animaux féroces, ses greniers d'abondance et son
célèbre jardin, offrait aux regards un tel amas de
constructions, qu'on eût dit une cité dans la cité.
Devant son parvis, entouré d'un mur à hauteur
d'homme, se trouvait un rond-point dédié à Venus
ou Coyllur Chasca, l'étoile à la crinière hérissée —
ainsi nommée à cause de son rayonnement — quatre
rues, ou plutôt quatre galeries, séparées par des
murailles si élevées qu'elles interceptaient la chaleur
et la lumière, mais permettaient au vent d'y mugir
avec un bruit sinistre, allaient aboutir à la grande
place de la Cité, qui servait de lieu de réjouissances
à l'époque des fêtes équinoxiales Raymi et Citua ;
cette place, de huit cents pas carrés, était bordée sur
toutes ses faces d'un mur de granit percé de deux
cents ouvertures et huit monolithes, dont quatre
grands et quatre petits, reliés par des chaînes d'or,
en marquaient le centre [1].»

Les monuments de Tiahuanaco, dit un auteur
espagnol, Cieça de Leon, sont en pierres de dimensions tellement démesurées, que notre esprit, frappé
de surprise, ne peut comprendre comment la puissance de l'homme a pu les placer où nous les

---

1. *Le Tour du Monde*, 1863, 2e volume., p. 110. *A travers*
l'Amérique du Sud, par Paul MARCOY.

voyons. Ces pierres sont diversement taillées, et quelques-unes d'entre elles, imitant la forme humaine, ont dû représenter des idoles. On aperçoit, près des murs de ces bâtiments, des grottes et des excavations souterraines ; mais, plus loin, du côté de l'ouest, sont d'autres constructions encore plus

Fig. 35.—Porte monolithe à Tihuanaco (Pérou).

considérables, de vastes galeries, des terrasses, des portiques, tous faits d'une seule pierre. « Je fus étrangement étonné, ajoute ce témoin oculaire, de voir ces énormes terrasses composées de grandes masses de pierres, dont quelques-nues avaient jusqu'à trente pieds de longueur, quinze pieds de

hauteur et six d'épaisseur. » Ces pierres provenaient
de carrières situées à des distances de quinze à
quarante milles.

M. Gordon, on se le rappelle, tient le même
langage au sujet des ruines de Copan : « Plus nous
les examinons, dit-il, plus l'esprit est frappé de
la force et de la grandeur de ces constructions ». Il
cite en particulier deux temples, dont les ruines
énormes que l'on voit encore «font naître l'impression qu'ils ont été l'œuvre de géants.» Les murs des
ruines de Copan sont construits en blocs de pierre
qui mesurent près de vingt-cinq pieds d'épaisseur à
leur base.

Stephens, explorant les ruines de Copan et frappé,
lui aussi, des dimensions des matériaux employés,
eut la curiosité de visiter la carrière d'où l'on avait
extrait la pierre qui avait servi à la construction
des murs et des édifices de la ville ; cette carrière se
trouvait à environ deux milles des ruines. «Comment, dit-il, ces masses énormes ont-elles pu être
transportées sur la surface irrégulière et accidentée
que nous venions de parcourir, et, en particulier,
comment a-t-on pu dresser l'une d'elles sur le sommet d'une montagne voisine d'une hauteur de deux
mille pieds? voilà ce qui était impossible de se
figurer [1].»

---

1. John-L. STEPHENS, *Incidents of Travel in Central America, Chiapas and Yucatan*, New-York, 1841, vol. I, p. 246.

« Une courte promenade au milieu de ce qui reste encore de ruines debout à Palenqué, dit à son tour Désiré Charnay, me pénètre d'admiration. Ces palais massifs, ces temples ruinés, ces pyramides de toutes hauteurs, sont plus que majestueux, ils semblent effrayants. »

Les archéologues qui nous décrivent le bâtiment qui couvre la pyramide de Xochicalco (Mexique), ajoutent qu'il est impossible de dire le travail qu'il a fallu pour amener ces blocs d'une carrière éloignée et pour les placer à la hauteur qu'ils occupent.

Les piliers qui soutenaient le plafond d'un des édifices de Mitla, dit François de Burgoa, qui écrivait en 1545, avaient vingt-cinq pieds de hauteur et étaient d'une grosseur telle que deux hommes, bras étendus, pouvaient à peine les embrasser. Taillés chacun d'un seul morceau, ils avaient dû être apportés de loin, vu l'absence de carrière dans le voisinage des ruines.

Et la pyramide de Cholula, donc ! *cette montagne faite de main d'hommes*, suivant une expression familière encore aujourd'hui aux habitants de l'endroit, monument qui couvre une superficie presque double de celle de la plus grande des trois pyramides de Gizeh, on peut se faire une idée de la somme de travail qu'il a fallu pour l'ériger, quand on sait au prix de quelles lourdes corvées est due l'érection du célèbre tumulus égyptien.

Parmi les ruines du Yucatan, celles d'Aké, que
Stephens regarda comme les plus anciennes de la
région, étaient surtout remarquables par leurs murs
cyclopéens, formés d'énormes blocs de pierres
brutes. D'ailleurs, le nombre des monuments mayas,
leurs dimensions, le goût qui règne dans leur
conception, la richesse de leur ornementation,
frappent l'observateur même le plus superficiel.

Voici encore un trait bien caractéristique, commun
à tous ces monuments asiatiques ou américains.

MM. Perrot et Chipiez, dans leur *Histoire de
l'Art dans l'Antiquité*, nous disent qu'en Chaldée
comme en Assyrie, on recouvrait toujours la brique
cuite ou crue d'un enduit formé d'un mélange
intime de chaux cuite et de plâtre. Le stuc était
revêtu de couleurs à la détrempe. En Egypte, le
stuc était d'un usage général et les figurations, qui
s'étendent sur toute la surface des édifices, sont
rehaussées de brillantes couleurs. Les édifices phéniciens, autant qu'on a pu le constater, brillaient
par la richesse d'une décoration semblable à celle
que l'on voyait à Memphis et à Babylone. Les
temples d'Elephanta et de Salcette avaient reçu
une application de stuc. Jacquemont a constaté
que toutes les parois non sculptées d'Ellora avaient
été primitivement recouvertes de stuc brillant et
poli. Un stuc brillant ornait les parois des dagobahs de Ceylan, nous dit Jules Leclercq. Même

pratique en Amérique, et tous les vieux édifices du Pérou, du Mexique, de l'Amérique du centre et du Yucatan étaient revêtus d'une ou plusieurs couches de stuc, très résistant et d'une décoration polychrome couvrant, comme pour les monuments orientaux, de larges surfaces.

La décoration extérieure semble avoir été la grande préoccupation de l'artiste, et cette peinture, ces couleurs vives, éclatantes, distribuées avec art sur les larges façades, au milieu de l'enchevêtrement des monstrueuses figures de divinités indiennes, devait singulièrement ajouter à la sauvage magnificence des édifices.

Au Yucatan, pyramides, temples et palais étaient reliés entre eux par des routes cimentées colorées en rouge, et tous ces monuments, dit un explorateur, formaient un ensemble de pyramides roses, de palais et de temples multicolores se détachant en un vigoureux relief sur le bleu foncé du ciel, ces routes flamboyantes coupant de rubans pourpres la verdure des plantations et des jardins, composent un tableau des plus étranges, d'une richesse de couleurs extraordinaires, un de ces tableaux merveilleux dont les anciennes villes de l'Assyrie et de la Chaldée pourraient seules nous donner une idée [1]. Si, par aventure, un voyageur du Vieux Monde, dit

---

1. Désiré CHARNAY.

Fig. 36.—Coin d'un édifice à Labná (Yucatan).

Stephens, en présence des ruines de Labna aux murailles chargées de sculptures et de décorations peintes dont les brillantes couleurs étaient encore visibles, avait pu visiter cette ville indigène au temps de sa splendeur, son récit aurait paru encore plus merveilleux qu'un conte oriental et digne de figurer à la suite des *Mille et une Nuits*. Quel grandiose et étrange spectacle devait présenter cette contrée (Yucatan) lorsque les villes, dans tout leur éclat, étaient encore debout, puisque, même à l'époque de la conquête, ce pays, suivant Herrera, contenait encore un « si grand nombre et de si majestueux édifices en pierres, que ç'en était vraiment étonnant. »

On sait l'extrême étonnement de Cortez et de ses compagnons à la vue de Tenochtitlan, l'ancienne capitale des Aztèques, aujourd'hui Mexico. « Nous restâmes ébahis d'admiration, dit Bernal Diaz, témoin oculaire. Nous disions que la ville ressemblait aux demeures enchantées décrites dans le livre d'*Amadis*, et même quelques-uns de nos soldats demandaient si cette vision n'était pas un rêve.»

Le revêtement stuqué qui recouvrait les faces de la pyramide d'un des principaux teocallis de Jalisco, était si brillant que les soldats espagnols, en l'apercevant de loin lorsqu'ils envahirent ce pays, crurent qu'il était d'argent. Le sanctuaire qui avait été

11

érigé sur la plate-forme de ce temple était de forme
spirale [1].

Enfin, en Chaldée comme au Mexique, nous
retrouvons le même usage de la brique crue, *adobe*,
la même manière de la préparer en mélangeant la
terre de paille hachée, le même moule et jusqu'aux
mêmes dimensions pour la brique. Mais il faut
s'arrêter de citer, et conclure que de semblables et
de si nombreuses similitudes ne peuvent être attribuées aux rencontres amenées par le hasard.

En effet, ces hommes ou *géants*, qui élèvent de
pareils monuments, ces forteresses sur des cimes
inaccessibles, qui détachent, polissent, transportent,
entassent et ajustent des blocs énormes de roches
aussi dures que le granit, construisent des pyramides
pour y ensevelir leurs morts ou pour y ériger les
temples de leurs dieux ; qui, en Amérique comme
en Orient, disposent leurs édifices d'après un même
plan horizontal, les groupent, les divisent et les
ornent d'une manière presque identique, et qui (on
le verra plus loin) sur ces temples et ces palais,
représentent des symboles, religieux ou autres,

---

1. « J'ai entrepris dans Bit-Saggatou (Chaldée), dit un des
premiers rois du pays, la restauration de la chambre de Méro-
dach ; j'ai donné à sa coupole la forme d'un lis et je l'ai revêtue
d'or ciselé, de sorte qu'elle resplendit comme le jour. *Inscription de Londres*, traduite par M. Fr. Lenormant dans son
Histoire ancienne, t. II, pp. 228-229.

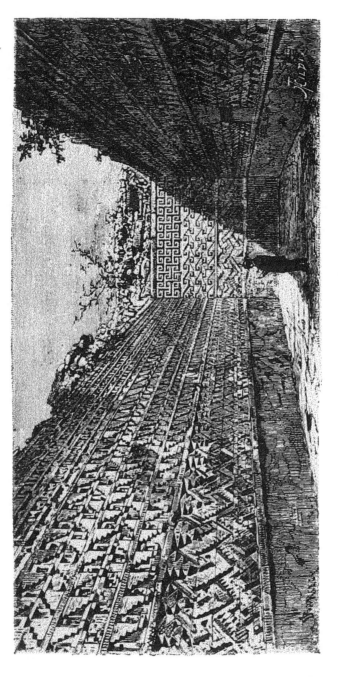

Fig. 37.—Intérieur d'une salle du grand palais de Mitla-Oaxaca
(Désiré Charnay, *Les Anciennes Villes du Nouveau-Monde.*)

Dessin de Slom, d'après une photographie.

qui leur sont communs ; ne vous semble-t-il pas,
enfin, que des hommes qui dressent des obélisques,
percent les montagnes de souterrains, taillent des
statues aux proportions colossales, avant d'être
dispersés en groupes ethniques spéciaux, ne devaient
former à l'origine qu'un seul et même peuple ?

« Il est difficile d'admettre que *tous* les hommes,
à l'origine de leur civilisation, aient employé les
mêmes méthodes, lorsqu'ils ont pu produire des
œuvres sorties de leur cerveau ; l'étude attentive
des monuments qui nous sont connus, en Asie, en
Amérique et en Europe, démentirait ce système de
production uniforme ; cette étude conduit à admettre que certaines méthodes appartiennent à certaines
races [1].»

Mais il y a plus : ces grands bâtisseurs étaient
aussi des maîtres en agriculture, et la science avec
laquelle ils on su pratiquer l'assainissement, le
drainage et l'irrigation du sol ne se voit pas ailleurs,
à cette époque reculée, que dans ces mêmes contrées
où subsistent les ruines de leurs monuments.

MODE DE CULTURE

La Chaldée a été couverte de canaux, grands et
petits, de lacs artificiels, de dignes, de chaussées, et,

---

1. VIOLLET-LE-DUC, *Cités et Ruines américaines*, 1863.

sur tous les points, de machines pour élever les eaux et les répandre sur une terre qui n'attendait qu'elles pour atteindre à une prodigieuse fécondité. Dès la plus haute antiquité, dit Menant, nous voyons avec quel soin les rois du premier Empire creusent des canaux auxquels ils attachent leur propre nom. Une inscription de Hammourabi nous apprend qu'il a fait creuser « pour la richesse des hommes de la Babylonie », le Nahar-Hammourabi, c'est-à-dire « le canal » qui conduit aux terres des Sumers et des Akkads. « J'ai dirigé les eaux de ses branches sur des plaines désertes ; je les ai fait déverser dans des fossés desséchés ; j'ai donné ainsi des eaux perpétuelles aux peuples des Sumers et des Akkads.

« J'ai réparti les habitants du pays des Sumers et des Akkads dans des villages étendus. J'ai changé des plaines désertes en terres arrosées, je leur ai donné la fertilité et l'abondance ; j'en ai fait un séjour de bonheur [1]. »

Le canal auquel Hammourabi se vante d'avoir donné son nom, entretenu durant les âges suivants

---

1. Le pays de Sumer et d'Akkad mentionné dans les textes assyro-chaldéens formait, avec la cité sacrée de Our, la Chaldée proprement dite. Ces deux noms se présentent ensemble dans les titres des plus anciens souverains de la Mésopotamie, qui se disent : « rois des Sumers et des Akkads. »

et réparé par Nabuchodonosor, faisait encore l'admiration d'Hérodote. C'était, disent Perrot et
Chipiez, comme un gros tronc artificiel d'où se
détachaient, à droite et à gauche, de moindres
branches, qui se ramifiaient à leur tour en veines
plus ténues ; le vaisseau capillaire, dernier terme
de cette division, c'était la petite rigole qui menait
l'eau jusqu'au pied de chaque palmier et qui la
versait goutte par goutte aux racines altérées.

Une autre inscription, que l'on dit être antérieure à six mille cinq cents ans avant nous, et que
l'on attribue à Enshag ku shanna, traite de la
guerre, du culte, des arts et d'un système d'irrigation à pratiquer en la terre « des marais ». Cette
inscription, écrite dans la vieille langue sumérienne,
a été découverte à Nippur [1].

Même système pratiqué en Susiane, pays voisin
de la Babylonie. Les textes nous apprennent que
dès l'époque de Karibu, trente-six à quarante siècles
avant notre ère, les eaux de la Kerkha fécondaient
les environs de Suse au moyen de vastes réseaux
dont on retrouve encore les traces sur le sol [2].

Il faut encore mentionner les gigantesques travaux hydrauliques entrepris pour se garantir contre
les inondations de l'Euphrate, et les faire servir

---

1. Voir un article du professeur James A. Craig, « The early
Babylonian History » dans le *Monist*, juillet, 1901.

2. J. de MORGAN, *Travaux de la Délégation en Perse*.

au profit du sol. D'immenses réservoirs recevaient
et détournaient les eaux du fleuve pendant ses
débordements. Aujourd'hui encore, on reconnaît
facilement, aux accidents du terrain, les restes des
grands travaux d'irrigation exécutés par les vieux
Chaldéens [1].

« L'Egypte est un don du Nil », disait-on. Oui,
mais ce fut à condition que le travail de l'homme
intervînt pour régulariser l'œuvre de la nature et
lui faire donner tous ses bienfaits. Il fallut maintenir au fleuve un lit fixe pour en étendre la valeur
fertilisante sur la plus grande partie possible des
canaux secondaires s'embranchant sur son cours, le
suivant parallèlement et s'y reliant par une série
de digues transversales à la vallée ; faciliter enfin
l'écoulement régulier de ses eaux, de manière que
le tout rentrât graduellement dans son lit.

« La création du système des irrigations du Nil,
la régularisation artificielle de l'inondation, sont, en
Egypte, des bienfaits antérieurs à la période historique, dit Lenormant ; celle-ci n'a fait qu'y ajouter
quelques modifications de détail. Mais dès l'époque
si reculée à laquelle elle s'ouvre pour ce pays, nous
trouvons les principes de ces travaux d'irrigation
déjà fixés, leur système constitué dans son ensemble. »
Méuès, pour bâtir la ville de Memphis au lieu où il

---

1. W. WILCOCKS, *Ancient Irrigation Works on the Tigris.*

la voulait, détourna le cours du Nil au moyen d'un canal. La digue colossale qu'il construisit pour assécher l'emplacement de Memphis, subsiste encore aujourd'hui sous le nom de « digue de Qoschéisch », et continue à régler tout le régime des eaux de cette région. Les successeurs de Ménès firent creuser, à grands frais, le lac Moeris, destiné à remédier aux inondations trop faibles du Nil. Enfin, le long du Nil et des canaux, on avait construit de nombreuses machines hydrauliques qui servaient à puiser l'eau et à la déverser sur les champs situés à un ou deux étages plus haut. L'exécution de tous ces travaux suppose nécessairement des connaissances étendues en géométrie, en mécanique et en architecture.

Pour arroser leurs champs, les Phéniciens, habitués à tailler le roc, creusaient des rigoles qui, des dernières pentes de la montagne, amenaient jusque dans la plaine les eaux vives du Liban.

« L'art de l'agriculture était savant et développé dans la civilisation antique de l'Arabie méridionale. Les méthodes d'irrigation, chose de la plus grande importance sous ce climat équatorial, étaient surtout parvenues au plus haut degré de perfectionnement, et ceci est encore un point de contact incontestable avec la civilisation babylonienne dont celle des Sabéens procédait d'une manière évidente. Ce à quoi les anciens ingénieurs du Yémen excellaient principalement, en matière d'irrigations artificielles, était la construction, dans les hautes vallées, de barrages puissants qui créaient de vastes réservoirs permanents, remplis au moment de la saison des pluies, et fournissant, pendant la saison sèche, des eaux pour l'arrosement de toute la contrée inférieure. Presque tous les centres importants de population avaient dans leur voisinage un barrage de ce genre d'où dépendait la fertilité des vergers qui les entouraient. Le plus célèbre de tous était la digue de Mareb, dont la rupture, peu de temps après l'ère chrétienne, fut un des événements capitaux de l'histoire ancienne du Yémen, et dont les restes subsistent encore de nos jours. Mais, les auteurs arabes en signalent, à côté de Sanâa, un autre, qui ne le cédait guère en importance à celle de Mareb [1].»

On retrouve les mêmes méthodes de culture dans l'Inde antique. Les auteurs des « villes murées » et des « forteresses inaccessibles » dont parle le *Rig-Véda*, savaient aussi endiguer les rivières pour en tirer des canaux d'irrigation et construire de vastes

---

1. LENORMANT, *Histoire ancienne de l'Orient*, t. 6, p. 290.
Ce fut vers le commencement du second siècle de l'ère chrétienne que le barrage de Mareb qui, entre deux rochers d'une hauteur d'au delà de mille trois cents pieds, attirait l'eau des montagnes dans un gigantesque réservoir, céda, selon la tradition, à la pression de soixante-dix torrents. La ville, l'ancienne Saba, fut inondée, les cultures détruites, la région dépeuplée. La ruine fut si désastreuse et laissa un tel souvenir dans les imaginations arabes, qu'une ère nouvelle compta à partir de la grande catastrophe.

réservoirs étagés et des bassins de retenue pour l'arrosement. Longtemps avant l'arrivée des Aryas dans le pays, ils avaient contenu par des digues la Juma et le Gange. De fait, la science de cette industrie se perd dans le passé. De l'Inde Kouschite, patrie d'origine, elle passa avec les émigrés, aux colonies, comme un héritage de famille. Des barrages, dont les restes subsistent encore, régularisaient le cours de la Sarasvati, bordée alors de villages aujourd'hui déserts. « Les Anglais n'ont eu qu'à réparer les anciennes levées et à compléter le réseau de canalisation pour accroître de plusieurs millions d'hectares la superficie des terrains qui paient l'impôt [2]. »

Ceylan n'est pas loin de l'Inde, et, de bonne heure, elle a subi l'influence de la grande Péninsule. Lacs et canaux artificiels y formaient autrefois tout un vaste système d'irrigation.

Le trajet de Trincomaly à Candy, dit M. Lanoye, est semé de vestiges d'une civilisation inconnue des générations actuelles de l'île. Parmi eux on remarque surtout les grands ouvrages d'irrigation et d'endiguement que les temps antiques ont en vain légués comme modèles aux temps présents. Les lacs ou réservoirs de Candelle et de Minery m'ont offert des échantillons les plus remarquables de ces

---

2. E. RECLUS, *Géographie, Inde.*, p. 649.

travaux d'utilité publique. Cé sont de puissantes nappes d'eau, de deux à trois lieues de circonférence, bordées de cultures florissantes et de vertes prairies. Les digues qui retiennent leurs eaux ont deux ou trois kilomètres de longueur, sept et huit mètres de hautéur, cinquante au moins d'épaisseur à leur base, et sont formées de lits de pierres régulières ne cubant guère moins d'un mètre chacune et disposées en retrait comme les assises d'une pyramide. Le temps et les éléments ont arrondi leurs angles et poli leur surface ; des broussailles, de grands arbres même, ont enfoncé leurs racines dans les interstices et ajoutent à la grandeur simple de ces digues, qui semblent plutôt des phénomènes naturels que la réalisation d'une pensée humaine. Le trop-plein de chacun de ces lacs forme une belle rivière qui s'échappe d'une écluse gigantesque, ouverte entre des blocs de cinq mètres sur trois. En débouchant de cet estuaire, les eaux se brisent en blanche écume, avec un fracas assourdissant, contre des débris de rochers, sous l'épais ombrage de futaies séculaires. Suivant le major Forbes, les jungles des districts du nord cachent des débris du passé plus grandioses encore. La digue de Kalawa conservait, quand il la visita, il y a peu d'années, deux lieues de longueur sur vingt-sept mètres d'élévation. D'autres digues latérales, encore plus longues quoique moins élevées, complétaient cette étonnante construction, qui avait évidemment existé pendant bien des siècles, lorsqu'elle fut reconstruite et augmentée par le roi d'Asinkelleya, l'an 477 de notre ère [1].

« Un des traits caractéristiques de la plaine d'Anaradjapura, paysage plein de grandeur, dit M. Leclercq [2], ce sont les lacs qui brillent dans toutes les directions, comme des débris de miroirs qu'un caprice aurait jetés çà et là dans la jungle.   Ces lacs sont les vestiges des immenses réservoirs construits avec beaucoup d'art, qui fournissaient de l'eau à des millions d'habitants et servaient principalement à l'irrigation des rizières.   On choisissait un bassin d'une étendue convenable, on y amenait l'eau des rizières voisines, que l'on retenait au moyen de digues en maçonnerie, de manière à créer un lac artificiel, et des écluses servaient à régulariser la distribution de l'eau, qui était conduite aux rizières au moyen de canaux.   Ces réservoirs, encore très nombreux, devaient être autrefois beaucoup plus grands, alors qu'on entretenait soigneusement les écluses et que le niveau des eaux atteignait son maximum de hauteur.   L'existence d'un réservoir était l'indice certain de la prospérité d'un district ; comme la vie des habitants en dépendait, ils ne laissaient point se perdre le surplus des eaux: au

---

1. *L'Inde contemporaine*, p. 433.

2. *Un Séjour dans l'Ile de Ceylan*, p. 151.

moyen de canaux, ils unissaient une chaîne de réservoirs d'une légère différence de niveau, et l'eau qui débordait du lac supérieur était conduite par une suite de lacs jusqu'à ce que tous eussent le niveau normal. »

C'est absolument le système mis en pratique dans l'ancienne Amérique civilisée, comme nous allons le voir, si on veut seulement nous permettre de faire remarquer qu'un mode de culture basé sur le même principe existait également autrefois en Polynésie, à en juger par la citation suivante extraite d'un livre récent : « Avant l'arrivée des Européens, les Polynésiens étaient des agriculteurs habiles dans les îles hautes, volcaniques ; témoin les ruines des travaux d'irrigation à Tahiti, dans la Nouvelle-Zélande et ailleurs [1]. »

Les anciens Péruviens, taillant le roc et comblant les vallées, avaient creusé, sur le versant supérieur des montagnes, des canaux d'arrosement dont plusieurs avaient plus de cent cinquante lieues de parcours. Ces canaux, à ciel ouvert ou souterrains, recueillaient les eaux perdues et fertilisaient tous les terrains inférieurs disposés en gradins au moyen de murailles qui divisaient les pentes rapides des collines abruptes en assises gigantesques. Les amas

---

1. DENIKER, *Les Races*, p. 575.

de débris qui restent après trois siècles dans les plaines du littoral péruvien, indiquent l'emplacement des anciennes cités, èt, sur les pentes des

Fig. 38.—Canal en maçonnerie sur le Rodadero

montagnes, des *andenas* ou murailles de soutè- nement, se succédant en un immense escalier, rappellent encore aujourd'hui les terrasses de cultures qui entouraient les murs de leurs rubans de moissons [1].

On ne peut lire la description suivante des travaux d'irrigation exécutés autrefois dans l'empire des Incas sans être frappé des points de ressemblance qu'elle offre avec celles que nous venons de faire connaître.

« Nous avons dit que l'eau, si précieuse dans les climats tropicaux, était recueillie avec soin dans des réservoirs établis à des altitudes élevées, puis conduites par des *acequias* ou canaux d'irrigation en maçonnerie, à des distances parfois de plusieurs centaines de milles [2]. Pour donner une faible idée de ce qu'êtaient ces travaux, nous citerons dans la vallée de Nepana un réservoir établi au moyen d'un barrage en quartiers de roches fortement cimentés, qui fermait deux gorges profondes. Le réservoir n'avait pas moins de trois quarts de mille de lon-

---

1. Elisée RECLUS, *Géographie Universelle*, t. XVIII, p. 48.

2. «I have followed them for days together and have seen them winding amidst the projections of hills, curving in and out as topography required; here sustained by high walls of masonry, there cut into the living rock and in some cases conducted in tunnels, through sharp spurs of the obstructing mountains. Occasionally, they were carried over narrow valleys or depressions in the ground on embankments fifty or sixty feet high; but generally they were deflected around opposing obstacles, on an easy and uniform descending grade.» SQUIER, *Peru*, p. 218.

gueur, sur une largeur d'un demi-mille. Leurs murs mesuraient quatre-vingts pieds d'épaisseur à leur base et pouvaient supporter les plus fortes pressions. M. Wiener cite également un travail hydraulique remarquable : d'immenses vases communiquant entre eux conduisaient à une hauteur considérable l'eau du Cerro de Pasco au Cerro de Sipa [1].»

Les conduits souterrains, d'une hauteur de six à huit pieds, étaient pavés au moyen de dalles fortement cimentées, mesurant de quatre à six pieds de longueur sur environ trois pieds de largeur.

La vallée tout entière d'Ollanty-Tampu formait un vaste système de terrasses, disposées les unes au-dessus des autres, et descendant, degré par degré, jusqu'à la rivière. Chaque terrasse, de surface unie, avait tout juste une pente suffisante pour permettre l'écoulement facile de l'eau.

Les restes de travaux pour conduire les eaux jusqu'aux terres cultivées se distinguent encore sur le territoire habité aux époques précolombiennes et même préincassiques, dit-on, par les Diaguites ou Calchaqui, dont la civilisation s'est étendue sur les régions montagneuses ou plates de l'Argentine qu'occupent aujourd'hui, *grosso modo*, les provinces de Salta, Jujuy, Tucuman, San Juan et la Rioja.

---

1. De Nadaillac, *L'Amérique préhistorique*, p. 422.

Les anciennes chroniques qui nous parlent de la civilisation des Toltèques, laissent entendre que cette civilisation atteignit l'apogée de sa gloire vers le neuvième siècle. Ce fut, paraît-il, l'âge d'or de leur domination, l'époque où « florissaient de grandes villes pleines de temples et de palais, et qu'une population des plus denses cultivait la terre jusque sur les plus hautes montagnes. » Les Aztèques, qui avaient hérité de la civilisation de leurs devanciers, arrosaient leurs champs avec l'eau des ruisseaux qui descendaient des montagnes. Ils savaient endiguer les eaux, et, par de nombreux petits canaux, les conduire de divers côtés. Au pied du mont Saint-Cristoval, dans la vallée d'Orizava, dit M. Lucien Biart, se voient de larges plates-formes qui, se succédant, descendent sur les rives du rio Blanco. Ces immenses travaux de terrassement, longs de plus de un kilomètre, m'avaient été signalés comme d'anciennes fortifications. Un examen attentif m'a convaincu que je me trouvais en face de plans inclinés destinés à faciliter l'écoulement de rigoles d'irrigation. Ces rigoles, la charrue des modernes Indiens en efface chaque jour la trace et nivelle le terrain ; le cultivateur moderne, ajoute M. Biart, se montre ici moins intelligent que l'ancien [1].

Enfin, dans le voisinage des ruines, au Yucatan,

---

1. Lucien BIART, *Les Aztèques*, p. 283.

12

on retrouve ancore assez fréquemment les restes de bassins artificiels très bien conservés.

Chichen-Itza avait deux immenses réservoirs entourés de hautes murailles perpendiculaires, et qui, dans les temps antiques, avaient amené la fondation et la prospérité de la ville. Le réservoir d'Uxmal était un véritable lac creusé de main d'homme avec citernes dans le fond, où l'eau se centralisait à la saison des pluies. Ces retenues d'eau exigeaient des travaux considérables, quoiqu'il est probable qu'on profitât, pour les établir, d'un affaissement du sol, qu'on approfondissait et dont on régularisait la forme. Le fond de ces réservoirs était fait au moyen de grandes pierres posées à plat dans du ciment à plusieurs couches d'épaisseur.

Nous avons déjà dit que les Mound-Builders eux-mêmes creusaient des canaux pour irriguer leurs cultures, et cela aux endroits que requéraient la conformation du terrain et les besoins de la population. « De Cairo à Bâton-Rouge, on peut observer des mouvements de terre attestant qu'une race civilisée a, très anciennement, reproduit sur les bords du Mississipi, l'industrie et l'art des anciens Egyptiens, et pratiqué les mêmes modes d'agriculture [1].»

Les *Pueblos*, groupe ethnique se rattachant aux

1, Voir un Mémoire de M. Francis-A. ALLEN dans *Congrès international des Américanistes*, 1ère session, Nancy, 1875, 2e vol. p. 237.

Fig. 39.—Ancien canal, (Arizona).

Aztèques du Mexique et habitant un pays en grande partie aride et désolé (l'Arizona et le Nouveau-Mexique), savaient aussi fertiliser lenrs terres au moyen de longs canaux d'irrigation. M. Cushing, chef d'une exploration archéologique accomplie en 1886 chez certaines tribus d'Indiens pueblos, cite les réservoirs, les canaux d'irrigation qui s'y voyaient

Fig. 40.—Preblo (Nouveau-Mexique).

encore. Ces canaux, de dix à trente pieds de lar-geur par trois à dix pieds de profondeur, s'étendaient sur des distances mesurant de dix à quatre-vingts milles avec une chute d'un pied par mille. On emmagasinait l'excès des eaux dans de grands bas-sins lorsque les rivières étaient hautes. On barrait les ravins et l'on construisait sur les montagnes de vastes réservoirs pour recueillir l'eau des pluies, que l'on laissait ensuite s'épandre, au besoin, dans les champs [1]. M. Cushing fait aussi mention, dans son rapport, de villes abandonnées depuis une époque qui ne peut être inférieure de quinze cents à deux mille ans, mais qui pourrait bien remonter beaucoup plus haut dans le passé. Les maisons en pierres ou en briques crues, *adobe*, à deux, trois et même six et sept étages de ces anciennes cités et, en général, de tous les peuples de l'Arizona et du Nouveau-Mexique, étaient disposées en retrait les unes au-dessus des autres, affectant ainsi un ensemble de forme pyramidale.

De toutes récentes découvertes dans les vallées du nord du Mexique, État de Chihuahua, nous montrent qu'aux époques préhistoriques l'on cultivait le sol d'après le mode d'irrigation. On a reconnu, en particulier dans le voisinage de la ville mexicaine actuelle de Casas Grandes, la trace de canaux dont les eaux répandaient la fertilité sur les terrains en culture. Ces vallées, bordées à l'est par le désert, à l'ouest par les monts Sierra Madre, sont d'ailleurs la route supposée suivie par les Toltèques, les Chichimèques, les Aztèques et autres tribus nahuas dans leur migration du nord (de l'Arizona, probablement) au plateau du Mexique, si on peut s'en

---

1. *The American Antiquarian*, 1901. p. 409.

rapporter aux nombreuses ruines qu'on y rencontre
et aux traditions de ces mêmes peuples [1].

Dans les anciens centres civilisés de l'Amérique,
l'art de l'agriculture n'était donc ni moins savant
ni moins développé que dans l'Inde, la Chaldéo-
Babylonie, l'Arabie du sud et l'Egypte ; et si le
célèbre égyptologue et orientaliste, que nous citions
quelques pages plus haut, voyait dans les méthodes
d'irrigation des Sabéens, un point de contact incontestable avec la civilisation chaldéo-babylonienne
et même la preuve d'une commune origine, ne
faudra-t-il pas également conclure que ces peuples
de l'ancien et du nouveau continent qui, non seulement élevaient des monuments semblables, mais
encore cultivaient le sol d'après des méthodes absolument identiques, sont de même famille et qu'ils
ont conservé, à des milliers de lieues, les coutumes
de leurs premiers parents. Si plusieurs nations de
ce continent cultivaient le sol au moment de la
découverte de. l'Amérique, nous devons supposer,
dit un américaniste exercé à l'étude attentive des
faits, « que c'est qu'elles avaient reçu des leçons
d'ailleurs [2]. »

---

1. A.-H. BLACKISTON, « Prehistoric Ruins of Northern Mexico », *The American Antiquarian & Oriental Journal*, 1905,
p. 65.

2. M. le comte de CHARENCY, *Journal de la Société des Américanistes de Paris*.

LES CASTES

L'organisation de la société en castes est une institution que l'on ne trouve, en ces temps reculés, que chez les peuples qui font l'objet de la présente étude. Politiques et ethniques, ces castes étaient généralement au nombre de quatre. Telles dans l'Inde avec ses brahmanes ou prêtres, ses guerriers, ses marchands et ses agriculteurs. En Babylonie, il y avait les prêtres astrologues, les agriculteurs, les artisans. Les prêtres y formaient une caste fermée, d'autant plus que le sacerdoce était héréditaire. Hérodote et Diodore de Sicile, qui connaissaient l'Egypte pour l'avoir visitée, attestent l'existence de plusieurs divisions sociales chez les habitants des bords du Nil. Hérodote en distingue sept, Diodore cinq ; on y reconnaît généralement celle des prêtres, des militaires, des fonctionnaires et des commerçants. La caste *militaire* était supérieure à celle des *fonctionnaires*, cette dernière avait la priorité sur celle des *commerçants*, laquelle dominait sur celle des agriculteurs et des artisans.

« Il est très notable que, sur les rives du Gange comme sur celles du Nil, dit M. A. du Chatellier, la foi religieuse et le mythe aient été la base de toute organisation sociale ; et quand on descend aux détails, il n'est pas moins remarquable de voir que, dans l'Asie comme dans l'Afrique, toute science traditionnelle ou professée soit venue d'une source qui se perd dans la nuit du temps, mais qui se retrouve avec une langue sacrée connue des prêtres seuls. Puis, quand on s'arrête aux conséquences de ce premier fait, combien n'est pas frappant le rapprochement que nous trouvons entre les croyances et les grandes institutions des deux peuples : Dans l'Inde comme dans l'Egypte, des prêtres et des collèges qui se tiennent à l'écart et sous la protection d'une loi d'inviolabilité que rien ne permet de transgresser. Ici, comme là, une classe dominante et privilégiée que son caractère sacré rapproche des dieux mêmes. Ici et là, au second rang, des citoyens divisés en castes, qui se rangent entre eux suivant l'importance d'utilité que le prêtre leur assigne, ou que la société leur reconnaît [1].»

« Lorsqu'on compare, dit Cuvier, l'histoire des Indiens, des Babyloniens et des Egyptiens, il est impossible de mettre en doute qu'il n'eût existé entre eux des communications suivies dès leur origine ou que cette origine ne soit la même. Chez tous trois, en effet, on remarque des croyances métaphysiques et religieuses identiques, une constitution politique semblable, un même style d'architecture et

---

1. *L'Inde antique*, Extrait d'un ouvrage inédit sur les grandes nationalités des Temps anciens, Paris, 1852, p. 12.

des emblèmes pour voiler leurs croyances, dont l'analogie est évidente. Les emblèmes des Babyloniens sont moins connus que ceux des Egyptiens et des Indiens ; mais ceux-ci, qui nous ont été transmis, les uns par les Grecs, les autres par les ouvrages de l'Inde, nous le sont parfaitement.

« Toutefois, j'insisterai peu sur ces rapports. Le sujet de la métaphysique étant le même pour tous les hommes, il pourrait paraître naturel que plusieurs peuples fussent arrivés séparément au même système de philosophie religieuse. On pourrait encore concevoir aisément que ces peuples eussent adopté des emblèmes identiques, parce qu'en général ils sont la représentation des êtres qui entourent les hommes le plus habituellement.

« Mais l'identité de constitution politique est plus étonnante et ne peut avoir été produite que par de fréquentes communications. Or, dans l'Inde, le peuple était divisé en quatre castes principales. La première était celle des brahmes, qui était la plus respectée et la plus puissante. Ses membres étaient les dépositaires de la science et les ministres de la religion ou de la loi, et à eux seuls appartenait le droit de lire les livres sacrés. La seconde caste était celle des guerriers. Son devoir était la défense du pays, et elle avait le privilège d'entendre la lecture des livres sacrés. Les marchands composaient la troisième caste, et il existait autant de subdivisions que d'espèces de commerce. Enfin la quatrième caste était formée des artisans, laboureurs et autres gens de bas étage, et il y existait autant de subdivisions héréditaires qu'il y avait de métiers ou d'espèces de travaux.

« Cette distribution sociale, qui ne peut avoir été établie que par un génie puissant et à l'aide de moyens extraordinaires, se retrouve en Egypte avec une parfaite conformité. Les prêtres égyptiens, dépositaires comme les brahmes des sciences et de la religion, employaient, de plus, comme eux, une langue particulière, dont la connaissance leur avait procuré une haute considération ; leur réputation était même si étendue, que chez toutes les nations on a vanté la sagesse de ces prêtres. Ce que nous savons de la constitution politique des Babyloniens est aussi en rapport exact avec l'organisation de la société indienne.

« La forme pyramidale des anciens monuments de ces trois peuples prouve peut-être encore mieux que la conformité de leur organisation religieuse et politique les relations qu'ils ont entretenues ensemble ou la communauté de leur origine, car rien n'est moins fixe, rien n'est plus arbitraire que la forme d'un édifice : il serait impossible d'admettre que la ressemblance de cette forme fût le résultat du développement naturel des facultés humaines [1].»

---

1. T. I, 2e leçon p. 23-26.

Si le rapprochement, qui indique une communauté d'origine entre les croyances et les grandes institutions des peuples de l'Inde antique et ceux de l'ancienne Égypte et de la Babylonie, est frappant, il ne l'est pas moins avec les croyances et les institutions des civilisés de l'Amérique préhistorique.

Au Pérou, la famille des Incas, devenue très nombreuse avec le temps, composait une caste à part, ayant son langage particulier, l'idiome aymara, probablement, les Incas étant eux-mêmes des Aymaras, sinon d'origine du moins de civilisation. L'Inca était à la fois empereur et pontife, et un de ses fils le chef de la religion. Puis venait ensuite le *noble*, occupant les emplois civils et militaires. Une troisième caste était composée des habitants livrés au négoce, à l'industrie, ou exerçant une profession ; ils constituaient, sous le titre d'*hommes libres*, une sorte de bourgeoisie, mais ne pouvaient exercer aucune fonction publique ni être revêtus de dignités héréditaires. La quatrième et dernière classe et la plus nombreuse se composait d'individus exerçant l'état de portefaix. Ils étaient chargés des travaux les plus pénibles, et quoique traités avec bienveillance, ayant leur pain quotidien toujours assuré et pourvus de tous les objets de première nécessité, leur condition était voisine de la servitude : leurs vêtements et leurs maisons affectaient une forme particulière [1]. C'étaient, comme on le voit, des classes distinctes, des castes dans la véritable acception du mot.

Les Muysca ou Chibcha, nation qui habitait le plateau de Bogota, Colombie, avaient, comme les Qquichua dont ils subissaient l'influence, une civilisation très avancée. Adorateurs des astres et des forces personnifiées de la nature, ils croyaient cependant à l'existence d'un être suprême, dieu universel. Le pouvoir du souverain ne connaissait point de limites ; ses sujets lui témoignaient un respect dont les formes rappelaient absolument l'humble attitude des populations orientales. « Lorsque les Muysca virent disparaître leur empire sous le pied des Espagnols, ils étaient déjà en pleine décadence, toute initiative individuelle étant étouffée par le régime des lois absolues et par la stricte division du peuple en castes aux limites infranchissables. La première était celle des prêtres, à la fois sorciers, médecins, juges et bourreaux. Puis venaient les guerriers qui, pendant la paix, étaient chargés de la police et de la collection des impôts. Les commerçants et les artisans, enfin les cultivateurs constituaient la troisième et la quatrième caste ; en temps de guerre, ils étaient également enrôlés mais

---

1. Vte M. Th. de BUSSIERRE, *Le Pérou et sainte Rose de Lima*, Paris, 1863, p. 44.—SQUIER, *Peru, Incidents of Travel and Exploration of the Land of the Incas.*

servaient en qualité de simples soldats, sans pouvoir jamais s'élever au rang des chefs. Une cinquième classe était constituée par les nomades, appartenant pour la plupart à des peuplades vaincues, différentes des Muysca par les mœurs et le langage [1]. »

L'organisation sociale des Mayas se composait du roi, des prêtres, de la noblesse et des esclaves.

Les mêmes divisions existaient dans tout le Mexique, à l'exception des laboureurs, qui formaient une classe à part. Chaque caste jouissait de privilèges distincts et se distinguait par des costumes particuliers. Les professions et les métiers étaient héréditaires, de même que les titres de noblesse. Les marchands prenaient rang immédiatement après la noblesse féodale effective.

« Cette société, dit Désiré Charnay, basée sur l'esprit de caste, rappelait l'organisation indoue, mais moins exclusive et moins impitoyable ; il y avait bien, comme en Asie, les familles princières, le corps sacerdotal, la noblesse, les cultivateurs et les esclaves, équivalents des parias ; mais on passait facilement d'une classe dans une autre, et les traits de courage, les hauts faits d'armes de guerre, pouvaient affranchir l'esclave, en faire un capitaine [2]. »

Aux Etats-Unis, l'étude des tertres et de leur

---

1. Elisée RECLUS, *Géographie universelle*, t. 18, pp. 295, 296.
2. Désiré CHARNAY, *Une princesse Indienne*, préface, p. IX.

contenu démontre le fait que, chez les Mound-
Builders, une autorité souveraine et incontestée
s'imposait pour réunir dans un effort commun la
multitude de volontés nécessaires pour élever les
constructions, de proportions parfois énormes, qu'ils
ont laissées.

On sait l'influence que le sacerdoce exerçait en
Chaldée et en Egypte, où il se confondait souvent,
comme dans l'Inde, d'ailleurs, avec le pouvoir politique. « Le sacerdoce babylonien, écrit l'auteur de
l'*Histoire des Religions* (p. 154), a toujours eu une
grande puissance. Les prêtres sont les intermédiaires entre les dieux et les hommes, les maîtres de
la science et les gardiens de la littérature sacrée ;
ils ont le monopole des rites mystérieux de la
magie ; aussi leur puissance, au cours des siècles,
a-t-elle plutôt crû que diminué. Ils forment dans
chaque ville une caste fermée, d'autant plus que le
sacerdoce était héréditaire [1].»

Maîtres des jeunes générations, conseillers des
hommes faits, juges des morts, il nous est guère
possible aujourd'hui de se faire une idée du rôle
inouï que l'état sacerdotal jouait en Egypte.

« Les temples, les colosses, les pylônes, les obélisques et les sphinx sont avec les pyramides les seuls
monuments que nous ait laissés l'antique Egypte :

---

1. P.-D. CHANTEPIE de la SAUSSAYE.

aucune construction civile ne nous est restée ; on dirait que rien n'exista dans ce monde ancien en dehors des rois et des prêtres. Certes, les hommes pullulèrent dans la riche vallée, mais ils furent tous tenus pour rien, pour une foule faite pour servir [1].»

Au Pérou, au Yucatan, dans l'Amérique centrale et au Mexique, les prêtres formaient dans la noblesse une classe spéciale, et leur pouvoir était intimement lié avec celui du gouvernement. Cela se voit dans les sculptures gravées sur les murs des monuments, les colonnes, les stèles, car les seuls personnages que les artistes exaltaient sont les rois et les prêtres, et ces derniers exerçaient un haut prestige, ce dont témoignent, du reste, tous les historiens du temps de la conquête.

Ici, comme en Orient, les prêtres sont les intermédiaires entre les dieux et les hommes ; ils sont les gardiens de la littérature sacrée, et, maîtres de la science, ils le sont également de la jeunesse, qu'eux seuls instruisent. Enfin, ils forment, comme le dit Albert Réville pour le clergé mexicain, un corps fortement organisé en qui était concentrée la vie intellectuelle et tout ce qui pouvait mériter le nom de science au Mexique. Quant aux rois, c'étaient, probablement déjà de leur vivant, comme en Egypte et en Babylonie, des héros demi-dieux,

---

1. E. RECLUS, *L'Homme et la Terre*, t. II, p. 220.

et leurs statues étaient érigées dans les cours en
face ou près des temples où on les adorait et où on
leur offrait des sacrifices.   Votam, Zamma, Cuculcan
et autres héros demi-dieux de la civilisation maya,
unissaient en leurs personnes les qualités de grands
prêtres et de rois.   Dans les anciens temps, en
Egypte, le prince du nome paraît être le prêtre en
chef du lieu local ; même aux époques postérieures,
alors que toute la vallée du Nil est soumise à l'autorité d'un seul souverain, le roi peut toujours
exercer les fonctions sacerdotales devant un dieu
quelconque.   Même usage en Chaldée, à l'époque
primitive où chaque ville avait son roi ou chef
particulier.   Ces princes (patêschi) portaient le
titre de pontifes-rois, dans leur double attribution
civile et religieuse.

Telle était aussi sans doute l'organisation religieuse des premiers civilisateurs de l'Amérique.   A
en juger par le caractère de leurs édifices, la religion
occupait une grande place dans la vie sociale et
politique des ancêtres des Mayas.   On en apprendra
peut-être quelque chose de positif si on parvient
jamais à connaître la langue que ces hommes parlaient et à lire les nombreuses inscriptions qui
couvrent les monuments qu'ils élevèrent.   Tout ce
que nous pouvons dire à ce sujet, c'est que les
Péruviens, les Mayas et les Mexicains de l'époque
de la conquête n'étaient que les héritiers de civilisations antérieures, également fondées, on a tout

lieu de le croire, sur l'esprit de caste. Chez les Aztèques, cette civilisation était même déjà depuis longtemps en décadence à l'arrivée des Espagnols.

Cette remarque s'applique avec plus de force encore aux insulaires de la Polynésie, dont le type primitif a vraisemblablement subi, ci et là, l'influence plus ou moins prononcée de croisements avec des races inférieures et de sang étranger. Néanmoins, chez eux, l'élément blanc domine incontestablement. On le reconnaît à la taille élevée, à la belle attitude, aux apparences robustes, à l'esprit industrieux des habitants de toutes ces îles, qui forment un groupement de consistance homogène.

« Le chef, dit M. de Varigny [1], était sacré, lui et les siens. Il avait sur ses sujets droit de vie et de mort. Nul ne pouvait manger avec lui. C'était crime de lèse-majesté de projeter son ombre sur lui, crime aussi de pénétrer sans son ordre dans son habitation. Maître absolu de ceux qui l'entouraient, il était toutefois lui-même esclave des usages de sa race et de son sang. Au-dessous du chef, représentant la force brutale, et souvent à côté de lui, siégeait la force intellectuelle, personnifiée dans le prêtre, tout à la fois devin et sacrificateur de la peuplade, conseiller du chef.»

---

1. C. de VARIGNY, *L'Océan Pacifique*, p. 216.

13

Les premiers auteurs espagnols se servent exactement des mêmes termes pour nous dépeindre la personnalité et la condition de Montézuma ou des souverains du Pérou. En Amérique comme en Egypte, comme en Polynésie, le pouvoir absolu du chef est confirmé ou tenu en échec par le pouvoir théocratique.

On retrouve dans ces îles l'existence de deux ou trois classes, avec quelques variantes suivant les lieux [1]. Aux Mariannes, la population est divisée en trois classes : les nobles, les demi-nobles et les vilains. Au moment où les marins européens abordèrent cet archipel, les deux premières castes étaient encore séparées de la troisième par un abîme ; les individus compris dans la troisième caste étaient voués au mépris des deux autres. Elles leur interdisaient leurs occupations, évitaient leur contact, et les attachaient aux travaux de la terre et aux ouvrages grossiers [2]. La population de la Nouvelle-Zélande se divisait en six classes. Ailleurs, comme aux Mariannes, on distinguait généralement : 1° les nobles, dont quelques-uns se disaient descendre des dieux ; 2° les prêtres, qui joignent parfois leur pouvoir politique à leur pouvoir religieux ; 3° le menu peuple [3].

---

1. DÉNIKER, *Les Races*, p. 574.
2. RIENZI.
3. QUATREFAGES, *les Polynésiens*.

« Le régime des castes, étranger aux Sémites, était, dit Lenormant, la base de l'organisation sociale du royaume sabéen (Arabie méridionale). Ce régime est essentiellement kouschite, et partout où nous le retrouvons, il est facile·de constater qu'il procède originairement de cette race. Nous l'avons vu florissant à Babylone. Les Aryas de l'Inde, qui l'adoptèrent, l'avaient emprunté aux populations· du sang de Kousch qui les avaient précédés dans le bassin de l'Indus et du Gange et qu'ils soumirent à leur autorité. La même institution se présente dans le royaume des Nârikas (non Aryas) de la côte de Malabar, qui étaient aussi kouschites, et dont la constitution offrait avec celle des Sabéens des analogies frappantes, déjà relevées par M. Lassen [1]. Il y avait cinq castes distinctes dans la société sabéenne [2] : les guerriers, les agriculteurs, les artisans, ceux qui exerçaient tous les travaux nécessaires à la récolte et à l'expédition de la myrrhe, et ceux qui faisaient de même pour l'encens. C'étaient des castes fermées et qui ne contractaient pas entre elles de mariages [3].»

La question·de la religion des Kouschites sera traitée dans la deuxième partie de ce travail, en même temps que celle de la race.

---

1. *Indische Alterthumskunde*, t. II, p. 580.
2. STRABON, VI, p. 708.
3. F. LENORMANT, *Hist.*, t. VI, p. 384.

DEUXIÈME PARTIE

LES CIVILISATEURS

I

« La civilisation qui florissait au Mexique, au Pérou et dans l'Amérique centrale, à l'arrivée des Espagnols, écrivait récemment un américaniste, était très avancée sous plusieurs rapports et ressemblait beaucoup à celle de certains peuples asiatiques ; mais la question est de savoir comment expliquer cette similitude [1].»

Cette explication fera l'objet de la présente division de mon travail.

Le régime des castes, suivant le célèbre orientaliste que nous venons de citer, est essentiellement kouschite, et partout où nous le retrouvons nous constatons qu'il procède originairement de cette

---

[1]. « The civilisation found by the Spaniards to exist in Mexico and Peru and in Central America was highly developed along certain lines and had much in common with the culture of certain Asiatic peoples, and the question arises how this similarity is to be explained.» (Staniland WAKE, dans l'*American Antiquarian and Oriental Journal*, 1903, p. 102.

race. S'il en est ainsi, ne peut-on pas regarder également les hommes de cette même origine comme les auteurs des œuvres matérielles décrites dans les différentes contrées que nous avons passées en revue, puisque c'est précisément dans ces pays que nous retrouvons la même organisation sociale. Ce problème, qui eût pu paraître insoluble, il y a un quart de siècle à peine, peut-il être maintenant résolu, à l'aide des données fournies par les dernières découvertes archéologiques faites tant en Orient qu'en Amérique?

J'incline à le croire.

Si le régime des castes était étranger aux Sémites et aux Aryas, les constructions cyclopéennes à base pyramidale, le mode de culture par irrigation l'étaient pareillement, et les temps reculés où nous reporte l'existence de ces travaux nous mettent en présence d'une civilisation alors unique : celle des Chamites ou Kouschites, quelquefois appelés Ethiopiens, mais qu'il faut bien se garder de confondre, comme l'ont fait la plupart des écrivains classiques, avec la race nègre [1]. Cette civilisation, sans aucun

---

1. « Malheureusement, les Ethiopiens, pour les classiques, ne sont pas seulement les Kouschites, mais bien encore tous les peuples d'origine inconnue et particulièrement les populations de couleur. Peut-être même faut-il ajouter qu'aucun écrivain grec ou latin, en dehors des Septante, n'a soupçonné le rapport ethnologique possible entre les Ethiopiens et les Kouschites... Les traducteurs grecs de l'Ancien Testament et toutes les ver-

doute, n'est pas la première qui soit apparue dans le monde ; mais c'est la plus ancienne que nous connaissions, et elle se révèle à nous sous des traits bien caractérisés, propres et communs à toutes les fractions de cette grande famille humaine. En réalité, ce n'est pour ainsi dire que de nos jours qu'il nous est donné de pouvoir comprendre toute l'étendue du rôle joué par les Chamites dans la période primitive de l'humanité post-diluvienne. Sans les découvertes archéologiques contemporaines, qui ont ajouté tant de siècles au cycle de l'histoire, il nous était impossible de rien savoir de précis sur l'existence, la nature de la civilisation et la distribution géographique de cette branche de la famille du célèbre patriarche.

On admet aujourd'hui que les peuples de souche dite kouschite ou éthiopienne, désignés aussi quelquefois sous l'appellation de Chamites, ont été les premiers civilisateurs et bâtisseurs dans toute l'Asie

---

sions faites sur les Septante, notre Vulgate elle-même, qui en a subi l'influence, ont contribué dans une certaine mesure à répandre cette erreur en identifiant perpétuellement les Kouschites de la Bible avec les peuples que l'antiquité grecque et latine a nommés Éthiopiens, c'est-à-dire bruns ou noirs, selon le sens de ce mot. » (F. VIGOUROUX, *Dictionnaire de la Bible*, t. II, pp. 743 et 745.)

« Le mot *éthiopien* était naguère synonyme de nègre ; mais aujourd'hui tous les ethnologues s'accordent à séparer les Éthiopiens des races nigritiques. » (*Nouveau Larousse illustré*, à l'article *Éthiopie*, p. 332.)

sud-occidentale, et ce qui subsiste de leur langue, de leurs monuments et de leur influence civilisatrice, nous révèle la présence de ces mêmes peuples sur les rivages asiatique et africain de la Méditerrannée, sur la côte est de l'Afrique, dans la vallée du Nil, dans l'Indoustan et dans les îles de l'Océan Indien. Ces civilisateurs, nouvelle ou « troisième race » [1] nettement reconnue par les savants de nos jours, mais sur laquelle on n'avait eu jusqu'ici que de vagues notions, ne formaient pas des tribus étrangères les unes aux autres sans demeure fixe.   Ils n'avaient rien de commun avec les hordes de nomades qui, à cette époque, erraient à l'aventure dans les immenses régions du nord de l'Asie et de l'Europe.   Ces étonnants et merveilleux constructeurs, dont les monuments, tant de l'ancien que du nouveau continent, nous attestent si clairement des habitudes sédentaires et un sentiment national très développé, avaient eu primitivement une commune patrie, d'où a rayonné au loin leur esprit d'entreprise et leur civilisation.   Ce berceau, suivant toute probabilité, est l'enceinte formée par l'Himalaya, l'Hindou-Kouch, le Kaboul et l'Indus [2].

---

1. « Dr PETRIE, who has written so much about the « new race » in Egypt, now acknowledges that they were not a new race, but «Egyptians of an earlier date. » (*American Antiquarian*, 1903, p. 284.)

2. M. Frédéric MÜLLER croit qu'il faut placer en Arménie la première patrie des Iudo-Européens.   « Nous ne partageons pas

« Tous les savants, dit M. Fr. Lenormant, dans une page remarquable, sont aujourd'hui d'accord pour reconnaître que les bords du Tigre, la Perse méridionale et une partie de l'Inde elle-même, où on appelait les tribus de ce sang *Kaucikas*, ont été peuplés par la famille de Kousch avant d'être occupés par les descendants de Sem et de Japhet. Les Chamites fondèrent les plus antiques monar-

---

entièrement la manière de voir de M. Müller, dit M. Ch.-E. de Ujfalvy (*Mélanges altaïques*, p. 145). Nous pensons que les Aryens sont partis, en principe, tout près du plateau de Pamir. Ils ont été précédés dans cette migration par les Sémites et les Chamites. Leur séjour sur le plateau de l'Arménie ne peut être considéré que comme la station intermédiaire de leur grande migration, mais ils ne sont arrivés à ce séjour qu'après leur séparation en différents peuples. » C'est aussi le sentiment qu'exprime le célèbre géographe, M. Elisée Reclus, dans son récent ouvrage *L'Homme et la Terre* (t. I, pp. 361 et suivantes).

Nous ne nous occupons nullement, d'ailleurs, de rechercher ici le berceau des Chamites. Si nous les plaçons dans le nord de l'Inde, c'est parce que toutes les présomptions nous portent à croire qu'il en est ainsi ; mais eût-il été en Chaldée, par exemple, que cela ne nuirait en rien à notre démonstration. Il était aussi facile pour cette race de se rendre de cette dernière contrée dans l'Inde que d'émigrer de l'Inde en Chaldée. La régularité du régime des vents dans l'Océan Indien facilitait une navigation qui pouvait conduire sans danger les marins jusqu'aux bouches de l'Indus et les en ramener sans péril, presque à jour fixe. Les dernières explorations nous font connaître que dès 4000 ans avant J.-C., les villes d'Ur et d'Eridu, en Chaldée, étaient déjà des centres politiques importants. C'étaient aussi des villes manufacturières, à en juger par les amas de scories

chies. Ce fut chez eux que la civilisation fit
d'abord les plus rapides progrès. Les empires
fondés par les Chamites se trouvèrent bientôt en
contact avec les deux autres races, qui entrèrent en
lutte avec eux, les vainquirent et s'emparèrent des
pays qu'ils occupaient. Les Sémites les rempla-
cèrent dans la Chaldée, dans la Syrie, dans la Pales-

---

mêlées aux ruines. Le bois de teck trouvé au milieu des ruines
d'Eridu, témoigne également que, de bonne heure, ces villes
faisaient commerce avec l'Inde, puisque ce n'est que dans les grandes forêts de l'Inde, de la Birmanie et du Siam que se voit cette
espèce d'arbre. Les monuments de la Mésopotamie représentent assez souvent le zébu ou bœuf à bosse : or cet animal
est originaire de l'Inde. D'ailleurs, dans les inscriptions de la
ville d'Ur, il est souvent question de ses navires. Ur, que
nous croyons avoir été la plus ancienne capitale de la Chaldée,
confinait au Golfe Persique. Bien plus, il est dit dans l'épisode
du déluge du vieux poème chaldéen découvert en 1872 par Geo.
Smith, que le héros épique Gilgamès retrouva son ancêtre
Samas-Napistim (le Noé chaldéen miraculeusement sauvé de
l'inondation) après un long et pénible voyage, au cours duquel
il eut à franchir des espaces liquides immenses dans un bâtiment conduit par un pilote comme un navire de guerre, circonstance qui indique que, dès cette époque, on connaissait déjà
la grande navigation au moyen d'un vaisseau muni d'un gouver-
nail tenu par un homme du métier. De fait, aussi haut que les
découvertes nous permettent aujourd'hui de remonter, nous
voyons, en navigation, exister un état de choses dont nous ne
connaissons pas la période d'initiation, mais qui n'est déjà plus
l'enfance de l'art. Toutefois, la seule chose qu'il importe ici
est de s'assurer si les monuments architecturaux similaires qui
font l'objet de la présente étude et dont les ruines se retrouvent
en tant de régions de l'ancien et du nouveau continent, doivent
être attribués à une race unique, et quelle peut être cette race.

tine et dans l'Arabie, les Aryas dans l'Inde et dans la Persé. Les descendants du fils maudit ne maintinrent leur puissance qu'en Afrique et particulièrement en Égypte, où s'éleva la plus florissante de leurs colonies [1]. »

M. Rawlinson [2], autre orientaliste de grande autorité, déclare que les résultats maintenant acquis à la science, prouvent que les Chamites ou Kouschites ont précédé les Sémites et les Aryas dans toutes les parties de l'Asie occidentale ; entre autres régions, il mentionne l'Arabie, la Babylonie, la Susiane [3], la Phénicie et, au sud-est de l'Asie

---

1. Fr. LENORMANT, *Manuel d'Histoire ancienne de l'Orient*, t. I, p 99.

2. *On the Ethnic Affinities of the nations of Western Asia.*

3. La Susiane était voisine de la Chaldée. La population de ces deux pays avait les mêmes mœurs, les mêmes usages militaires, les mêmes aptitudes industrielles et commerciales. Elle cultivait les mêmes sciences. Les habitants de la Susiane étaient astronomes et mathématiciens comme les Chaldéens (Maspero, *Histoire des peuples de l'Orient.*) Les renseignements les plus lointains que nous fournissent les récentes découvertes sur ce pays remonteraient, d'après de Morgan, (*Histoire de l'Elam*, Paris, 1902) à une centaine de siècles. Mais de très bonne heure aussi, les Sémites, ici connus sous le nom d'Elamites, se mêlèrent à la population primitive qui, pour nous est kouschite d'origine, et finirent, comme en Chaldée et ailleurs, par prédominer. ●Peu à peu, ces deux désignations géographiques, Elam et Susiane, furent employées l'une pour l'autre. Les Sémites, ajoute de Morgan, vinrent en Chaldée et dans l'Elam au même titre que, plus tard, les Arabes envahirent l'Egypte, tout le nord de l'Afrique et l'Espagne.

Mineure, le pays des Héthéens, appelés Khétas dans les inscriptions hiéroglyphiques d'Egypte. Ces Héthéens, nous le savons maintenant, étaient issus des Chanaans qui eux-mêmes appartenaient à la race de Cham, et parlaient primitivement une langue qui devait offrir beaucoup d'analogie avec l'Egyptien.

Enfin, M. Ch.-E. de Ujfalvy, voyageur, orientaliste et professeur de langues vivantes, écrit, lui aussi, dans ses *Mélanges altaïques* (p. 141) : « Partout où les Sémites paraissent, nous les voyons succéder aux Chamites qui les avaient précédés dans ces différents pays ; ainsi en Mésopotamie, en Palestine, dans l'Afrique du Nord et probablement aussi en Arabie et jusqu'en Abyssinie où ils arrivèrent en traversant la mer Rouge. Presque partout les Chamites se confondirent avec les Sémites ; au point de vue ethnologique, ils laissèrent seulement dans le caractère des peuples quelques traces de leur influence ; ainsi en Europe (en Espagne, par exemple), en Mésopotamie, en Palestine, en Abyssinie, les Phéniciens ont été des Chamites sémitisés. Ce n'est que quand on sait que les habitants de la Mésopotamie étaient des Chamites devenus Sémites, qu'on peut s'expliquer la concordance qui existe entre la civilisation assyrio-babylonienne, (sémitique), et celle de l'Egypte (chamitique). »

II

Quoiqu'il n'entre point dans le plan de la Bible de nous donner une histoire générale des races humaines et qu'elle ne s'occupe que des descendants des Noachides, le chapitre X de la Génèse, au point de vue géographique et ethnographique, est d'une valeur d'autant plus grande que les faits qui s'y trouvent rapportés sont confirmés par les découvertes nombreuses réalisées de nos jours par la philologie et l'ethnographie [1].

La Genèse place d'abord le pays de Kousch à l'Est de la Palestine (Genèse 11, 13.) Puis, Nemrod, qu'elle fait régner en Babylonie, est donné comme Kouschite. « Point de doute sur la présence · en Chaldée de tribus kouschites. Ce sont les

---

1. « La fidélité des renseignements bibliques touchant les différents cultes et le développement de la pensée, propres, nous le savons maintenant, aux civilisations contemporaines des peuples avec qui les Hébreux vinrent en contact, est une preuve constante, non seulement de la véracité des écrits hébraïques eux-mêmes, mais aussi de l'exactitude approximative de la date qu'on leur assignait jusqu'ici. La preuve de ce qui précède apparaît d'autant plus évidente que les documents anciens sont mis au jour et que leur contenu est mieux compris. Cette preuve constitue un des résultats les plus remarquables des découvertes modernes.» (Voir l'article de M. Joseph Offord, dans l'*American Antiquarian and Oriental Journal*, *Hymns to Tamuz : A new recovery of Babylonian Literature*. 1904, p. 341.)

Kouschites qui, représentés par Nemrod, sont men-
tionnés les premiers dans la Genèse, et la nomen-
clature des écrivains grecs nous donne, d'une
manière indirecte, la confirmation de ce témoignage [1].

---

1. PERROT et CHIPIEZ, *Histoire de l'Art dans l'Antiquité*,
t. II, p. 18.

A côté des Kouschites, au teint brun foncé, venus de l'Est,
et auxquels vinrent bientôt se joindre des Sémites, à la peau
claire, descendus du Nord, quelques orientalistes croient y
reconnaître la présence d'autres peuples, des Touraniens, par
exemple, venus du Nord-Est. De ces mélanges serait sorti le
peuple chaldéen, dont les Kouschites, pendant de longs siècles,
formèrent l'élément dominant et civilisateur. Ils fondèrent
Babylone et la plupart des autres grandes villes primitives de la
Chaldée. A cette époque, les Assyriens proprement dits
vivaient encore à l'état de hordes nomades et à demi-barbares
dans leurs montagnes. Ce n'est que vers le XIIIe siècle qu'ils
commencent à envahir les plaines et fondent un puissant empire
dont Ninive est la capitale.

C'est à tort, croyons nous, que, se basant sur certaines données
linguistiques, on a quelquefois attribué aux Suméro-Akkadiens
et à la haute civilisation qu'ils représentent une origine touranienne. L'idiome parlé par les peuples des Sumers et des
Akkads est encore l'objet de trop sérieuses investigations pour
en définir plus exactement le côté philologique, sinon que cèt
idiome n'appartient ni au groupe des langues sémitiques ni à
celui des langues aryennes. Mais ce que nous savons du caractère et du rôle historique des Touraniens (nom donné d'abord
aux peuples sortis du Touran, puis appliqué aux populations
éparses du nord de l'Asie et de l'Europe), s'oppose à les reconnaître pour les auteurs d'une civilisation qui serait unique dans
l'histoire ethnographique de toutes ces races nomades, ainsi
désignées aujourd'hui par cette appellation de Touraniens. **La**

Le second livre des Paralipomènes (XXI, 16)
nous dit à son tour que les Kouschites sont limi-
trophes des Arabes. Moïse lui-même épouse, en
Madian, une fille qu'il nomme, Kouschite, et pour le
prophète Habacuc (III, 7) Madian est synonyme de

vieille civilisation chaldéenne est, au contraire, en parfaite
concordance avec celle qui a pris naissance dans toutes les
contrées colonisées par les Chamites, et cette civilisation, dans
sa religion, dans ses coutumes, n'a rien de touranien, hormis
de ranger aussi les Chamites sous la bannière des Touraniens ;
mais alors ce terme, qui avait primitivement sa signification
propre, finirait par n'en plus avoir aucune. Aucun texte cunéiforme d'ailleurs ne parle de domination touranienne. C'est
donc avec raison que Sir Henry Rawlinson, Fr. Lenormant et
la plupart des orientalistes pensent que les Akkads sont tout
simplement des Chamites qui habitèrent primitivement le
Sennaar, imprimèrent un grand mouvement aux sciences et aux
arts et furent les initiateurs principaux de la civilisation antique. Ils inventèrent l'écriture, l'astronomie, l'arithmétique, le
calendrier, et étaient les seuls à posséder de grandes écoles
scientifiques. La Chaldée, d'après la Bible et l'assyriologie,
posséda donc un premier empire qui n'était point assyrien, ni
touranien, pas même sémite, mais kouschite. Il est probable,
très probable même, que bien avant les temps racontés par
l'histoire, des tribus touraniennes aient connu des pays plus
favorisés du soleil que les vallées de l'Oural ou les pentes de
l'Altaï ; qu'elles aient parcouru l'Asie antérieure et soient venues
en contact avec les Chamites, qu'ils aient même contribué à la
colonisation de la Chaldée, de la Susiane, conjointement avec
les Kouschites. De fait, dit Bérose, interprète des plus anciennes traditions babyloniennes, il y eut d'abord à Babylone une
grande quantité d'hommes de nations diverses qui colonisèrent
la Chaldée. Les Sémites, par exemple, qui ne tardèrent point
à suivre les Kouschites en Chaldée, faisaient partie de ces
nations diverses.

Kousch. Enfin, dans les parties les plus récentes de
la Bible, le pays de Kousch et les Kouschites sont
constamment placés au sud de l'Egypte; c'est-à-
dire que la Bible, de même que les écrivains classiques, étendent la famille de ce sang tout le long
des côtes, de la bouche de l'Indus à l'Egypte, et
au delà sur la côte nord de l'Afrique [1]. Strabon
(I, p. 48-51) se fait l'écho de l'opinion unanime des
Anciens, qui prolongeaient les Etats du littoral de

---

1. Voici, d'après Ch.-E. de Ujfalvy de Mezö-Kövesd (*Recherches sur le Tableau ethnographique de la Bible et sur les migrations des peuples*), quelle aurait été l'aire géographique occupée
par les Chamites :

« 1° Chus.—Signifie pays du sud, comme on dirait aujour-
d'hui l'Orient. Depuis l'Inde, à travers l'Afrique, jusqu'en
Ethiopie ;

2° Misraïm.—L'Egypte, le pays du Nil ;

3° Put.—Les colonies égyptiennes, les *Cirénéens*, aujourd'hui
le pays des Berbers ;

4° Chanaan.—La Syrie, la Phénicie, aussi Chenéan, le pays
de l'intelligence, de l'industrie, de l'antiquité la plus reculée.

Les fils de Chus étaient :

a. Séba.—Ceylan. Grand centre de culture ;

b. Havila.—L'Inde du temps de la Bible (l'angle nord-
ouest) ;

c. Sabtha.—Depuis l'Indus jusqu'au golfe Persique, sur les
côtes méridionales ;

d. Raéma.—Les bords méridionaux de l'Arabie ;

e. Sabdecha.—Probablement l'Abyssinie.

« Les fils de Misraïm étaient nombreux, et des études spé-
ciales et consciencieuses consacrées à ce sujet ont indiqué
jusqu'à l'évidence l'endroit où ils ont dû se trouver. Lébabim
est certainement le père des Libyens d'aujourd'hui.»

l'Inde aux dernières limites de la Lybie. Les *Pourânas* et autres livres indiens constatent également que la Terre de Kousch (Kuça-dwipa) s'étend des bords de l'Inde jusqu'à ceux de la Méditerranée. Elle forme, suivant le vieux système géographique sanscrit, la sixième partie du monde habité. Les dernières études philologiques, nous dira encore Rawlinson, établissent que, dès la plus haute antiquité, la langue chamitique ou kouschite était parlée de l'Himalaya occidental à l'Océan Indien, et des rivages de la Méditerranée aux bouches du Gange [1].

---

1. Au nord-ouest de l'Inde, voisin de l'embouchure de l'Indus, le Béloutchistan actuel (la Gédrosie des Grecs) est l'ancien Kadru, « le pays des Bruns », ainsi nommé à cause de la couleur des habitants, les Brahni, les « Ethiopiens » d'Hérodote, c'est-à-dire une population d'origine kouschite. C'est là, d'ailleurs, que l'on trouve les travaux dont la race était coutumière : « canaux pratiqués le long des pentes à quelques pieds au-dessous du sol, ou taillés en galerie dans la roche vive, ou passant en siphons dans les ravins.» (Elisée RECLUS, *L'Homme et la Terre*, t. I, p. 415 ;—A.-C. YATE, *Scottish Geographical Society*, Juil. 1897, p. 300.) De la Gédrosie, les « bruns» gagnèrent la Carmanie (d'où sortaient beaucoup de navires, selon l'expression d'Agatharchide) et la Perse ancienne, avant qu'elle fut occupée par les Eraniens, puis atteignirent la Susiane, où ils nous apparaissent avec ce type physique sur des bas-reliefs exhumés de cette région. La forteresse et le palais des rois de Suse s'étageaient, comme les monuments chaldéens et américains, sur les penchants d'un monticule qui dominait au loin la plaine.

14

A l'arrivée des Aryas dans l'Inde, il y avait déjà plusieurs milliers d'années que les Kouschites habitaient une grande partie de la Péninsule et surtout le nord-ouest.   Ils avaient, à ce que nous apprennent les *Védas*, de grandes villes fortifiées ; ils élevaient des forteresses inaccessibles.   C'était un peuple civilisé, attaché au sol et pourvu d'une organisation politique complète.   M. Lenormant nous dit que le régime des castes était étranger aux Sémites et que les Aryas l'adoptèrent des populations du sang de Kousch qui les avaient précédés dans le bassin de l'Indus et du Gange.   Les *Védas* et le *Râmâyanà* rapportent encore que quinze siècles avant notre ère et peut-être même plus tard, les Aryens brahmaniques n'avaient point d'architecture religieuse, ne connaissaient d'autre temple que la voûte du ciel ni d'autre autel qu'un tapis de gazon.   Ils n'étaient point les auteurs des grands travaux de construction et d'irrigation qui existaient déjà dans diverses parties de l'Inde avant leur arrivée.   Mais ayant réussi à vaincre ces bâtisseurs, ils adoptèrent, pour se les concilier, en partie leur religion et leur civilisation, et, comme avaient fait les Assyriens en Chaldée, imitèrent leur industrie, prirent leurs usages, et empruntèrent leur division de la société en castes, puisque, aux temps védiques, suivant le témoignage même du *Rig Véda*, tous les Aryas étaient égaux.

Çiva, le grand dieu de « l'Olympe orgiaque de ces

peuples kouschites [1] » et aux légendes duquel, d'a-
près de récentes découvertes, se rapportent uniquement les bas-reliefs, les symboles et les ornements du temple souterrain d'Elephanta, partagea
les honneurs du culte avec Brahma et Vichnou, et
devint la seconde personne de la Trimourti [2].

Les temples souterrains de Kennery, dans l'île
Salcette, sont des monuments du même genre que
ceux d'Elephanta ; on ne peut de même préciser la
date de leur origine, car à une époque inconnue, dit
encore, après une étude attentive des lieux, l'auteur
de *L'Inde contemporaine*, les images de Bouddha
et les symboles de son culte y ont usurpé la place
d'images et de symboles plus anciens. A ce sujet,
le lieutenant-colonel Sykes, qui a donné une attention particulière à ces constructions souterraines,
affirme « qu'on ne trouve nulle part dans l'Inde de
temple souterrain dédié à Brahma et à Vichnou »,
Çiva étant le seul dieu qui reçoit des hommages à
Ellora [3]. Cette constatation témoigne en même
temps et de l'antiquité et de l'origine de ces monu-

---

1. LANOYE, *L Inde contemporaine.*

2. Ce ne fut seulement que deux ou trois siècles avant Alexandre le Grand, suivant Weber, que l'Inde entière jusqu'au
Bengale devint la possession incontestée des Aryas. Il ne croît
pas que l'on puisse faire remonter au delà de 1500 ans av. J.-C.,
l'époque où les Aryas commencèrent à envahir l'Inde, progressant lentement et marquant leur marche par de longues stations.

3. *Journal of the Royal Asiatic Society*, vol. V.

ments. Cela n'empêche que, postérieurement, quelques temples souterrains, on vient de le voir pour ceux d'Elephanta et de Salcette, furent affectés au culte de Bouddha, comme ses disciples dans le Penjab et autres lieux de l'Inde transformaient aussi en pagodes les temples à étages qui existaient déjà dès les temps les plus reculés.

A part quelques modifications de détail, ces nouveaux édifices ont conservé jusqu'à nos jours le même plan et les mêmes formes que les anciens. Un savant anglais, le révérend M. Stevenson, a établi dans plusieurs mémoires publiés dans le *Journal of the Royal Asiatic Society* et dans le journal de la succursale de cette même société à Bombay, que le culte de Çiva existait dans l'Inde préaryenne [1]. Le mont Kailâsa, dans l'Himalaya, dit l'auteur de l'*Histoire des Religions*, est désigné comme la demeure de Çiva. Or, c'est précisément quelque part dans la région himalayenne que nous plaçons nous-même l'habitat primitif des Kouschites,

---

1. Ce culte de Çiva et de son symbole le *lingam* remonte, dit-on, à quinze siècles avant notre ère ; les Aryas le trouvèrent florissant, et c'est afin de se concilier les aborigènes que les brahmes l'introduisirent, non sans vive répugnance, dans leur théogonie. Mais, depuis lors, ces habiles gens l'adoptèrent en l'arrangeant, en le transformant, en le parant de légendes, en faisant de lui une doctrine compliquée, pourvue de préceptes, de rites et de liturgie. » (*Le Correspondant*, 10 octobre 1904, p. 162, Paul MINANDE, *Impressions de l'Inde*.

et le culte du dieu de la race s'est répandu dans l'Inde et ailleurs en même temps que la diffusion des différentes branches de cette grande famille humaine.

On prête à Çiva plusieurs figures. Il personnifie d'abord la puissance dissolvante et destructrice de la nature, mais il en est aussi le rénovateur, comme l'indique assez son symbole. Il est à la fois un être divin très redouté et miséricordieux ; tantôt un dieu aux mœurs plus que faciles, tantôt un dieu pénitent, et il est adoré comme tel par les çivaïtes de tendance ascétique. Il a pour femme une déesse appelée Parvarti, divinité toute puissante qui crée, conserve et détruit.

Le culte du Soleil a persisté surtout dans l'ouest de l'Inde, dont la couche chamitique primitive des habitants est représentée encore aujourd'hui par le gros de la population. La déesse solaire Sûryâ y est quelquefois regardée comme une divinité masculine et invoquée comme dieu suprême. Il n'est donc pas étonnant qu'Alexandre n'ait rencontré sur les rives de l'Indus, d'après ses historiens, que des adorateurs du soleil et du dieu de la coupe.

Le culte du serpent se rencontre surtout chez les adeptes de Çiva. A leurs yeux, le serpent était un emblème d'intelligence, d'immortalité, de protection contre la puissance des mauvais esprits, de rénovateur des forces physiques. Anathématisé par les prêtes véliques à leur arrivée dans l'Inde, le culte

Fig. 41.—Ménephtah, le pharaon de l'Exode,
d'après les monuments.

des serpents y subsiste encore dans plus d'un canton, et le naja est encore presque aussi révéré, de certaines castes du moins, qu'aux temps où il servait de symbole et de diadème à la royauté égyptienne [1].

C'est cette religion, à caractères multiples, mais où le culte de la nature solaire forme le trait dominant, avec ses rites et ses symboles obligés, que nous verrons reparaître, du moins comme premier fonds, dans tous les pays où les Kouschites s'établirent. Chaque ville chaldéenne ou babylonienne avait son dieu solaire. Le *Mardouk* de Babylone, le *Bêl* de Nippur, le *Nebo* de Borsippa, le *Nergal* de Kauta, le *Ninib* de Sirpoula, sont autant de dieux solaires locaux, qui ne diffèrent guère les uns des autres et correspondent à l'un des aspects du soleil. Ainsi, *Nebo*, par exemple, était censé favoriser la croissance des moissons. A. Sippara, le dieu du soleil, *Samas*, a été adoré dans son temple « la Maison du Soleil » depuis les origines jusqu'à la fin de l'histoire babylonienne. Devant lui, sur l'autel, est un grand disque du soleil, et, au-dessus sont représentées la lune et deux étoiles. Tous ces dieux étaient subordonnés à un dieu suprême, *Anou*, le souverain maître des dieux. A chacun des dieux secondaires

---

1. LANOYE, *L'Inde contemporaine*, p. 37.

—Un bandeau cerclé d'un serpent ceignait le front des pharaons.

correspondait une divinité féminine, son épouse.
Ces déesses, mères de la terre, symbolisaient la
fertilité, les forces créatrices de la nature. En
Chaldée, les temples, nous le savons déjà, s'élevaient
sur des pyramides à terrasses qui, peintes chacune
d'une couleur particulière, étaient consacrées à
autant de planètes ; le sommet de la pyramide, ou
le temple, était consacré au soleil.

Grâce aux ressources dont dispose le *Palestine
Exploration Fund*, de grands travaux d'exploration
se poursuivent actuellement dans le vieux pays de
Chanaan, autre fils de Cham. Quatre anciennes
villes viennent d'y être déterrées et révèlent la présence d'un peuple antérieur aux Sémites et de
mœurs différentes. Les ruines démontrent que ce
peuple creusait les rochers, pratiquait le culte
phallique et sacrifiait des enfants, traits communs à
presque tous les descendants de la grande famille
chamitique. Même chez les Egyptiens, un sacrifice
humain accompagnait la pose de la première pierre
d'un temple [1]. On croyait que les âmes des victimes devenaient ainsi les gardiennes de l'édifice. Il
est juste d'ajouter cependant que, de tous les peuples
d'origine chamitique, les Egyptiens, par exception,
conservèrent un ensemble d'idées religieuses et une
morale relativement pures et élevées.

---

1. LEFÉBURF, *Rites égyptiens et Sphinx*, III, 3

Les Chananéens adoraient les astres. Les ruines des temples à pyramides, les « hauts lieux » et la Bible elle-même nous le disent suffisamment, car les Hébreux ont plus d'une fois subi l'influence des peuples qui les entouraient. Lorsque Josias rétablit le culte du vrai Dieu, « il extermina aussi... ceux qui offraient de l'encens à Baal, au soleil, à la lune, aux douze signes, et à toutes les étoiles du ciel. »

Nous avons déjà vu dans la première partie de cet ouvrage (page 102) que les Hittites ou Héthéens, qui sont les mêmes que les Khâtti des textes assyriens et égyptiens, étaient Chamites de civilisation et de religion, sinon d'origine ; la parenté de leur langage les rattache également aux Kouschites de la Chaldée [1].

Les Phéniciens de la Palestine étaient venus, comme Hérodote l'atteste expressément, de la mer Erythrée, pays kouschite. Ils passent pour avoir habité les îles Bahreïn, situées dans le golfe Persique. A l'époque de Strabon, deux de ces îles s'appelaient encore Tyr et Arados, noms qui réapparaissent en Phénicie. Les monuments de l'Egypte

---

1. « The Khatti, whose territory extended from Carchemish to the Euphrates through the great plains of Cœle-Syria to Hebron, on Southern Palestine and not improperly into the Delta, were a people whose language was allied to that of Cushite Chaldea. » (J.-W. DAWSON.)

représentent les gens de Kéfa, les Phéniciens, sous
des traits et un costume qui les font beaucoup res-
sembler aux habitants des bords du Nil.   Ils sont
peints en rouge, comme les Egyptiens eux-mêmes.
Si, plus tard, dit un célèbre orientaliste, M. Vigouroux, nous voyons les Phéniciens parler une langue
sémitique, cela prouve seulement qu'ici, comme
presque partout où ils ont rencontré les Sémites et
se sont mêlés avec eux, ils ont fini par être absorbés
par ces derniers [1].

« Quelle que soit la manière dont les Phéniciens
aient acquis une langue sémitique, ils n'étaient
point Sémites par leurs traits physiques, mais étroitement apparentés aux Chaldéens et au peuple de
Misraïm ou de l'Egypte [2].

Les dieux des Phéniciens, il n'y a pas à s'y
tromper, avaient été apportés de la Chaldée.   Ce
qui domine dans leur religion, comme dans celle
des Babyloniens, c'est l'adoration des astres.   Sur
les monuments phéniciens, le milieu des linteaux
des portes était décoré d'un globe solaire, quelquefois compliqué par l'adjonction d'un croissant et
d'un disque.   On ne peut exprimer par des emblèmes
plus significatifs le culte rendu aux puissances
sidérales.   On voit la figure du globe ailé repro-

1. *Les Livres Saints et la Critique rationaliste*, t 4 , p. 275.
2. J.-W. DAWSON.

duite sur presque tous les objets provenant des fabriques de Tyr et de Carthage. Le Dieu suprême, Baal, (le Maître), est un dieu du ciel, être puissant et mystérieux, qui produit et gouverne souverainement tout un ordre de phénomènes. Chaque tribu, chaque ville, avait son Baal particulier, souvent désigné par des noms adjoints que l'on prit dans la suite pour des divinités indépendantes ; Moloch était l'un de ces noms. On adore en ces dieux les maîtres de l'univers, qui se manifestent dans les forces créatrices et destructrices du ciel, le soleil, la lune, la pluie, l'orage et dans la mystérieuse éclosion de la vie végétale. Comme dans l'Inde, en Egypte et en Chaldée, à côté des dieux on avait des déesses, les Baalat ou « maîtresses », dont la plus célèbre est Astarté, déesse de la lune, dédoublement du dieu mâle, le soleil, dont elle est comme le pâle reflet. Elle est en même temps déesse de la planète Vénus, et était adorée en Mésopotamie sous le nom d'Istar longtemps avant l'émigration des Phéniciens sur la côte syrienne. La même relation existe entre le Bel chaldéen et le Baal phénicien.

A Carthage, colonie de Tyr, le dieu principal était Baal-Hammon ou Baal-Brûlant, dieu du soleil auquel, comme en Phénicie, on immolait des prisonniers de guerre et des enfants. A chacun de ces dieux est associée une divinité feminine, dont la plus célèbre est Astarté, déesse de la lune et en même temps de la planète Vénus. Elle avait des

sanctuaires dans beaucoup d'autres villes africaines
fondées par les Phéniciens ou les Carthaginois.

III

Les orientalistes nous disent que les Chamites
précédèrent les Sémites et les Aryas dans l'Asie
antérieure. Or, la Genèse nous apprend que, dans
leur migration de l'Orient, ils trouvèrent une large
vallée dans la terre de Schine'ar où ils résidèrent,
et où ils eurent pour première pensée de bâtir une
ville et une pyramide sans égales. «Allons, se
dirent-ils, bâtissons une ville et une tour dont le
faîte touche le ciel, et rendons notre nom célèbre,
avant que nous soyons dispersés par toute la terre.»
On ne peut mieux dépeindre et ces hommes et
leurs œuvres. Immortaliser leur nom par des
monuments d'un aspect massif et imposant tel que
ce qu'il en reste est encore pour nous un sujet d'é-
tonnement, voilà le rêve qui, dans l'Inde, hante leur
esprit, qu'ils veulent, dès leur arrivée en Chaldée,
mettre à exécution, qu'ils vont réaliser, d'une part,
en Chanaan, en Phénicie, en Arabie méridionale, en
Egypte et plus loin sur la côte africaine, et, d'autre
part, dans l'île de Ceylan, dans l'Indo-Chine, Java,
dans la Polynésie et en Amérique. Que l'on par-
coure une partie quelconque du domaine occupé

par ces mêmes hommes, on est impressionné par la vue des restes de villes étendues et nombreuses, ou du moins de fortes citadelles, de grands travaux d'architecture, de puissantes constructions hydrauliques, de monuments cyclopéens. Il est évident que lorsque la race mère se dispersa à un âge demeuré dans le demi-jour de la mythologie, elle connaissait déjà les métaux, l'écriture, savait élever des édifices, possédait enfin les éléments d'une civilisation complète. Partout où elle pénètre, elle n'hésite pas et se met tout de suite aux grands travaux [1]. En Chaldée, en Arabie méridionale, en Egypte, comme au Pérou, dans l'Amérique centrale et au Mexique, les monuments les plus extraordinaires par leur masse, leur architecture et leur ornementation sont toujours les plus anciens [2].

Les Chamites n'auraient-ils édifié que les monuments de l'Egypte, de la Phénicie, de la Babylonie, du sud de l'Arabie, que cela suffirait, dit l'auteur

---

[1]. VIÇWA-MITRA, *Les Chamites*, p. 419.

[2] La décadence de l'architecture égyptienne date des grands siècles monarchiques de gloire et de conquêtes. Aux temples primitifs, dont les pierres sont polies avec tant de soin et jointes d'une manière si parfaite, succèdent des édifices qui, par la médiocrité de l'exécution, chagrinent st scandalisent les artistes modernes ; on croit que les souverains d'alors avaient hâte de voir sortir de terre les monuments élevés à leur renommée et que tout, chez les bâtisseurs asservis, était sacrifié à l'apparence.» (Ernest RENAN, *Mélanges d'Histoire et de Voyages.*)

du *Dictionnaire de la Bible*, pour nous donner la
plus haute idée de leur habileté comme constructeurs et des forces qu'ils surent mettre en œuvre
pour remuer ces blocs énormes, les transporter au
loin et les élever à des hauteurs prodigieuses [1].

On voit par les tablettes cunéiformes découvertes
à Tell-Loh par M. de Sarzec, qu'au quarantième
siècle avant notre ère, l'art sculptural était déjà en
pleine floraison en Chaldée. Hilprecht nous dit
même que les fouilles opérées en Babylonie nous
mettent en présence de ce fait étrange mais irrécu-
sable, que 4000 ans av. J.-C., l'art y révèle une connaissance des formes humaines, une observation des
lois techniques et une beauté d'exécution beaucoup
plus parfaites que celles que nous montrent les
œuvres des temps postérieurs. Babylone nous a
livré des spécimens d'inscription sur pierre dure si
archaïques qu'ils doivent toucher à l'arrivée des fils
de Kousch, et cependant les pierres sont perforées
et gravées de la manière la plus remarquable [2].

Dès cette époque reculée, le Chaldéen nous appa-
rait donc déjà doué de merveilleuses aptitudes
artistiques, scientifiques et littéraires ; il possède au
plus haut degré le génie commercial et industriel.
Au point de vue physique, les statues de Tell-Loh

---

1. VIGOUROUX, *Dict. Bible*, Paris, 1899 t. II, p. 515.

2. VIÇWA-MITRA, ouvrage cité.

ont les traits essentiels qu'on accorde généralement à la race kouschite [1]. Dans une tablette où il raconte sa vie, Sargon l'ancien, roi d'Agadhê, qui vivait entre 3800 et 3760 avant J.-C., se glorifie, lui, Sémite, d'avoir « gouverné les hommes à la face brune ». Le teint bronzé était, au physique, le trait distinctif des Kouschites.

Ce texte nous fait aussi comprendre que si les Kouschites, à cette date, ne formaient plus la majorité de la population, ils n'en constituaient pas moins, au milieu des Sémites qui avaient fini par prédominer en Chaldée, un des éléments les plus importants et probablement encore le plus influent par sa science et son industrie. La Chaldée, en effet, était déjà un vieux pays au temps de Sargon, puisque ce prince ordonna de traduire, avec commentaires, le traité de législation qui avait été primitivement composé dans le vieil idiome chaldéen, et qu'il trouva des temples et des pyramides à *relever*.

La tradition recueillie par les Grecs, dit Frs Lenormant, parle aussi de la dualité ethnique des Chaldéens et des Céphènes comme ayant formé originairement la population de cette contrée : et le nom de Céphènes, ajoute le même orientaliste, est sûrement un synonyme de celui de Kousch ;

---

1. F. LENORMANT.

des bords de la Méditerranée jusqu'à ceux de l'Indus, il s'applique toujours aux mêmes populations [1]. Les bas-reliefs exhumés de Susiane et d'Assyrie nous montrent ces mêmes Céphènes ou Képhènes comme des hommes au teint brun.

Non seulement les découvertes faites jusqu'à ce jour établissent l'antériorité de la civilisation chaldéenne sur la civilisation assyrienne, mais l'étude comparée des deux civilisations prouve que les Assyriens (Sémites) ont presque tout emprunté aux Chaldéens (Kouschites). Si les deux civilisations se ressemblent au point qu'elle paraissent parfois se confondre, c'est que l'une n'est que le reflet de l'autre, et que les idées et les œuvres des Chaldéens forment le fond des dogmes religieux et des cérémonies du culte, de l'organisation sociale, politique, et des procédés industriels des Assyriens. Ceux-ci leur doivent tout leur système d'écriture et leurs connaissances astronomiques [2]. Les signes des métaux usuels et des métaux précieux, dit M. Maspero, sont au nombre des hiéroglyphes les plus anciens, et témoignent que les premiers habitants de la Chaldée possédaient l'art du fondeur et de l'orfèvre. Les fouilles de Warka nous fournissent la preuve que les mathématiques et les sciences exactes

---

1. *Hist. anc. de l'Orient*, t. 1, p. 268.

2. PERROT, *L'Art en Chaldée*.

étaient cultivées dans toute la **Chaldée** depuis l'antiquité la plus reculée [1].

La civilisation dite *assyrienne*, avec ses arts
plastiques, son écriture cunéiforme, ses institutions
militaires et sacerdotales, n'est point l'œuvre des
Sémites, d'après les orientalistes. Pour qui connaît l'histoire de la race sémitique, dit de Morgan,
ses aptitudes, ses appétits, il est difficile de ne pas
admettre que les progrès pacifiques des origines
chaldéennes sont dus à l'élément non sémitique de
la population [2].

D'après la Genèse ajoute M. Fr. Lenormant, [3] le
premier empire chaldéen fut kouschite, comme
l'empire égyptien, et cette donnée ethnographique
concorde à merveille avec le caractère grandiose de
la civilisation chaldéo-assyrienne. Les gigantesques constructions de Ninive et de Babylone, le
développement scientifique que l'on constate dans
les écoles sacerdotales de la Chaldée, cette opiniâtreté au travail, ce culte des arts, cette expérience de
la vie matérielle et de l'industrie, si conforme à ce
que nous connaissons des constructions, des sciences,
des arts et de l'industrie des Kouschites de l'Egypte,
paraissent être un puissant argument en faveur de

---

1. MENANT, *Ninive et Babylone.*

2. J. de MORGAN, *L'Histoire de l'Elam* d'après les matériaux
fournis par les fouilles de Suse de 1897 à 1902.

3. *Hist. anc. de l'Orient*, t. IV, p 56-57.
15

l'origine kouschite de la culture chaldéenne, culture qui, à l'instar de celle de l'Egypte, était en plein épanouissement tandis que les tribus sémitiques avoisinantes vivaient encore, pour la plupart, à l'état nomade et patriarcal [1]. »

Des arts plastiques, une industrie et une civilisation matérielle avancée, une architecture colossale, l'opiniâtreté au travail, une science de gouvernement qui fait tout aboutir à un même centre, sont autant de traits qui distinguent les civilisés de l'ancienne Amérique. Les Péruviens et les Mexicains avaient, eux aussi, des notions astronomiques et géométriques fort étendues ; ils savaient, aussi bien que les Chaldéens et les Egyptiens, orienter et orner leurs édifices ; ils travaillaient et montaient les pierres précieuses avec un égal talent [2]. Chez les uns et les autres existaient une classe sacerdotale

---

1. Les alluvions du Nil, les hypogées des collines riveraines et les éboulis des rochers livrent aux chercheurs des objets de plus en plus nombreux permettant de constater que les constructeurs des édifices joignaient à leur science réelle l'aide d'ouvriers très habiles, géomètres, maçons, sculpteurs, fondeurs, émailleurs, peintres, ciseleurs, décorateurs, et l'on sait combien haute était leur ambition. En parlant des temples élevés par lui, Ramsès mentionne surtout les « pierres éternelles » qu'il dressa pour la gloire de dieux et pour la sienne propre. (Elisée RECLUS, L'Homme et la Terre, t. II, pp. 215, 216.)

2. « Les orfèvres d'Europe, disent les chroniques, auraient été incapables de rivaliser en perfection du travail avec leurs confrères du Nouveau-Monde » (E. RECLUS.)

puissante, une religion toute chargée de rites et de pratiques cérémonielles, une royauté absolue, la même tendance à envisager la personne du roi comme une divinité.

Les dernières découvertes enlèvent tout doute quant à l'origine kouschite des Sabéens. Elles confirment d'ailleurs sur ce point les traditions des Arabes, qui regardent comme premiers habitants de la partie sud de leurs terres une population chamitique qu'ils nomment Adites et auxquels ils attribuent les grandes ruines de leur pays.

« Les traditions arabes donnent pour premiers habitants au Yemen, au Hadhramaut, au pays de Mahrah et à l'Oman, les Adites, issus du sang de Cham. Ce souvenir est pleinement d'accord avec les renseignements contenus dans le chapitre X de la Genèse, où nous voyons, en effet, une partie considérable de la descendance de Kousch occuper la même région, dans laquelle l'antique présence des Kouschites est aussi attestée par les découvertes de la science moderne [1]. »

Les souvenirs populaires dépeignent les Adites comme des hommes doués d'une force colossale, d'une taille gigantesque, remuant avec facilité des blocs énormes de pierres. Les mœurs anciennes du

---

1. LENORMANT, *Hist. anc. de l'Orient*, t. VI, p. 342.

Yémen, dit Renan, n'ont rien de commun avec celles des Sémites. Divers usages païens, qui s'y conservent encore de nos jours, lui paraissent d'origine kouschite [1]. »

Le culte des astres était tellement répandu chez les Sabéens qu'il est devenu synonyme du nom de la race dans celui de *sabéisme*. M. Glaser, explorant cette même partie de l'Arabie, y a trouvé une tablette en bronze sur laquelle sont figurées les personnifications des étoiles du matin et du soir, le dieu-lune et le dieu-soleil. Cette tablette porte des caractères ressemblant à l'écriture phénicienne [2]. »

Sur une inscription de Shabwat, on voit le dieu-lune Sin, fils d'Athtar. « Il est à remarquer, dit D.-H. Müller, que ces deux déités paraissent aussi dans la légende babylonienne de la déesse d'Ishtar au Hadès, où Ishtar est la fille du dieu Sin. » Cette religion, en effet, venait de la Chaldée. On ne peut comparer les dieux chaldéo-assyriens Ilu, Bel, Samas, Istar, Sin, Samdan, Nisruk, aux dieux de Yémen Il, Bil, Schams, Athtor, Sin, Simdan, Nasr, sans être frappé de l'identité des noms. Nasr y était représenté avec une tête d'aigle tout comme il nous apparaît sur les monuments de Babylone. La triade

---

1. Renan, *Histoire des langues sémitiques*, 4e édition, p. 320 et 321.

2. *American Antiquarian and Oriental Journal*, 1905, p. 274

qui représente la planète Vénus, le Soleil et la Lune, constituait le culte qui, d'après les inscriptions, était le plus répandu dans le pays ; cette triade était le fondement de la religion babylonienne. Cette religion avait donc un caractère solaire marqué. Le Soleil, pour les Sabéens, était la manifestation la plus complète, la plus haute et la plus pure de l'être divin. Le Coran (Surate XXVI, 127) parle des « édifices sur les hauts lieux » que les habitants primitifs du pays avaient élevés pour les fins du culte.

Maimonide nous apprend que le caractère dominant du *sabéisme* était la protection accordée à l'agriculture. En Chaldée, au dieu solaire Nebo incombait le soin de protéger la croissance des moissons. Les Mexicains, les Mayas et les Féruviens avaient des dieux protecteurs de la moisson. Il n'est donc pas étonnant que ces peuples furent non seulement les industriels les plus habiles, les commerçants les plus renommés de l'antiquité, mais encore des agriculteurs exceptionnels.

« La langue himyarite ou sabéenne elle-même est l'idiome d'un pays où les peuples de Kousch et de Pount précédèrent les tribus de la descendance de Yaptan, et formèrent toujours un élement considérable de la population. Si les Yaptanides de l'Arabie méridionale eurent, au temps de leur civilisation, un langage différent de celui des tribus de même souche qui s'étaient établies dans le reste de la péninsule, n'est-il pas très vraisemblable de penser qu'ils le durent à l'influence de la race antérieure qui se fondit avec eux? De même, quand nous exposerons l'histoire des civilisations du bassin, de l'Euphrate et du Tigre, la langue de la famille syro-arabe, dite *assyrienne*, nous apparaîtra comme ayant été à l'origine la langue de l'élément kouschite de la population de la Babylonie, transmise ensuite, avec la civilisation chaldéo-babylonienne, au peuple d'Asschour, de la pure race de Schem [1].

Cette ancienne langue sabéenne, dont quelques vestiges subsistent encore sur deux ou trois points du territoire de la péninsule (dans le pays de Mahra, par exemple) et sur les côtes est et nord de l'Afrique, est celle qui est conservée sur les inscriptions himyarites.

« On retrouve encore cette langue dans les inscriptions des ruines de la Chaldée, et, dès la plus haute antiquité, elle semble avoir été en usage dans presque toute l'Asie occidentale, de même que dans l'Inde où, quoique bien défigurée, elle est encore représentée par le groupe de langues appelées dravidiennes. Cette langue a beaucoup d'affinité avec l'ancien égyptien. On l'a qualifiée de «lan-

---

1. Frs. LENORMANT, *Hist. anc. de l'Orient*, t. I p. 276.

gage nouveau », parce qu'il l'était pour ceux qui
l'ont découvert, mais, en réalité, ce langage est très
ancien, se rencontrant seulement dans des inscriptions depuis longtemps enfouies et remises au jour,
dans des textes inconnus conservés sur les pierres
et les murailles d'édifices en ruines ; des lambeaux
de cette vieille langue se retrouvent enfin chez
quelques peuplades dégénérées, représentant la
grande race préhistorique qui parlait cet idiome.
Dans la terminologie de la science linguistique,
cette langue est appelée éthiopienne, kouschite ou
chamitique [1]. »

Quant à la physionomie des anciens habitants de
la Sabée, voici ce qu'en dit un missionnaire rési-
dent [2]. « Cette race a encore à Aden et à Steamer
Point de nombreux représentants, que l'on retrouve
du reste partout les mêmes... Leur teint est bronzé,
leur taille ordinairement élancée, leurs membres
grêles et leur type, qui tient visiblement du fils de
Kousch, a plus ou moins emprunté de son expression au fils de Sem », par suite du mélange des deux
races.

Anthropologiquement, dit l'auteur de l'*Histoire
ancienne des peuples de l'Orient*, les anciens Egyptiens, dont les fellahs sont les descendants, se ratta-

---

1. BALDWIN, *Pre-Historic Nations*, p. 74.

2. R. P. Le Roy, *Les Missions catholiques*, 18 avril 1885.

chent au type blanc éthiopico-berbère, qui correspond à la descendance de Cham dans l'ethnographie
biblique. Ils avaient, comme les Phéniciens et
autres peuples d'origine chamitique, la teinte de la
peau cuivrée.

Voici en quels termes M. Jean Capart qui a
naguère, avec une érudition des mieux informées,
examiné le problème des origines égyptiennes, con-
clut le travail qu'il a consacré à ce sujet :

« Les faits sont très nombreux qui permettent de
faire venir d'Asie les premiers Egyptiens. De toutes parts des spécialités différentes étudient le problème en se basant sur des documents d'ordres
divers, et semblent être d'accord pour regarder les
Egyptiens et les habitants des bords du Tigre et
de l'Euphrate comme étroitement apparentés [1]. »
L'identité généalogique des divinités des deux contrées est telle que les noms mêmes se confondent [2].

Parmi les savants qui partagent cette manière de
voir, il faut encore signaler MM. de Morgan, Wie-
demann, Schweinfurth. Aux yeux du célèbre
anthropologiste de Berlin, M. Virchow, les Egyptiens sont des immigrés de la Mésopotamie ou de
l'Arabie [3]. » Enfin, quatre fois la Bible appelle

---

1. *Notes sur les origines de l'Egypte d'après les fouilles récentes*, extrait de la « Revue de l'Université de Bruxelles », Nov.
1898.

2. Elisée RECLUS.

3. Revue des Questions scientifiques, 1889, 2e vol, p. 308.

l'Egypte la « Terre de Cham » et l'appellation de *Chimi* des descriptions hiéroglyphiques semblent confirmer l'origine chamitique des Egyptiens.

Fig. 42.— Pyramide à degrés de Saqqarah, la plus ancienne
des pyramides d'Egypte (Fr. Lenormant, *Hist. anc.*
des Peuples de l'Orient.)

Aussi, les premiers colons, dès leur arrivée sur les bords du Nil, élèvent des pyramides dans le même style que les fils de Kousch à Babylone. Saqqarah, la première, et Méidouan sont des pyramides à étages, Dashour une pyramide tronquée. Comme les Indous aussi, et avec une égale patience, ils creusent des temples dans les rochers. Le Sphinx

que l'on voit près de la grande pyramide et le
temple qui l'avoisine sont deux monuments antérieurs aux premières dynasties. L'art qui a taillé
cette statue prodigieuse était, dit M. Maspero, un
art complet, maître de lui-même, sûr de ses effets.
Le Musée du Louvre possède des statues de la
même époque, admirables tant par l'exécution que
par la difficulté vaincue à cause de l'excessive dureté
de la matière.

Sir Gardner Wilkinson, parlant des connaissances
mathématiques dont les colons font preuve dès les
premiers temps de leur occupation de l'Egypte, dit :
« On peut conclure de leur grand avancement dans
les arts et les sciences que plusieurs siècles de
civilisation avaient précédé l'avènement au trône
de leur premier monarque [1]. Ces siècles de civilisation étaient sans doute ceux qui, dans la patrie
des premiers ancêtres de la race, l'Inde, croyons-
nous, avaient précédé leur exode. Les dernières
découvertes sont de nature, en effet, à nous faire
supposer que la connaissance de ces arts et de ces
sciences est venue avec le peuple lui-même du lieu

---

[1]. « We must now reckon the earliest monarchy as the equal
of any later age in technical and fine art.» (*National Geographical Magazine*, Sept. 1, 1903.)

« In Egypt the art is better the farther we go back ». (*Notes
from the Nile*, by WARDE, F. S. A., Belfast, *The Antiquarian*,
Septembre, 1903.)

d'origine. Il semble que plus on étudie l'Egypte, plus on voit apparaître la grande presqu'île indienne [1]. »

Le dieu qui de tout temps fut l'objet de l'adoration des habitants de la région nilotique est le soleil,

---

1. ...L'idiome copte, débris du vieux égyptien, est, sans contredit, un des plus curieux, quoique un des plus chétifs fragments des langues de l'antiquité. On lui a trouvé une parenté originelle avec les idiomes sémitiques ; car partout les dialectes sémitiques ont pénétré le vieux fond kouschite des langues humaines...

« Quoique le copte soit aux antipodes du sanskrit, mille raisons me semblent, toutefois, conspirer pour nous faire rechercher dans le bassin de l'Indus le siège de la primitive civilisation transportée dans la vallée du Nil à une époque antérieure aux jours où l'Asie méridionale fut conquise sur les Kouschites par les races aryanes et sémitiques. Si nous trouvons dans ces cultes populaires de l'Inde, dont l'opposition est si tranchée avec les croyances des Védas, une ressemblance fortement prononcée avec les cultes de l'Egypte, faut-il s'étonner de rencontrer dans le copte quelques mots dont l'équivalent se retrouve dans le sanskrit ?... Il y a une chose qu'il ne faut jamais perdre de vue dans toute question relative à ces temps éloignés. Il est absurde de dire : ceci est originairement indien et ceci originairement égyptien, car les influences ont suivi le flot des migrations des peuples. Ainsi, tout en admettant l'influence des croyances aryanes et sémitiques sur les cultes de l'Egypte, on ne peut méconnaître dans certaines parties des Védas, un caractère commun avec la religion de l'Egypte. La cause de ces coïncidences doit être cherchée dans l'extension primitive de la race de Koush et de Cham dans des régions situées dans le voisinage immédiat des tribus aryanes. (Baron d'ECKSTEIN, *Recherches sur l'humanité primitive*.)

Râ. Il naviguait au ciel dans sa barque, mais il était le bienfaiteur de la nature entière, le dispensateur de toute vie, le maître du temps, le défenseur de l'Egypte, vers qui les hommes se tournaient avec des actions de grâces [1]. Ces actions de grâces, cependant, s'adressaient moins à l'astre qu'à la Divinité qui se révélait par son moyen. Le globe ailé, symbole de l'Etre suprême, ornait les corniches de tous les temples, dans la vallée du Nil. Il est souvent fait mention d'Horus comme un des dieux les plus importants de l'ancienne Egypte, et on lui rendait des hommages comme à un dieu solaire. Il avait pour symbobe un disque solaire, et il était représenté à Edfou avec une tête d'épervier, son oiseau favori. On classe généralement les dieux égyptiens en trois catégories distinctes : les dieux des morts, les dieux des éléments et les dieux solaires. Comme en Phénicie, en Chaldée et en Amérique, on rendait un culte à des divinités protectrices des moissons et de la naissance. Porphyre fait observer que «sous l'apparence d'animaux, les Egyptiens adoraient le Pouvoir universel, revélé par des formes vivantes [2]. »

L'Ethiopie proprement dite [3] répond à la terre de

---

1. P.-D. CHANTEPIE de la SAUSSAYE, *Histoire des religions*, Paris, 1904, p. 88.

2. De Abst. IV, ch. IX.

3. Il y avait aussi l'Ethiopie asiatique ou orientale, s'étendant des bouches de l'Indus jusqu'à l'entrée du Golfe Persique.

Pays de Kousch des inscriptions hiéroglyphiques, au Kousch du Tableau ethnographique de la Genèse et des documents cunéiformes. Cette contrée s'étendait au loin du sud de l'Egypte dans la direction des sources inconnues du Nil. Par sa civilisation, par son organisation politique et religieuse, elle n'était pour ainsi dire que le prolongement de l'Egypte ; souvent son histoire se confond avec celle de la vallée nilotique ; les rois de la XXIIe et de la XXVe dynastie furent des Ethiopiens. Ceux-ci, d'ailleurs sont représentés sur les monuments avec des traits qui les feraient prendre pour des Egyptiens.

L'Ethiopie fut primitivement colonisée par les Sabéens ou Kouschites du Yémen. Vers le VIIIe siècle avant notre ère, lors du soulèvement des Jectanides contre leurs maîtres de race kouschite, une partie considérable des Kouschites d'Arabie se retirèrent en Afrique, où ils renforcèrent les tribus émigrées depuis longtemps au delà du détroit de Bab-el-Mandeb [1]. Les Somalis actuels, dans leurs propres traditions, se disent apparentés à la population antique du Yémen et du Hahramaoût [2].

---

1. G. Maspero, *Hist anc. des peuples de l'Orient*, 4e édition, 1886, p. 452.

2. Fr. Lenormant, *Hist. anc. de l'Orient*, t. I, p. 272.

« Le culte des astres, et surtout celui des planètes
que l'on voit cheminer dans le ciel parmi les étoiles
fixes comme des bergers au milieu de leur troupeau,
avait suivi de la Chaldée à l'Ethiopie le chemin des
caravanes et trouvé sur les hauts observatoires des
montagnes du Tigré un lieu de développement
favorable. Habiles à observer les chemins et les
conjonctions des étoiles dans le ciel noir et pur des
hauts plateaux, les prêtres sabéens étaient également adroits au gouvernement des hommes et
savaient nouer leurs existences, comme autant de
fils ténus et faciles à rompre, au réseau mystérieux
des astres errants. Des survivances de cette ancienne religion sont encore très distinctes dans les
conceptions du monde surnaturel tel que se l'imagi-
nent les Abyssins actuels [1].»

La grande famille des peuples libyens et berbères
occupant tout le nord et le nord-ouest du continent
africain, depuis le voisinage de l'Egypte jusqu'à
l'Océan Atlantique et même les îles Canaries, est
donnée comme chamitique dans la Genèse et kouschite ou éthiopienne par les écrivains de l'antiquité.
L'ethnographie et l'archéologie contemporaines ne
contredisent point ces faits [2]. Les descendants des

---

1. Elisée RECLUS, *L'homme et la Terre*, t. II. p. 238.

2. « Les peuples libyques de la côte septentrionale, les Egyp-

Libyens, quoique très mélangés, sont encore représentés aujourd'hui comme gens au «teint brun,
quelquefois noirâtre, d'une tournure dont l'élégance
ne se trouve plus que dans les statues antiques. »
D'ailleurs, les Phéniciens, d'où sont d'abord sortis
les Carthaginois, ont sillonné toute la côte nord
africaine de comptoirs, de villes et de colonies, de
sorte qu'une population nombreuse, moitié libyenne
et moitié phénicienne, s'était formée dans cette
partie de l'Afrique. Plusieurs tribus de cette ancienne population ont conservé jusqu'à nos jours en
dépit des mélanges ethniques répétés et des vicissi-
tudes du temps, outre certains traits de la physionomie, quelques-unes des qualités qui distinguaient
leurs lointains ancêtres. Ainsi, les Kabyles, dit
Pritchard, sont les hommes les plus laborieux et
les plus entreprenants des Etats Barbaresques.
L'agriculture n'est pas leur seule industrie ; ils
s'occupent encore avec succès de l'exploitation des
mines que renferment leurs montagnes, et ils en
tirent du plomb, du fer et du cuivre.

La parenté des langues berbère et égyptienne est
aussi reconnue par les linguistes. Les Montagnards
ou Berbères du Maroc, en leur ensemble, dit Renan,

---

tiens et les Ethiopiens sont mis au nombre des races méditerra-
néennes, parmi lesquelles ils forment une famille, la famille
chamitique, apparentée de très près aux Sémites. » SAUSSAYE,
ouvrage cité, p. 13.

n'appartiennent à la famille sémitique ni ethnique-
ment ni linguistiquement ; les dialectes qu'ils parlent sont tous fort distincts de l'arabe. « La position
du berbère vis-à-vis de la famille sémitique est à peu
près la même que celle du copte ; tout en présentant avec l'hébreu de nombreuses affinités gramma-
ticales, le berbère en est complètement distinct pour
le dictionnaire. Il a subi d'ailleurs une longue
influence sémitique [1]. »

Pour ce qui est de la religion, Hérodote (IV, 188)
nous dit que les Libyens « sacrifiaient au Soleil et à
la Lune». Il parle en particulier d'un de leurs
temples et des « rites empruntés au temple de Jupiter-Thébéen » ; mais ce Jupiter-Thébéen n'était
autre que l'Ammon de Thèbes, divinité solaire;
c'est l'Ammon-Râ des Egyptiens. Les rois de la
XIIᵉ dynastie lui avaient construit un temple
dans la ville de Thèbes qui, agrandi par les pharaons des dynasties suivantes, est devenu l'ensemble
dont on voit les ruines colossales à Karnak.

Léon l'Africain, dans la description qu'il nous a
laissée de ses voyages dans l'Afrique du Nord, dit
que, de son temps, les populations de cette partie
du continent parlaient une même langue, bien
qu'elles fussent alors divisées en plusieurs tribus

---

1. Voir un article de Marius-Ary LEBLOND, *Les Races du
Maroc. Les Berbères*, dans *Le Correspondant*, 10 mars 1907.

et familles. « Ces peuples, ajoute-t-il, avaient autrefois de vastes et magnifiques temples, dédiés au soleil et au feu, et ils rendaient un culte aux planètes par des prières et des sacrifices. Ils possédaient des récits historiques, qui ont été détruits ou brûlés.» L'écrivain arabe n'a pas une idée bien claire de l'origine de ces peuples, mais ce qu'il dit de leurs temples et de leur religion nous l'indique suffisamment. On cite même une race berbère comme possédant encore aujourd'hui, ce que n'ont pas toujours eu les plus illustres races, une écriture qui n'appartient qu'à elle.

Les monuments de l'antiquité sacrée et profane et les résultats des recherches scientifiques contemporaines, nous montrent donc, dès une époque qui se perd dans la nuit des temps, la race chamitique possédant tous les éléments d'une civilisation matérielle avancée, coloniser diverses parties de l'ancien continent. Grâce surtout aux études ethnographiques et archéologiques actuelles, par les œuvres que cette race est la seule alors à produire, et il importe de ne pas perdre de vue ici l'ordre chronologique [1],

---

1. « The question as to the dates is important in this connection. It has been ascertained by recent discoveries in the Mediterranean, as well as in the Tigris, that there were many palaces and temples, walled cities, and labyrinths, which were erected long before the days of Homer. These discoveries carry us back thousands of years, before we really find the beginnings,

on peut la suivre comme à la trace partout où elle
s'établit.   Toutes les peuplades de souche aryenne
qui constitueront plus tard le monde hellénique et
le monde latin, étaient encore à l'âge de la pierre
ou du préhistorique [1].   Même à l'époque d'Homère,
il y avait déjà plusieurs siècles que cette civilisation
allait s'éteignant, bien que divers peuples issus de
cette race existassent encore en Egypte, en Arabie
méridionale, en Phénicie et autres lieux.

Revenons dans l'Inde, notre point de départ.

« De grandes ruines préhistoriques sont dissémi-
nées à travers les épaisses forêts de l'Indoustan, du
Ceylan et de l'Indo-Chine ; elles se continuent à
travers l'île de Java, se reliant visiblement à une

---

either of history or of art, or of architecture. What is more,
they prove to us that there were migrations which extended
through long distances, and reached not only the waters of the
Mediterranean but the coasts of India, and possibly extended to
the west coast of North America. This is the lesson which we
learn from comparing the architecture of the Old World with
that of the New World. There were probably a transmission
of types and patterns, symbols and ornaments, which formed
the basis of the architectural ornaments of the New World.»
American Antiquarian and Oriental Journal, 1903, p. 356 357.

1. « Architecture, navigation, astronomie, métallurgie, tissage,
agriculture, les Chamites connaissaient tout cela avant que les
autres peuples en eussent la moindre idée.» (VICWA-MITRA,
Les Chamites.)

suite non interrompue de curieux monuments, de gigantesques constructions découvertes à travers la Polynésie, aux îles des Larrons, à Taiti, à Tonga, aux îles Sandwich, à l'île de Pâques. Toutes ces constructions sont situées le long d'une grande ligne allant de l'est à l'ouest et dominant une chaîne sous-marine, qui s'étend jusqu'au continent américain. Ces ruines ne marquent-elles pas les différentes étapes d'une grande race émigrant de l'ancien monde vers le nouveau [1] ? »

Nous avons déjà parlé suffisamment de ces ruines ; voyons si la question qui vient d'être posée quant à leur origine peut être maintenant éclaircie.

Ceylan, « la resplendissante » des poètes sanscrits, sous le rapport géographique et historique, se rattache étroitement à l'Inde, qui lui envoya ses premiers colons. L'architecture des deux pays, en somme, est la même, et il n'est pas étonnant qu'Anaradjapura, par exemple, présente des traits frappants de conformité avec les monuments américains, puisque ceux-ci, dit-on, reproduisent le modèle de ceux de l'Inde. Anaradjapura nous apparaît comme une ville bouddhique. Mais certaines chroniques cingalaises assignent à cette ville une antiquité plus reculée que la date de l'introduction du bouddhisme

---

1. *Edinburgh Review*, oct. 1906, citée par M. le marquis de Nadaillac dans *L'Amérique préhistorique*, 1881.

à Ceylan. En tout cas, de récentes découvertes établissent que la principale artère de la ville s'appelait la «rue de la Lune», à raison, dit M. Leclercq, du culte spécial dont les Cingalais honoraient cette planète. Il est donc possible que les premiers auteurs de ce qui n'est aujourd'hui qu'un amoncellement de ruines aient été des adorateurs des astres, et que ce culte ait même pu exister aux siècles subséquents en même temps que celui de Bouddha.

Le voyageur et naturaliste français, M. Mouhot, après avoir décrit les monuments d'Ongkor, dans le Cambodge, se demande :

« Toutes ces choses établies, de quel côté est venu le peuple primitif de ce pays ?

« Est-ce de l'Inde, ce berceau de la civilisation, ou de la Chine ?

« La langue du Cambodgien actuel ne diffère pas de celle du Cambodgien d'autrefois ou *Khmerdom*, comme on désigne dans le pays le peuple qui vit retiré au pied des montagnes et sur les plateaux, et cette langue diffère trop de celle du Céleste-Empire pour qu'on puisse s'arrêter à la dernière supposition.

« Nous croyons que l'on peut, sans exagérer, évaluer à plus de deux mille ans l'âge des plus vieux édifices d'Ongkor la Grande, et à peu près à deux mille celui des plus récents.

« L'état de vétusté et de dégradation de plusieurs

d'entre eux ferait plutôt supposer plus que moins,
si, pour le plus grand nombre, qui paraissent être
des temples, mais qui n'en étaient peut-être pas,
on était conduit à les supposer un peu postérieurs à
l'époque de la séparation qui s'opéra dans les grands
cultes de l'Inde, plusieurs siècles avant notre ère,
et qui força à l'expatriation des milliers, des millions peut-être d'individus.»

Ainsi, pour M. Mouhot, les ruines d'Ongkor ont
eu pour auteurs des hommes venus de l'Inde, à
l'époque de ou peu de temps après l'occupation
entière de la Péninsule par les Aryas, et qui, en
effet, força à l'expatriation des milliers, des millions
peut-être, d'individus. L'arrivée de ces hommes
dans l'Indo-Chine correspondrait à l'âge présumé de
la construction de la ville et des grands monuments
d'Ongkor, suivant les calculs du célèbre naturaliste,
basés sur l'état actuel des ruines, et dont l'architecture d'ailleurs rappelle celle de l'Inde. Ces monuments, couverts d'écritures, sont cependant des
témoins muets d'une civilisation disparue. Personne à Siam ou au Cambodge ne peut traduire ces
inscriptions.

M. Mouhot termine son récit des ruines d'Ongkor
par la remarque suivante qui, en la présente étude,
est significative :

« Les Européens désignent généralement les prê-

tres bouddhistes de Siam sous le nom de talapoins,
qui dérive sans doute de celui du palmier *talapat*,
dont la feuille fournit toute la matière première à
l'éventail que ces religieux portent constamment à
la main ; mais leurs compatriotes leur donnent le
titre de *Phra*, qui a conservé sur les rives du Ménan
les mêmes significations qu'il avait sur les bords du
Nil : celles de *grand*, *divin* et *lumineux*.»

Je dis donc à mon tour, toutes ces choses établies,
que l'origine des constructeurs des monuments
d'Ongkor me paraît si peu douteuse, que je me
garderais bien de contredire celui qui les dirait
Kouschites et parents de ceux de l'Inde, de la
Chaldée et de l'Egypte [1].

---

1. « La grande ville d'Ongkor-Thom, au Cambodge, dans
l'Asie méridionale, dont les ruines présentent certains traits
communs avec celles du Yucatan, a été fondée, suivant la tradition et les annales cambodgiennes, l'an 443 avant J -C » (*American Antiquarian and Oriental Journal*, 1904, p. 363.)

Quelques-uns des traits communs à l'ancienne architecture
cambodgienne et à celle du Yucatan et de l'Amérique centrale,
outre le fait que, de part et d'autre, les édifices sont élevés sur
terrasses pyramidales, sont d'abord l'emploi d'un grand serpent
sculpté sur la pierre et formant balustrade. Au Cambodge, ce
serpent est soutenu par des êtres humains d'une grandeur
gigantesque, ou parfois par des pygmées ; dans l'Amérique
centrale, ce serpent est soutenu par des nains. On voit encore
dans l'une ou l'autre de ces régions, sur les côtés ou les angles
des édifices, des sculptures représentant des faces ou d'énormes
têtes humaines, ou des têtes animales (au Cambodge ce sont des
têtes d'éléphants) à grands nez saillants. Bien plus, on voit

« Java est une terre classique dont le sol est couvert de ruines grandioses, témoignages muets d'une antique civilisation auprès de laquelle les civilisations postérieures ne sont plus que des ombres. Ces édifices sont à la fois si nombreux et si vastes qu'il a fallu, pour les construire, l'effort d'innombrables multitudes courbées, comme les populations de la vieille Egypte, sous le joug implacable de princes qui leur imposaient les plus dures corvées. Une aristocratie de haute caste, de sang hindou, de civilisation raffinée, commandait à des millions de Polynésiens réduits en esclavage [1].»

Boeroe-Boedor daterait de 1000 ans, au dire des archéologues. C'est un temple franchement bouddhique ; mais il peut bien arriver qu'il repose sur des fondations d'un édifice plus ancien et que, dans sa reconstruction, il ait été uniquement affecté au

---

des trompes d'éléphants représentées comme motifs de décoration sur plusieurs des principaux monuments du Chiapas et du Yucatan, la Casa del Gobernador et la Casa de Monjas, par exemple. Le musée de la Paz (Bolivie) possède deux vases, produits de l'art aymara, sur chacun desquels est figuré un éléphant portant un palanquin. On a même trouvé dans un tertre de l'Iowa une pierre provenant des Mound-Builders et reproduisant la forme d'un éléphant. Il est difficile, dit à ce propos le marquis de Nadaillac, de ne pas voir des souvenirs de l'Asie dans ces images exécutées à des distances si considé_ rables les unes des autres.

1. Jules LECLERCQ, *Un Séjour dans l'île de Java*, Paris, 1898.

culte de Bouddha. Les populations qui habitent
cette même localité, de bouddhistes qu'elles étaient
alors sont aujourd'hui musulmanes; elles étaient
d'origine hindoue, et «apparemment venues du nord
de l'Inde», dit l'auteur que je viens de citer, mais
on ne peut préciser l'époque de leur arrivée dans
l'île. «Le temple que ces Hindous édifièrent à
Boeroe-Boedor, ajoute M. Leclercq, atteste qu'ils
constituaient une grande nation, et montre à quel
merveilleux épanouissement ils avaient su porter
les arts de l'architecture et de la sculpture, et de
quelles puissantes ressources disposaient leurs princes et leurs prêtres pour exécuter des travaux dignes
d'être mis en parallèle avec les œuvres gigantesques
des pharaons.» Rien ne s'oppose à ce que ces
anciens adorateurs des astres et de Çiva, bouddhistes
en l'an 1000, époque présumée de la construction
de Boeroe-Boedor, aient élevé ce temple. Cette
évolution religieuse n'anéantissait point chez eux
les instincts et le génie de la race.

On a également comparé Boeroe-Boedor au grand
temple de Palenqué (Etat de Chiapas), qui lui
correspond d'une manière si exacte qu'il n'est guère
possible, a-t-on dit, de contester sérieusement la
communauté d'origine et de destination de ces deux
monuments. Pourtant, les constructeurs de Palenqué n'étaient assurément pas disciples de Bouddha;
mais on explique cette similitude architectonique
par le fait «qu'une ancienne et commune foi, le

sang, les instincts héréditaires en un mot, ont pu survivre et se réveiller chez les deux peuples et produire les mêmes effets à d'aussi grandes distances.»

A un quart d'heure dé marche de Boeroe-Boedor sont d'autres édifices de même architecture, ceux de Parambanan, mis au jour en 1885 et étudiés depuis. Ces édifices, bâtis sur terrasses, se composent d'un groupe de temples, mais tellement ruinés, qu'il n'en subsiste plus que les fondations. Là plate-forme du temple principal a seule conservé son parapet, de deux pieds de haut. Une rangée de gradins conduit de la terrasse au portail. On sacrifiait à Çiva dans le plus grand de ces temples, car on a retrouvé parmi les décombres les débris de la statue de ce dieu.

Le lieutenant-colonel Sykes écrit dans le *Journal of the Asiatic Society* «qu'il existe d'anciennes inscriptions dans l'île de Java semblables aux vieilles inscriptions du Deccan.»[1], fait qui a ici son importance au point de vue de l'origine des auteurs des monuments javanais.

Il semble donc démontré que la race des bâtisseurs, à sa sortie de l'Inde ou de la Chaldée, ou d'un point quelconque du littoral entre ces deux régions,

---

1. On donne le nom de Deccan ou Dekkan à toute la région méridionale de l'Inde, comprise entre les monts Vindhyas, le cap Comorin et les golfes du Bengale et Arabique.

Fig. 43.—Parambanan. Le temple de Loro Djonggrang. (*Le Tour du Monde.*)

se divisa en deux grandes colonnes dont l'une, prenant la route de l'Occident, s'étendit depuis la grande presqu'île jusqu'aux extrémités de la côte nord-ouest de l'Afrique ; l'autre, suivant une direction opposée, se fractionna, dans sa marche vers l'ouest, en plusieurs colonies, Ceylan d'abord, puis l'Indo-Chine, Java, la Malaisie, où elle contribua à la formation de la race malaise, les îles de la Polynésie en nombre plus ou moins considérable, et finit enfin par atteindre l'Amérique, laissant partout, par ses monuments, par ses travaux de culture, par sa répartition de la société en castes, par ses idées religieuses et ses mœurs, des traces indéniables de son passage. Cette migration s'est faite sans doute d'étapes en étapes, quoiqu'il soit possible qu'il y ait eu des sauts étonnants.

« Le *peuplement* des innombrables îles de l'Océan Pacifique et de l'Océan Indien par trois races distinctes, dont les langues ont des affinités avec les idiomes malais, est un des problèmes les plus intéressauts d'ethnologie. Les savants ont beaucoup discuté sur le point de départ de ces races. D'après l'opinion dominante, c'est du sud-est de l'Asie, de l'Indo-Chine. que partirent les peuples répandus aujourd'hui de Madagascar à l'île de Pâques ; ils ont été conduits par les moussons de la mer des Indes d'une part, et d'autre part par les moussons du Pacifique, opposées pendant une période de l'année à la direction des vents dominants [1].»

Malte-Brun, Homme, Lesson, Rienzi, Beechey, Wilkes, n'ont pas hésité à regarder la Polynésie comme ayant été peuplée par des migrations avançant de l'ouest à l'est. Les populations de la Nouvelle-Zélande à l'île de Pâques et aux Sandwich ont encore aujourd'hui comme trait distinctif un teint cuivré.

Il n'y a aucune difficulté à se rendre compte comment un navire pourrait traverser toute la distance qui sépare la Nouvelle-Guinée de l'île de Pâques, sans être plus de cinq ou six jours sans voir la terre. La traversée du Grand Océan à travers la Polynésie était donc chose relativement facile pour des gens accoutumés à la haute mer. Avant l'arrivée des Européens, les Polynésiens excellaient dans l'art de la navigation. Leurs légères pirogues à balancier ou leurs grandes pirogues doubles réunies par une plate-forme et n'ayant toujours qu'une seule voile triangulaire en nattes, sillonnaient l'Océan dans toutes les directions [2]

Pickering nous dit également «que les embarcations des habitants des îles Tonga et des îles de la Société étaient long-courrières, et qu'antérieurement

---

1. DENIKER, *Les Races*. Paris, 1900, p. 579.

2. Robert CUST, *Les Races et les Langues de l'Océanie.*

à l'impulsion donnée à la marine de l'Europe civilisée par la grande entreprise de Colomb, les Polynésiens entreprenaient fréquemment des traversées
à peu près aussi longues que celles des Européens,
s'exposant à des périls tout aussi grands, et cela sur
des bâtiments d'une construction bien autrement
imparfaite [1].»

Une ancienne tradition attribue le premier peuplement de Java et des îles de la Polynésie à des
gens venus en navires de la Mer Rouge, et qui
auraient été bannis de l'Egypte. Et ce qui semblerait
donner quelque consistance à ce lointain souvenir
est la remarque suivante que fait M. Mariette-bey,
dans ses fouilles de l'Egypte : Dans les tombeaux
de l'ancien empire, dit-il, à Saqqarah, comme aux
pyramides, certains bas-reliefs montrent des ouvriers
occupés à tailler du bois avec un outil absolument
semblable aux haches de pierre de l'archipel polynésien [2]. C'est encore à l'époque de l'ancien empire,

---

1. PICKERING, *Races of Men*, p. 298.

2. On trouve dans les îles de ce même archipel, dit l'auteur
de *L'Amérique préhistorique*, des outils et des armes en si'ex ou
en jade absolument semblables à ceux du Pérou, et une massue
en bois provenant de fouilles faites dans la Colombie, rappelle
exactement une massue polynésienne. «Comment arrive-t-on,
s'écrie M. Taylor (*Early History of Mankind*, p. 206) à une
uniformité aussi complète ? La conclusion que partout l'homme
exécute les mêmes choses sous l'empire des mêmes circon-

sur la fin de la IIIe ou au début de la IVe dynastie, (4770 environ avant notre ère) que, d'après Flinders Petrie, une race venue de l'Asie par l'isthme en terre d'Egypte en aurait subjugué les habitants primitifs. Serait-ce à la suite de cette invasion que des Egyptiens se seraient vus bannis de leur pays ou auraient préféré chercher ailleurs un refuge contre la domination étrangère? Pareils faits ne sont pas inconnus à l'histoire; nos temps modernes seulement nous en fournissent plusieurs exemples. En tout cas, on représente ces premiers immigrants comme des adorateurs du soleil et de la lune, culte dont on retrouve encore des traces chez ces insulaires [1]. M. Gustave d'Eichthal a signalé de nombreux points de contact entre la religion des peuples de la Polynésie et ceux de l'antique Egypte. On y retrouve même le *Râ* égyptien comme nom du soleil. Le voyageur Bougainville dit, en parlant de Tahiti : « Nous avons cru comprendre qu'indépendamment d'un *Etre supérieur* nommé Eṛi-t-Râ, « le roi du Soleil ou de la Lumière », être qu'ils ne représentent par aucune image matérielle, ils ado-

---

stances, peut bien l'expliquer partiellement ; mais il est douteux que cette explication puisse s'étendre au plus grand nombre de faits observés. »

1. Voir au sujet du peuplement de la Polynésie, l'*American Antiquarian and Oriental Journal*, année 1903, p. 44 : « Notes on the Indian origin of the Polynesian Islanders », par C. Staniland WAKE.

rent plusieurs divinités ». Cook, dans son voyage de 1777, et A. Lesson dans ses *Polynésiens* (t. III, p. 169) en font aussi mention. On se rappelle sans doute les statues polynésiennes dont parle le capitaine Cook, et qui ont une coiffure semblable à celle que « les divinités égyptiennes portent sur leur tête. » Ajoutons, toutefois, qu'au moment de leur découverte, la plupart de ces insulaires n'offraient plus, dans leurs rites religieux, qu'un mélange confus de pratiques bizarres ou cruelles, dont la signification primitive se perdait dans la nuit du passé. Le trajet de l'archipel d'Hawaï, des îles Marquises et de l'île de Pâques en Amérique n'offre assurément pas plus de difficultés à une race voyageuse que celui de se rendre de l'Océan Indien à ces mêmes îles. Déjà, en 1879, M. Lucien Adam, ce distingué américaniste, déclarait : « Il m'est resté, de toutes les recherches américanistes que j'ai faites depuis six ans, de ce que j'ai entendu dans les Congrès, de ce qui m'a été écrit par plusieurs de nos collègues, il m'est resté, dis-je, cette impression que, si l'Amérique a été peuplée par le dehors, ce serait bien plutôt par la Polynésie que par l'Europe et même que par l'Asie [1]. »

---

1. Congrès international des Américanistes, 1879, vol. II, p. 572.

On lit dans le compte rendu de ce même congrès, p 582, la remarque suivante de M. Marcos Jimenez de la Espada, membre et délégué de la Société de Géographie de Madrid :

Tous les explorateurs à qui nous devons la description des constructions pyramidales mentionnées
dans la première partie de ce travail, sont unanimes
à proclamer, et nous avons souvent nous-même
traduit ici leur pensée, que l'orientation si exacte
de tous ces monuments suppose nécessairement
chez leurs auteurs des connaissances astronomiques
et mathématiques étendues ; l'art avec lequel ils
savaient tailler la pierre, orner et embellir leurs
temples : la connaissance des métaux. Les Mexicains, quoique dégénérés au temps de la Conquête,
étaient encore des lapidaires et des joailliers émé-
rites, et ils se servaient d'un calendrier pour le
moins aussi juste que celui qui existait en Europe
à cette même époque [1]. Les plantes, les fleurs et les
fruits d'or qui, suivant les historiens, ornaient les

« Quant à l'Amérique du Sud, dit-il, il existe encore au Pérou,
à Trujillo, et parmi les peuplades de la côte, une tradition
indienne d'après laquelle les Polynésiens seraient venus au
Pérou. Je possède un type d'origine péruvienne dont la tête
offre des caractères tout à fait analogues à ceux de provenance
polynésienne. On trouve aussi des têtes qu'on dirait asiatiques
et égyptiennes ; mais la tête polynésienne présente un ensemble
plus complet dans la courbure de l'arcade sourcilière, dans le
rétrécissement du nez, dans le développement des pommettes.
Ce sont là des caractères auxquels on ne peut se méprendre.»

[1]. Humboldt mentionne une autre race civilisée, celle des
Muyscas, de la Nouvelle-Grenade, dont le calendrier, dit-il,
était encore plus asiatique et scientifiquement plus exact que
celui des Aztèques. Ce peuple faisait usage de calendriers sur

jardins de l'Inca, prouvent que les Péruviens possédaient à un degré avancé l'art de ciseler les métaux
précieux et de leur donner toutes les formes possi-
bles.

Le fait est que les Egyptiens, les Aztèques et les
Qquichuas du Pérou savaient donner à leurs armes
et à leurs outils, au moyen d'un alliage de cuivre
et d'étain, une trempe presque aussi dure que l'acier
le plus fin. Humboldt, en analysant le composé
d'un ciseau découvert dans une mine d'argent du
pays des Incas, pensa retrouver le secret de cette
composition, mais tout ce qu'il put découvrir fut
une petite quantité d'étain avec du cuivre. Cette
combinaison ne donne pas la dureté voulue, et il
est évident qu'il y a autre chose dans ce mélange.
Quel que soit ce secret, il reste acquis que les
Anciens étaient parvenus à donner au cuivre la
dureté de l'acier le plus pur que nous sachions produire, et, avec les instruments de bronze ou de
cuivre, ils pouvaient extraire et tailler la pierre la
plus dure, telle que le granit, le porphyre et même
les pierres précieuses. « Chose curieuse, ajoute-t-
on, cet art a dû être découvert par chacune de ces
trois nations indépendamment les unes des autres,

---

pierre polie ; ses prêtres faisaient des observations lunaires et
divisaient l'année en vingt mois, comme les Polynésiens et
quelques peuplades asiatiques. (HELP'S, *The Spanish conquest
in America*, pp. 243-45, cité dans le compte rendu du premier
congrès des Américanistes, 1875. vol. II, p. 212.)

puisqu'elles n'avaient aucun moyen de communication entre elles [1]. »

Non. Ces trois nations n'ont point, à l'insu les unes des autres, découvert l'art, maintenant perdu, de l'alliage métallique dont il est ici question ; mais c'est un secret qu'elles possédaient en commun dans la patrie première, et qui formait partie des connaissances que chacune d'elles avait emportées en émigrant [2]. C'est encore ainsi que l'on pourrait expliquer l'origine de cette variante du jeu des échecs, le « trictrac », qui était connu sous le nom de *Tob* en Egypte et en Palestine, sous celui de *Patchisi* dans l'Inde, et sous celui de *Patolitzli* dans l'ancien Mexique [3].

Etant donnée l'origine kouschite présumée de cette race qui, la première, apporta la civilisation en Amérique, je m'explique maintenant les rapprochements que signalent les explorateurs qui visitent

---

1. *Revue Canadienne*, Montréal, mai 1905, Vol. I, p. 524

2. « Le groupe des peuplades chamitiques qui, dans une antiquité impossible à évaluer, franchit l'isthme de Suez pour venir s'établir dans la vallée du Nil, et fut le noyau de la nation égyptienne, était certainement maître des procédés d'une métallurgie complète, car il ne l'aurait pas inventée dans ce pays qui ne produit pas de métaux, et où le besoin de s'assurer du moins l'exploitation des mines de cuivre du Sinaï l'obligea, dès les premières dynasties, à entrer dans la voie des conquêtes étrangères.» (Frs. LENORMANT, *Histoire ancienne de l'Orient*, t. I, p. 201.)

3. DENIKER, *Les Races*, Paris, 1900, p. 234.

les deux continents, ou les auteurs qui s'occupent de l'ancienne Amérique. Je ne m'étonne point de la remarque que, de son temps, faisait déjà M. de Humboldt, que l'influence asiatique en Amérique se manifeste d'une manière indiscutable dans les cosmologies, les monuments, les hiéroglyphes, les institutions des peuples de l'Amérique et de l'Asie [1].

Je comprends pourquoi M. Léon Douay trouve de « nombreuses analogies » entre les « coutumes et les croyances » de certaines tribus centro-américaines au milieu desquelles il avait vécu, et les « coutumes et les croyances » qu'il avait relevées chez certains peuples pendant son séjour aux Indes. De son côté, si M. F.-W. Hewitt déclare que les temples de l'Amérique centrale réproduisent le modèle de ceux de l'Inde, et que le calendrier en usage dans cette même partie de l'Amérique correspond exactement à celui qui existait dans l'Inde, cette constatation de faits me paraît naturelle, puisque c'est dans la grande presqu'île indienne qu'il semble qu'il faille rechercher l'origine des premières civilisations de l'Amérique précolombienne.

Je trouve le culte des astres et des phénomènes de la nature aussi fortement établi au Pérou, dans l'Amérique centrale et au Mexique, chez les Mound-

1. *Vues des Cordillères et des Monuments des peuples indigènes de l'Amérique*, t. I, pp. 31 et 39.

Builders, qu'il l'était aux Indes, en Chaldée, en Arabie méridionale, en Phénicie et en Egypte. Le panthéon des peuples américains n'est peut-être pas aussi considérable ni aussi savamment élaboré que chez les Kouschites d'Asie et d'Afrique; mais il est indéniable qu'ils ont un fonds commun de conceptions religieuses, qui remonte aux temps préhistoriques et dont les éléments primitifs sont encore reconnaissables. Ainsi, dans l'ancien empire des Incas, les temples, d'une richesse éblouissante, étaient dédiés au soleil, et les Péruviens considéraient leurs princes comme fils de cette divinité, au-dessus de laquelle ils plaçaient néanmoins un dieu suprême et invisible. « La force des témoignages est décidément en faveur de la croyance, de la part des Incas à l'existence d'un Être Suprême auquel le soleil doit obéir, aussi bien que toutes les autres parties de l'univers. La notion de la dépendance du soleil au Créateur de toutes choses a été transmise par tous les Incas qui se sont succédé. « Ils ne reconnaissent pas le soleil comme leur créateur, dit Molina, mais comme créé par le Créateur.» Les prières du rituel Inca, tel que donné par Molina lui-même, s'adressent au dieu Ticsi Uiracocha; le Soleil, la Lune et le Tonnerre étant parfois invoqués conjointement avec la divinité principale [1].» Les

---

1. Justin WINDSOR, *Narrative and Critical History of America*, Vol. I, p. 233.

Péruviens regardaient la lune comme la femme du soleil et les étoiles comme les servantes de la lune, nous rapporte l'auteur indigène, Garcilaso de la Vega.

A Cuzco, capitale de l'empire des Incas, tout autour du temple principal, on voyait la demeure des prêtres chargés de le desservir [1], et, autour de ce cloître, s'élevaient cinq grands pavillons carrés, surmontés de toits pyramidaux. Le premier de ces pavillons était consacré à la lune, et les autres aux étoiles et à certains phénomènes de l'atmosphère, tels que le tonnerre, les éclairs et l'arc-en-ciel, manifestations visibles et actives du Dieu suprême.

Le temple d'Ollanty-Tampu, à quinze lieues au nord de Cuzco, était pareillement dédié au soleil avec des annexes consacrées à la lune, à Vénus, aux étoiles, à la foudre et à l'arc-en-ciel. Dans la région bolivienne du lac de Titicaca se trouvent des ruines encore plus remarquables, plus imposantes que toutes celles du Pérou, et qui sont le produit d'une civilisation évidemment très développée et très ancienne ; l'île de Titicaca, au centre

---

1. Au Pérou, au Mexique et au Yucatan, tout comme en Egypte et dans l'Inde pour les sanctuaires souterrains, les temples avaient des salles ou bâtiments annexes, qui servaient de demeures aux prêtres et aux vierges consacrées à l'entretien du culte.

Fig. 44.—Ile de Titicaca.   Ruines du temple du Soleil.

du lac du même nom, était dédiée au soleil ; l'île de Coati, plus petite, distante de six milles environ de la première, était dédiée à la lune.

Il n'est peut-être pas hors de propos de faire remarquer ici que le culte du soleil et des institutions d'ordre civil existaient dans l'ancien Pérou longtemps avant l'arrivée des Incas ; ceux-ci n'ont fait que s'assimiler un état de choses et des traditions propres à des races antérieures à leur établissement dans le pays.

Sur les deux grandes pyramides à demi enfouies de Teotihuacan, situées à huit lieues de Mexico, on adorait, dans l'un, la lune, dans l'autre, le soleil, représentés par deux idoles d'une grandeur énorme, faites de pierre et couvertes d'or. Celle du soleil, dit Clavigero, avait une grande cavité sur la poitrine, dans laquelle se trouvait une image de l'astre en or fin. Les quatre côtés de ces deux pyramides avaient des approches murées placées à angle droit qui étaient dédiées aux étoiles [1].

Mariano Veytia nous dit que les dieux principaux des Toltèques étaient le soleil et la lune, à qui ils dédièrent leurs premiers temples [2]. Le père Tello et autres historiens espagnols du temps de la Con-

---

1. *Story of Architecture*, by C.-T. MATHEWS, p. 180.

2. T. I, ch. XXV.

quête, citent l'existence à Tonala (Etat de Jalisco) d'un temple fameux dédié au soleil.   Mexico, capitale des Aztèques, renfermait un temple consacré à la planète Vénus [1].

Lizanna, auteur espagnol, décrivant les monuments d'Itzamal encore debout de son temps, 1626, parle également d'une grande pyramide couronnée d'un temple renfermant une idole appelée Kinich-Kakmó [2], nom qui signifiait « Soleil au visage dont les rayons étaient de feu ».   On a découvert dans le voisinage de Santa Lucia, Guatemala, des bas-reliefs de grandes dimensions sculptés sur des roches porphyritiques très dures représentant l'adoration du soleil et de la lune, ou plutôt des dieux qui présidaient à ces astres.

Le soleil était regardé par les anciens Mexicains, les Péruviens, aussi bien que par les Chaldéens, les Egyptiens et, comme on vient de le voir, par quelques peuplades de la Polynésie, comme la manifestation de l'Être Suprême, le dieu par excellence.

Cet être suprême et invisible, subsistant par lui-même, n'avait ni culte, ni temple, ni autel.   Les hommages et les prières s'adressaient aux autres divinités, plus matérielles, émanées du Dieu créateur, et qui lui faisaient cortège.   « Au fond des

---

1. TORQUEMADA.
2 Le Marquis de NADAILLAC, *L'Amérique préhistorique*.

religions kouschites, dit M. Maspero, en parlant de
la religion des Chaldéens, nous retrouvons un Dieu
un, en tant que la matière émane de lui ; mais
multiple en ce sens que chacun des actes qu'il
accomplit sur la matière est considéré comme
produit par autant d'êtres distincts, et porte un
nom spécial [1]. »

M. Bouriant, dans un mémoire publié en 1884,
cite un texte égyptien où la divinité est représentée comme vivant éternellement dans le disque
du soleil. Cette image symbolique surmontait la
porte centrale du temple. En Chaldée, un personnage dans un *disque ailé*, reproduisait l'idée de
l'Être divin. Le globe ailé, symbole du maître
suprême de l'univers, se retrouve également au
Mexique, au fronton des autels dans les temples de
Palenqué et d'Ococingo, ancienne ville Maya, à
quarante milles de Palenqué. M. Eduard Seler,
professeur à l'Université de Berlin, dans un voyage
d'exploration à Chaculá, district de Nenton, Guatemala, en 1895, parle de disques qui montraient
sur leur surface l'*image du soleil*, l'un d'eux portant
en relief l'image d'un visage humain s'élevant au-
dessus d'une roue solaire. Un autre de ces disques,
dont il trouva les fragments au pied d'une pyramide, avait été travaillé sur sa périsphère : « J'y

---

[1]. *Histoire ancienne.*

pus reconnaître, dit-il, *l'hiéroglyphe de la planète Vénus*, telle qu'on le voit dans le manuscrit de Dresde [1]. » Stephens, dans ses *Incidents of Travel in Yucatan*, décrit un des monuments de Labná [2] au-dessus des portes duquel existe un enfoncement de forme carrée, recouvert de stuc d'une grande richesse d'ornementation et portant des traces encore visibles de peinture représentant le soleil et ses rayons, que l'on devait autrefois adorer, pense-t-il. Parmi les empreintes sculptées recueillies par M. Désiré Charnay dans l'Amérique centrale, il s'en trouve une où le soleil est représenté dans un disque.

Astarté, divinité sidérale, à la fois Vénus et la lune, était la grande déesse des Chananéens et des Phéniciens. Elle est la même que l'Astarté chaldéenne et égyptienne. Elle personnifiait la nature et présidait à l'amour, à la génération, aux quatre saisons de l'année, à celle où la nature renaît et enfante, comme à celle où elle semble mourir. Son culte se retrouve dans l'Amérique centrale. Ici, une déesse présidait à la fécondité de la terre et à la naissance des enfants, et elle est représentée tenant un enfant dans les bras. C'est l'Astarté des Mayas, qui lui rendaient les mêmes hommages qu'elle

---

1. *Les Anciennes Villes du Chaculá*, par Eduard SELER. Congrès international des Américanistes, 1900, pp. 266 et 267.

2. Vol. II, p. 54.

recevait en Orient. On ne peut dire si, en Amérique, elle personnifiait la lune, mais certains symboles nous le feraient croire [1]. Au culte sidéral primitif vint s'ajouter, comme il existait en Égypte, en Sabée, en Chaldée et dans l'Inde, le culte des héros déifiés. On signale encore dans le Mexique, l'Amérique centrale et le Yucatan l'existence du culte phallique, tel qu'il était pratiqué en Asie par les Chaldéens, les Assyriens, les Phéniciens et les Indous. M. Niven a constaté l'existence de ce culte à la suite de l'étude qu'il a faite des restes de l'ancienne ville qu'il découvrait dans l'État de Guerrero, au Mexique, en 1896, et Bancroft avait déjà fait la même remarque en parlant des colonnes sculptées de Copan et autres ruines de l'Amérique centrale. M. Désiré Charnay déclare également que ce culte existait au Yucatan comme sur les hauts plateaux du Mexique, où il en a rencontré de nombreux vestiges. M. Auguste Genin, dans ses *Notes d'archéologie mexicaine*, mentionne plusieurs trouvailles relatives à ce culte [2]. Les Mound-Builders n'y étaient point étrangers, suivant que le témoigne le symbole représenté sur une tablette trouvée près de Cahokia, et celui encore plus significatif

---

1. Voir *American Antiquarian and Oriental Journal*, 1903, p. 140.

2. Journal de la Société des Américaniste de Paris, 1900.

découvert dans les environs de Menard's mound, dans l'Arkansas [1].

Le culte du serpent, si général dans l'Inde, dans le Cambodge, en Chine, comme dans la Babylonie, en Chanaan et en Egypte, était aussi très répandu chez quelques-uns des anciens peuples civilisés de l'Amérique. Votan, chef de la province de Chiapas et qui, comme les *patêschi* de la Chaldée, était prêtre en même temps que souverain, passe pour avoir écrit un livre sur l'histoire de sa race dans lequel il se donne lui-même le titre de serpent.

Un immense tertre à Bush-Creek, dans l'Ohio, représente un serpent avalant un œuf ; la même figure est reproduite sur une ancienne sculpture mexicaine ; l'un et l'autre, dit à ce sujet l'auteur de *L'Amérique préhistorique*, se rattachent visiblement à la cosmogonie de l'Inde et à la conception de l'œuf du monde, d'où sort un Dieu créateur.

Le serpent joue un si grand rôle dans l'architecture de Chichen-Itza, qu'il est difficile de ne pas y voir un symbole religieux. En 1517, Cordova, longeant de l'est à l'ouest la côte du Yucatan, débarque à Campêche où il admire des temples consacrés à Kukulcan (le serpent emplumé), et sur les murailles desquels se détachaient de grands serpents en relief semblables à ceux qui ornaient la

---

1. Twentieth Annual Report of the Bureau of Ethnology, p. 90.

muraille extérieure. En effet, le dieu serpent, dieu de la sagesse, avait de nombreux temples dans toute la péninsule yucatèque, et le pontife attaché à ces temples prenait le titre de serpent royal.

Le docteur Stevenson, qui a étudié sur les lieux les croyances des anciens habitants du pays, après avoir déclaré dans les termes les plus formels que le culte de Çiva et du *lingam* existait dans l'Inde longtemps avant l'arrivée des Aryas, ajoute que le culte du serpent était répandu dans tout Ceylan avant l'introduction du bouddhisme dans l'île. Sachant que les Aryas ont emprunté aux Kouschites de l'Hindoustan une grande partie de leur système religieux et social en même temps qu'ils apprirent d'eux l'art de bâtir ; considérant aussi le fait supposé de l'origine commune des Kouschites et des premiers civilisateurs de l'Amérique, je ne suis nullement surpris des analogies que l'on peut signaler entre les ruines de Chichen-Itza, par exemple, et les *topes* ou *dagobas* des bouddhistes. « La forme de l'un des dômes, sa hauteur apparente, la petite tour placée au sommet, les arbres qui ont cru sur les côtés, çà et là, et l'aspect de la maçonnerie, la configuration des ornements, la petite porte d'entrée à la base, tout, en un mot, dit un missionnaire anglais, ressemble tellement à ce que j'ai vu à Ana- radjapura (ancienne capitale du Ceylan) qu'après avoir jeté les yeux sur la gravure qui représente

Fig. 45.—Edifice de forme circulaire à Mayapan (Yucatan).

ces ruines, je crus tout d'abord avoir affaire à une illustration des dagobas de Ceylan [1].» Les dagobas de Ceylan ne différaient point de ceux de l'Inde, du moins quant à la forme typique de leur architecture, et, nous l'avons vu quelques pages plus haut, M. F.-W. Hewitt déclare que les temples le l'Amérique centrale reproduisent le modèle de ceux de l'Inde [2].

C'est cette manière d'envisager l'origine de la première civilisation américaine qui me fait encore trouver vraisemblable la grande analogie qu'un autre ministre protestant voyait entre les dialectes de l'Amérique du Sud et ceux du Deccan ; il prétendait établir cette analogie par la comparaison des mots qui indiquent la mesure du temps, et par le mode de construction du verbe, dans les plus vieilles langues du sud de l'Inde et dans le Qquichua, la langue sacrée des anciens Incas. Malgré l'état peu avancé des découvertes archéologiques et des études linguistiques de l'époque, le Dr Hyde Clarke, vice-président de l'Institut anthropologique de Londres, faisait déjà remarquer, dès 1875, que les langues du Mexique, du Pérou et de l'Amérique centrale présentaient de grandes affinités avec celles de l'ancienne Egypte, du pays d'Accad (Chaldée), du Tibet, de l'Inde et de l'Indo-Chine, et il soup-

---

1. Marquis de NADAILLAC, *L'Amérique préhistorique*, p. 341.

2. *American Antiquarian*, 1903

çonnait ce qui deviendra, j'ai tout lieu de le croire,
une vérité établie, lorsqu'il ajoutait : « A leur
départ de l'Inde, les émigrants se sont très probablement dirigés vers l'Indo-Chine, d'où ils ont
gagné l'Amérique par l'Australasie et la Polynésie [1].

Un archéologue américain, le docteur Le Plongeon, dit que parmi les antiquités qu'il a exhumées
d'Uxmal, beaucoup d'articles, parmi ceux qu'il a
trouvés, ressemblaient exactement à ceux découverts
à Héliopolis et à Memphis ; mais quand il ajoute
que, sur certaines inscriptions, *il a reconnu des mots
chaldéens*, est-on justifiable, en présence des dernières découvertes archéologiques, de partager l'incré-
dulité de ceux qui ont alors accueilli cette assertion
comme invraisemblable ? Je n'ignore pas combien
il est facile, en fait d'étymologies, d'être induit en
erreur et de rencontrer ci et là des mots qui prêtent
aux analogies les plus fantaisistes. Je sais aussi
que la vive imagination du docteur Le Plongeon l'a
parfois emporté très loin, en matière d'antiquités,
dans le monde de l'idéal ; mais ce n'est pas une
raison pour rejeter en bloc toutes ses assertions.
L'histoire et la science ont plus d'une fois donné
raison à certaines prétentions qui avaient d'abord

---

1. *Researches in prehistoric and protohistoric comparative
philology, mythology, in connection with the origin of culture
in America and the Accad or Sumerian Families.* N. TRUB-
NER, London, 1875.

paru les plus incroyables, celle de la découverte de l'Amérique, par exemple. Que le docteur Le Plongeon ait reconnu ou ait cru reconnaître des mots chaldéens sur les inscriptions des monuments d'une des plus anciennes villes du Yucatan, cette allégation est-elle, après tout, plus extraordinaire que la suivante de M. Maury : « C'est un fait très digne de remarque, dit-il, de rencontrer en Amérique des traditions relatives au Déluge infiniment plus rapprochées de celles de la Bible et de la religion chaldéenne que chez aucun peuple de l'ancien monde.»

N'est-ce pas Désiré Charnay lui-même qui dit dans son *Mémoire sur les analogies*, qu'on peut signaler entre les civilisations de l'Amérique du Nord, de l'Amérique centrale et les civilisations de l'Asie, que « c'est avec la Chaldée et l'Assyrie que se multiplient les rapprochements les plus éclatants [1].» C'est encore l'auteur de l'*Histoire des Religions* qui écrit : « Si l'on cherche pour l'architecture, l'organisation sociale, les religions du Mexique et du Pérou, des ressemblances avec celles de l'ancien monde, c'est surtout avec les civilisations assyrienne et égyptienne qu'on trouve le plus de termes de comparaison [2].»

---

1. Congrès international des Américanistes, 1890, p. 377.

2. P.-D. CHANTEPIE de la SAUSSAYE, *Hist. des Religions*, Paris, 1904, p. 24.

Des peintures retraçant les principaux événements de la
18

(On sait déjà que la civilisation assyrienne procède de la civilisation chaldéenne et n'en est que la copie). Cet auteur ne recherche point ici l'origine des races ; mais il a dû, pour les fins de son ouvrage, bien se mettre au fait des plus récentes découvertes archéologiques opérées sur les deux continents, étude qui l'a amené à conclure en la matière dans des termes presque identiques à ceux du savant américaniste français.

Ajoutons, pour parler de *mots*, que les pyramides, les temples et les palais se nommaient hecali en Chaldée et teocalli au Mexique [1].

Mais, mieux que les vocables, nous avons, pour nous renseigner, les constructions mêmes de tous ces pays, constructions dont le principe d'uniformité est manifeste. Ce sont, pour nous résumer, les constructions de l'Inde et de l'Egypte, contrées où se formèrent, a-t-on dit, dès les temps les plus reculés, deux genres d'architecture si analogues que l'on a cru d'abord que l'une était l'imitation de l'autre, ressemblance qu'on explique par des tradi-

---

légende de Chaac Mol sur un bâtiment circulaire de Chichen-Itza appelé le *Caracol*, représentent des personnages exécutés aux trois quarts de leur grandeur qui rappellent le type assyrien. (NADAILLAC, *L'Amérique préhistorique*, p. 345.)

1. MENANT, Ninive et Babylone, ch. X, p. 84. Lucien de ROSNY, *Hist. de la Céramique chez les Indiens du Nouveau-Monde*, p. 161.

tions communes, par le même désir, chez les deux peuples, de se survivre dans leurs œuvres. Certains temples du Yucatan et du Chiapas rappellent dans leur construction comme dans leurs détails les monuments de l'Egypte. Mais la manière de bâtir des Egyptiens « se rapproche à certains égards de celle des Chaldéens », et le grand temple de Mexico et la pyramide restaurée du temple du soleil de Teotihuacan, écrit M. Désiré Charnay, ont été construits d'après les mêmes principes et sur le même modèle que les monuments chaldéens. Puis c'est M. Hewitt, qui déclare que les temples de l'Amérique centrale reproduisent le modèle de ceux de l'Inde, similitude déjà constatée à la session du congrès international des Orientalistes tenu à Paris en 1897, et par M. Viollet-le-Duc, une autorité, dès 1863 : « A nos yeux, dit-il, l'architecture antique du Mexique se rapproche, sur bien des points, de celle de l'Inde septentrionale [1]. »

Un missionnaire anglais confond les édifices de Chichen-Itza (Yucatan) avec les dagobas de Ceylan, tellement ils se ressemblent. Ce sont encore les monuments de l'Indo-Chine et de Java, qui font songer à la fois à ceux de l'Inde et de l'Amérique centrale. Boeroe-Boedor « rappelle la grande pyramide d'Egypte par sa forme et sa grandeur », mais il « correspond également au grand temple de

1. *Cités et Ruines américaines*, 1863, p. 104.

Palenqué d'une manière si exacte qu'il n'est guère possible de contester sérieusement la communauté d'origine et de destination des deux monuments ». Nous avons déjà signalé les traits communs que présente l'architecture du Cambodge avec celle du Yucatan. La vue des ruines de Copan éveille chez M. Gordon le souvenir de la manière de faire des Phéniciens, autant vaudrait dire celle des Egyptiens, puisque « l'art phénicien, c'était l'art égyptien, modifié selon la nature des matériaux de la côte de Syrie ». L'architecture des édifices du sud de l'Arabie, écrit Caussin de Perceval, devait procéder de celle de Babylone, comme la civilisation et la religion du pays étaient étroitement apparentées à celles de la Chaldée. « Les monuments typiques de l'ancien empire égyptien (5004-3064) suivant l'auteur de *L'Art Monumental* [1], sont les pyramides.» Aux Indes, d'après Heeren, on voit, par leur vestiges, que les temples les plus antiques étaient des pyramides. « Les pyramides sont certàinement le fait le plus saillant de l'ancienne architecture américaine,» dit le marquis de Nadaillac [2].

---

1. CLOQUET.

2. « The ancient inhabitants of America were mound and pyramid builders and exercised their proclivities for building such structures in both the United States and Mexico.» (EVANS, *Observations on the Aztecs and their probable relations to the Pueblo Indians of New Mexico*, Congrès international des Américanistes, Berlin, 1888 p. 229.)

Sans doute, une pyramide ressemble à une autre pyramide, et, envisagée à ce point de vue, il n'y a pas là de quoi prouver l'unité ethnique de constructeurs de deux pyramides semblables ; mais quand, dans un temps donné de l'histoire, on voit une partie de l'humanité, et d'une humanité à ses débuts dans l'art de la construction, faire usage d'un mode architectonique similaire, on a raison de croire que les peuples qui élèvent de pareils monuments dans les contrées qu'ils habitent, tiennent leur motif d'inspiration d'une origine commune.

Si la forme et l'usage de tous ces monuments ne démontrent pas matériellement une communauté d'idées et d'origine chez leurs auteurs, nous avouons ne savoir plus distinguer ce qui est une preuve d'avec ce qui n'en est pas.

L'esprit, au contraire, trouve tout naturel de penser qu'une ancienne et commune foi, le sang, les instincts héréditaires en un mot, ont survecu chez les différentes branches ainsi dispersées de cette famille humaine, et produit à d'aussi grandes distances des effets similaires.

Enfin, certains symboles, tels que la croix [1], le

---

1. On sait que les *Conquistadores* ne furent pas peu surpris de voir dans plus d'un temple des contrées qu'ils subjugèrent un symbole sous la forme d'une croix. On a vu, page 84 de cet ouvrage, qu'il existait, sous un des palais de Mitla, une galerie souterraine en forme de croix. On la retrouve parmi les ruines de Palenqué. Palacio vit à Copan une croix avec un de

cercle, l'arbre sacré, les figures ailées, humaines
ou autres, si fréquentes en Babylonie, en Phénicie
et en Egypte, n'étaient pas inconnus aux peuples
bâtisseurs de l'Amérique et les ressemblances qui
existent entre les uns et les autres sont trop frappantes pour admettre la théorie d'un développement
parellèle. Ces symboles semblent tous exprimer une
pensée fondamentale commune, et ils sont ici d'un
appoint ethnographique considérable, car ils ne sont
pas de ces modes que le hasard seul fait retrouver
chez des nations éloignées les unes des autres.

Il en est de l'existence de ces symboles comme
de celle du calendrier. Stephens avait déjà remar-
qué que les populations du Yucatan et du Mexique,
quoique parlant des langues différentes, faisaient
usage d'un calendrier à peu près semblable. « Je
considère ce fait, dit-il, comme extrêmement intéressant et important, car ceci n'est pas une identité

---

ses bras brisés.   Garcilaso de la Vega en vit une autre à Cuzco.
En Egypte, elle est représentée dans les hiéroglyphes de l'Ancien Empire.   En Phénicie, les ruines du temple du Gigantica
en reproduisent la figure.   On la voit auprès de Baal et d'Astarté.   Elle est gravée sur les cylindres babyloniens.   Les souterrains d'Elephanta et autres de l'Asie antérieure en retracent
l'image.   Elle semble apparaître, enfin, comme un signe de la
race dans les contrées peuplées par les Chamites ou qui subirent
leur influence.   En ce qui concerne notre continent, la « croix
était regardée, d'agrès le marquis de Nadaillac, comme le
symbole de la *puissance créatrice et fertilisante* de la nature, et
sur plusieurs points on l'honorait par des sacrifices de cailles,
d'encens et d'eau lustrale.»

d'habitudes résultant d'instincts naturels ou de conditions similaires. Un calendrier est une œuvre de science, fondée sur des calculs, des signes convenus et des symboles, et la ressemblance démontre que les deux peuples ont reconnu les mêmes points de départ, ont attaché la même signification aux mêmes phénomènes et aux mêmes objets, laquelle signification a été parfois arbitraire et non pas telle qu'elle se présenterait d'elle-même à l'esprit de personnes incultes. Elle indique des sources communes de savoir et de méthodes de raisonnement, un culte et des institutions religieuses semblables, en un mot, c'est un anneau d'une chaîne de témoignages tendant à prouver une commune origine chez les aborigènes du Yucatan et du Mexique [1].» Or, on a dit également que le calendrier des Mayas présente à la fois les principes du calendrier égyptien et ceux des calendriers asiatiques. Il est donc, lui aussi, un anneau dans la chaîne des témoignages qui tendent à prouver l'origine commune de tous ces peuples.

Donc, toutes ces choses considérées, je me rends compte et je sais maintenant pourquoi les antiquités du Mexique, de l'Amérique centrale et du Pérou nous montrent un mode d'architecture, un système de culture, une organisation sociale, des croyances et des symboles religieux, une infinité de coutumes

---

1. *Incidents of Travel in Yucatan*, vol. II, p. 120.

et de traditions semblables à ceux que nous trouvons dans tous les lieux primitivement habités
par les Kouschites et que nous savons n'avoir été
particuliers qu'à eux seuls; et puisque ce qui est
un dans tous n'est pas inventé, mais transmis,
suivant une pensée de Tertullien, et que les mots
se définissent par l'analyse exacte des faits, je dis,
avec un historien de l'Inde antique [1] :

« A l'époque où la race aventureuse des Kouschites était à l'apogée de sa gloire, c'était une des
ambitions de cette race entreprenante d'élever des
édifices aux dimensions énormes, de creuser de
longues galeries souterraines dans le roc vif, de
construire de vastes réservoirs, d'ériger, au-dessus
des vallées, entre les montagnes adjacentes, des
arches pour les ponts et les aqueducs [2]. C'est cette
race qui a bâti la tour de Bélus et érigé les pyramides d'Egypte; c'est cette race qui a ouvert les
grottes voisines du Nil et taillé les temples de Sal-

---

1. MAURICE, *Ancient History of Hindoustan.*

2. Au Pérou dans l'Amérique centrale et au Mexique, les
rivières étaient franchies au moyen de ponts. Parmi ces ponts
il y en avait de construits en pierre. Clavigero, qui parcourut
tout le Mexique, au dix-huitième siècle, dit avoir vu encore
debout sur plusieurs points les piles massives destinées à les
soutenir. D'autres étaient formés à l'aide des végétaux flot-
tants sur l'eau et fixés, pour les consolider, à des arbres. On a
trouvé des ponts de ce genre sur le cours supérieur de l'Indus.

cette et d'Elephanta. Son habileté dans les arts mécaniques est encore aujourd'hui un sujet d'étonnement, incapables que nous sommes de comprendre par quels moyens des pierres de trente, quarante et même de soixante pieds de longueur sur douze à vingt pieds de largeur (et d'épaisseur) ont pu être transportées à l'extraordinaire degré d'élévation où nous les voyons dans les temples en ruines de Balbec et de Thèbes. Celles qui entrent dans la construction des pagodes de l'Inde leur sont presque égales en grandeur et en hauteur», et je conclus, en ajoutant : Ce sont des peuples d'origine kouschite qui, à diverses époques de leur existence, ont construit les monuments d'Ongkor, dans le Cambodge, Boeroe-Boedor et autres anciens temples de Java, et à qui il faut aussi attribuer les ruines préhistoriques de la Polynésie ; ce sont des peuples de même race qui, dans leur migration vers l'Ouest, ont atteint notre continent bien des siècles avant l'ère chrétienne, apportant avec eux les éléments d'une civilisation qui s'est répandue sur une grande partie de l'Amérique précolombienne. Des hommes de cette race seraient ainsi les auteurs de cette civilisation américaine qui, bien qu'affaiblie, subsistait encore au Pérou, dans l'Amérique centrale, le Yucatan et le Mexique, au début du XVIe siècle, à l'arrivée des Espagnols. C'est également à ces premiers civilisateurs, ou à d'autres immigrants de même sang, que je fais remonter, sinon l'origine, du moins la civilisation des Mound-Builders et des quelques milliers d'Indiens pueblos d'aujourd'hui, qui se rappellent encore leurs palais et leur splendeur d'autrefois, à l'époque où la race était « aussi nombreuse que les fourmis.»

Cette marche du peuple constructeur me paraît naturelle, je dirai même démontrée par le type caractéristique de ses monuments et de ses travaux hydrauliques, trop ressemblants et trop nombreux pour être l'effet d'une similitude fortuite [1].

Elle est aussi en conformité des traditions de ces mêmes Indiens civilisés qui font venir leurs ancêtres de l'Orient, par mer, à une époque préhistorique ; sans ces communications entre les deux continents, ces traditions n'auraient pas leur raison d'être [2].

---

1. Nous ne prétendons pas que les peuples civilisés de l'ancienne Amérique, au moment de sa découverte par les Européens étaient les descendants directs des Kouschites. Ceux-ci ne furent ni les premiers et encore moins les uniques habitants du Nouveau-Monde ; mais, lorsqu'ils abordèrent notre continent, à une époque assurément très reculée, ils possédaient les éléments d'une civilisation et d'un progrès matériel avancés. Supérieurs aux indigènes, ils répandirent leurs précoces lumières au milieu des autochtones auxquels ils se mêlèrent et avec lesquels ils finirent par se confondre.

2. C'est ce qui ressort pleinement du discours tenu par Montezuma aux Espagnols assemblés dans son palais, discours traduit par Dona Marina et rapporté par Cortez lui même dans sa seconde lettre à Charles-Quint, en date du 30 octobre 1520:

« Depuis longtemps et au moyen des traditions conservées par l'écriture, dit-il, nous tenons de nos ancêtres le fait que ni moi ni aucun de ceux qui vivent en ce pays en sont les habitants originaires. Nous sommes des étrangers, venus ici de régions bien éloignées. Nous savons que notre race fut conduite en la terre que nous habitons maintenant par un chef dont nous étions les sujets et à qui nous devions obéissance...» L'histoire ajoute que les immigrants marièrent des femmes aborigènes, eurent de nombreuses familles et bâtirent des villes puis, finalement, refusèrent d'accompagner leur chef qui retourna au pays natal, mais déclara qu'il reviendrait pour les réduire à la soumission.

L'objet de la harangue de Montezuma à Cortez, ainsi que de celle que, subséquemment, il prononça devant les chefs aztèques, avait pour but de faire comprendre à ceux-ci que l'empereur des Espagnols était le descendant de ce chef attendu, et qu'il valait mieux, dans les circonstances, le reconnaître pour leur souverain légitime et se soumettre à ses envoyés (Cortez et ses compa-gnons.)

L'authenticité du discours transmis par Cortez à Charles-Quint est prouvé par le récit qu'a laissé Sahagun d'une réunion des plus anciens et des plus instruits des habitants de Texcoco, qui lui dictèrent, en langue nahuatl, tout ce qu'ils savaient de leur histoire et de leurs traditions. Sahagun lui-même a donné en espagnol une traduction abrégée de ce qui s'était dit à cette assemblée. Quant au texte original nahua, il est conservé à la bibliothèque Laurentienne de Florence. Cette version sur l'origine des sujets de Montezuma, dictée à loisir et volontairement par les anciens de Texcoco, qui sans aucun doute ignoraient le contenu de la lettre de Cortez à Charles-Quint, est conforme en substance à la relation du conquérant du Mexique. Dans le texte nahua de Sahagun, on attribue à ces premiers immigrants l'invention du calendrier et l'institution de la forme du gouvernement encore en usage au temps de la Conquête, de même que l'érection des grandes pyramides dont il ne reste plus que les ruines, c'est-à-dire que ces premiers immigrants, disons-le encore une fois, étaient des immigrants civilisés, instruits, connaissant l'écriture et les arts mécaniques.

Sahagun nous a encore conservé le texte du discours de bienvenue prononcé par Montezuma devant tout le peuple assem-
blé, à l'arrivée des Espagnols.   Ce discours, remarquable par la
beauté du langage et la dignité de l'expression, fut encore
dicté au célèbre historien par les vieux Texcocans.   Ces divers
textes sont conformes les uns aux autres, et nous font parfaitement comprendre que la conduite du cacique mexicain envers
les Espagnols eut pour cause une tradition historique bien
connue et transmise par ses ancêtres. (*Some unsolved Problems
in Mexican Archeology*, par Zelia Nuttall, dans l'*American
Anthropologist* (N. S.), vol. I, janvier-mars 1906.)

Nous avons donc, à l'appui de notre thèse touchant l'origine
de la civilisation de l'Amérique précolombienne, une preuve
écrite à ajouter à celles déjà données dans les pages qui précèdent, et si l'on tient compte du fait que l'orientalisme nous
démontre qu'aucune civilisation n'a jamais pris naissance et ne
s'est jamais développée en un endroit quelconque du globe
sans une influence extérieure, je n'hésite pas à reconnaître,
avec Sr Alfredo Chavero, cet éminent américaniste que la mort
vient d'enlever à la science, que la civilisation de la vieille
Amérique est une civilisation transmise et non autochtone,
comme le pense M. Eduard Seler.

Celui qui, pour la première fois, entend parler des ruines préhistoriques jonchant le sol du Mexique, de l'Amérique centrale et du Pérou, s'étonne de ce que de telles antiquités puissent se trouver sur notre continent. Lorsqu'on lui décrit les villes qui existaient autrefois dans ces régions, villes remplies de temples, de palais, d'édifices extraordinaires par leur architecture, par leur masse, les inscriptions et ornementations dont ils étaient couverts, monuments qui attestent la puissance, la richesse et la civilisation relativement avancée des peuples qui les érigèrent, invariablement il nous pose la question suivante : « Mais, que sont donc devenues ces races civilisées ? Elles n'ont pas dû disparaître sans laisser de descendants. Les Indiens que les Espagnols rencontrèrent dans ces mêmes parties de l'Amérique ne semblent pas avoir été alors en possession d'une civilisation très développée ; la facilité avec laquelle ils furent conquis ne nous donne qu'une idée médiocre de leur industrie et de leurs moyens de résistance ; enfin, les auteurs du temps de la conquête nous disent peu de choses du passé de ces mêmes Indiens. »

Tel est à peu près le langage que nous tient celui dont les connaissances en fait d'histoire sur l'ancienne Amérique se bornent généralement à savoir que lorsque les Européens pénétrèrent pour la première fois dans le Mexique, ils y trouvèrent un peuple appelé les Aztèques, gouverné par un empereur du nom de Montezuma, qu'ils détrônèrent.

D'abord les circonstances extraordinairement heureuses qui favorisèrent les Espagnols dans leur conquête du Mexique et du Pérou, si on voulait les raconter ici, fourniraient la matière d'un long chapitre. Quant aux écrivains espagnols des premiers temps de la conquête, la vue des villes étranges, habitées ou désertes, que le pays renfermait alors, les remplit d'admiration, et le degré de civilisation dans lequel ils trouvèrent les populations indigènes ne les étonne pas moins Il n'y a point à en douter : ces mêmes populations étaient, sinon les desceudants directs des premiers colons civilisés, du moins les héritiers de leur civilisation. Seulement, au XVe siècle, ils n'offraient plus que le spectacle de péuples en décadence. Si on bâtissait encore, les édifices qu'on élevait étaient bien inférieurs à ceux des races antérieures. De fait, en Amérique, les plus beaux monuments architectoniques sont les plus anciens : ce qui ne serait pas, si, aux âges préhistoriques, la civilisation avait été en progressant. En 1539, les Espagnols pénètrent chez les *pueblos* du Nouveau-Mexique et constatent que les poteries fabriquées par les races indiennes occupant alors ces contrées, étaient inférieures, sous le rapport de la délicatesse des procédés, aux spécimens d'une fabrication indigène beaucoup plus ancienne. Il est historiquement certain que les Chichimèques et les Aztèques ne possédaient point une civilisation comparable à celle des Toltèques, qui occupaient avant eux le plateau de l'Anahuac [1].

Les causes de cette décadence sont faciles à indiquer.

D'abord la race civilisée émigrée en Amérique a subi, dans le cours des siècles, la loi inévitable et universelle qui veut que chaque peuple, comme tout individu, ait son aurore, son plein soleil et son déclin. C'est la loi de tout ce qui a vie dans la nature, et notre terre elle-même n'y échappera pas. Les civilisations de l'Inde, de la Chaldée, de la Perse, de l'Arabie méridionale, de l'Egypte, ont disparu l'une après l'autre. Tyr et Carthage ne

---

1. « The Aztecs seem to have been the last offspring or heirs of an extremely ancient and admirable civilization, *which it had no share in creating or developing and only imperfectly assimilated.* In its hands the ancient culture was rapidly deteriorating and becoming mixed with barbaric elements. »—Prof. Theodor W*aitz*. Traduit de l'allemand, *Anthropologie des Naturvolker*, Leipzig, 1864, part IV. p. 129.

sont plus que de grands noms, Babylone et Ninive,
que de vastes solitudes [1]. « Est-ce donc là, ô néant
des choses humaines, la destinée ultime des villes
et des empires? s'écrie un voyageur en présence des
ruines des constructions gigantesques d'Anaradjapura.   Que reste-t-il de la cité géante dont les murs
mesuraient cent kilomètres de circuit? Un nom
sonore, et quelques monuments rongés, pendant un
nombre incalculable d'années, par la force imper-
ceptible, mais continue, de la végétation équato-
riale.   Elle brilla d'une splendeur inouïe, mais sa
gloire s'est dissipée comme un songe.   Un jour elle
fut anéantie, nul ne sait comment ni en quelle
année.   Parmi les habitants qui se pressaient dans
son enceinte immense et dont le sort est resté à
jamais inconnu, nul n'a dit comment la ville et le
peuple qui la fonda s'endormirent sous l'aile de la
mort et disparurent de la face de la terre.   Nos
grandes cités modernes sont-elles destinées à dispa-
raitre de même sans laisser de traces? Nous qui
nous vantons d'être à l'apogée de la civilisation,
serions-nous, en effet, des peuples chétifs et impuis-
sants ? Comment en pourrait-on douter si l'on songe

----

1. On prétend même que la précocité de cette civilisation
aurait été une des causes de son arrêt de développement, trop
de hâte dans l'effort ayant toujours entraîné une plus rapide
lassitude. (Gaëtan Delaunay. *Mémoire sur l'Infériorité des
Civilisations précoces.*)

qu'en comparaison de l'ancienne capitale de Ceylan
nos Babylones modernes ne sont que des villages?
Quelle déprimante mélancolie, quel immense découragement inspirent ces monuments des civilisations
éteintes! A quoi servent les plus gigantesques
efforts humains, s'ils doivent fatalement aboutir à
l'oubli? Et combien vaines les gloires de ce monde
s'il n'y a la compensation d'une autre immortalité[1]!»

« Quand on compare les pauvres mosquées que
construisent aujourd'hui les Javanais aux majestueux monuments qu'édifièrent leurs ancêtres, on
reste confondu de la profondeur de la déchéance.
Les Javanais ont perdu l'art de ces admirables
bâtisseurs de Boeroe-Boedor et des Mille Temples;
ils ne savent plus faire des arches, des coupoles, des
voûtes [2].» On peut en dire autant des Cambodgiens
actuels comparés aux artistes merveilleux, auteurs
des monuments d'Ongkor.

Les émigrés civilisés du Nouveau-Monde n'ont
fait que subir la même évolution dans leur vie
nationale, d'autant plus que, arrivés en Amérique,
ils furent privés de tout contact ou du moins de
relations suivies, on a raison de le croire, avec la
mère patrie. Cette privation de communications,
ce manque d'échanges intellectuels avec leurs con-

---

1. Jules LECLERCQ, *Un Séjour dans l'île de Ceylan*, Paris,
1900.

2. *Idem.*

19

génères asiatiques, l'influence qu'ils subirent du
voisinage des peuplades sauvages qui habitaient
déjà le continent, eurent pour premier effet d'altérer
chez eux leurs qualités natives et d'immobiliser un
état de civilisation qui, favorisé par de meilleures
circonstances, aurait pu autrement se développer.
Le docteur Yvon a visité, dans les forêts de Malacca,
des villages entiers de colons espagnols qui, grâce à
la difficulté des communications avec leurs compatriotes, en sont venus à être presque aussi sauvages
que les populations nègres dont ils se trouvent
environnés.

Et puis, on le sait :

Des climats différents la nature est diverse,

et l'homme subit l'influence du milieu où il se trouve,
au point d'amener avec le temps des ressemblances
de types chez des individus ou des races qui présentaient des contrastes originaires bien déterminés.
Aussi, de nouvelles conditions atmosphériques, des
modifications dans le régime de l'alimentation, etc.,
créèrent en Amérique un milieu qui accentua, tant
au physique qu'au moral, chez les descendants de
ces premiers émigrés civilisés, les différences qui,
au XVe siècle, les distinguaient des Asiatiques.
« Nos natifs de l'Espagne, dit Sahagun, s'ils n'y
prennent garde, deviennent tout autres peu d'années
après leur arrivée dans le pays, et j'ai toujours pensé

que cela est le résultat du climat et de la latitude.»
On constate aujourd'hui que les descendants des
Espagnols qui se sont établis, il a trois ou quatre
siècles, sur les plateaux de la Colombie et du
Mexique, et qui ne se sont jamais mélangés avec les
races aborigènes, diffèrent singulièrement de leurs
frères de race castillane, par les dimensions du
buste [1].

Mais c'est surtout dans les institutions sociales et
religieuses des Kouschites, tant de l'Asie, de l'Afrique que de l'Amérique, qu'il faut chercher l'explication de leur décadence et de la facilité avec
laquelle, malgré leur outillage industriel très développé, leurs villes fortifiées et leur supériorité numé-
rique, ils furent vaincus par les Sémites et les
Aryas.

Toutes ces races se montrent à nous, dès l'aurore
des temps, en possession d'une civilisation avancée,
mais d'une civilisation essentiellement matérielle.
Dépravées dans leurs habitudes, cruelles par nature,
leur religion, qui reposait sur la superstition et le
fanatisme, au lieu de tendre à adoucir les mœurs et
à exciter le courage, n'était propre qu'à inspirer la
crainte, à avilir le cœur. Elles se faisaient de l'Être
Suprême l'idée d'une divinité implacable qui ne se
plaisait qu'à tourmenter l'humanité et à se repaître
de son sang. C'était pour se rendre le ciel propice

---

1. E. RECLUS, *L'Homme et la Terre*, t. I, p. 73.

qu'on s'infligeait d'atroces mutilations, c'était pour apaiser le courroux des Baals et des Molochs du temps qu'on immolait de nombreuses victimes humaines, qu'on sacrifiait de jeunes vierges et des enfants, culte barbare soigneusement entretenu par un clergé puissant, qui ne songeait qu'à régner par la terreur sur les masses ignorantes.

« Le sacerdoce babylonien a toujours eu une grande puissance ; les prêtres sont les intermédiaires entre les dieux et les hommes, les maîtres de la science et les gardiens de la littérature sacrée ; ils ont le monopole des rites mystérieux de la magie ; aussi leur puissance, au cours des siècles, a-t-elle plutôt crû que diminué. Ils forment dans chaque ville une caste fermée, d'autant plus que le sacerdoce était héréditaire [1]. » En Amérique, chaque temple était desservi par un corps complet de prêtres, dont la juridiction se limitait au territoire pour lequel l'édifice avait été construit. Ces prêtres logeaient dans un monastère servant d'annexe à chacun de ces temples. A Mitla, la ville sainte des Zapotèques, le grand pontife, qui se nommait Huiyatoo, « la grande sentinelle, celui qui voit tout », était absolu, supérieur au roi, *qui le craignait et le respectait ;* les gens du peuple ne pouvaient voir sa figure sans tomber morts pour prix de leur audace.

---

1. P.-D CHANTEPIE de la SAUSSAYE, *Histoire des Religions*, p. 154.

Seul médiateur entre les hommes et les dieux, il était aussi le seul dispensateur des grâces et des bénéfices [1].

Telle a été, dans l'ordre des faits particuliers, la première cause de la décadence des Kouschites de l'Inde, des Chaldéens, des Assyriens, qui s'étaient assimilé leur civilisation, des Phéniciens, des Egyptiens et des Indiens civilisés du Nouvean-Monde.

A cette première cause de décadence, il faut en joindre une autre, non moins funeste, celle de la division de la société en castes, propre qu'aux familles d'origine kouschite, nous disent les orientalistes, que l'on sait avoir été spéciale aux habitants civilisés de l'Amérique, et qui fut aggravée dans ses effets par le despotisme le plus absolu du chef de l'État, placé à une distance incommensurable au-dessus de ses sujets, disposant à son gré de leurs biens, de leur personne et de leur existence. Le système des castes « si radicalement opposé à la doctrine de la charité, qui tomba de la Croix pour se répandre sur la terre » détruit chez l'homme le noble instinct qui le porte à s'améliorer en s'élevant. C'est l'immobilité érigée en principe ; ce système exclut tout progrès et livre les masses au mépris. Dans cet état social nulle ambition n'est possible, nulle faculté exceptionnelle ne peut être utilisée ; l'existence est uniforme, réglée d'avance, divisée en

---

1. Burgoa, *Description géographique*, ch. LVIII.

compartiments où naissent, vivent et meurent des groupes entiers d'individus sans espoir de ne pouvoir jamais en sortir. Tel a été, dès l'origine, l'organisme social des Egyptiens, des Sabéens et des peuples de l'Asie sud-orientale ; les Aryas l'empruntèrent aux Kouschites de l'Inde où il a persisté dans toute sa rigueur jusqu'à nos jours, ce qui explique comment près de trois cent millions d'individus subissent aujourd'hui, avec la résignation du destin, la domination étrangère représentée par quelques milliers d'hommes, mais chez qui un tel régime n'a point détruit l'individualité.

En Amérique, les sciences, les lettres, les arts, l'astronomie, les mathématiques, l'art de la guerre, la peinture, la sculpture, l'architecture, étaient cultivés, mais seulement par la noblesse et le clergé, les deux castes privilégiées : elles avaient le monopole de toutes les fonctions importantes, ne payaient point d'impôts, vivaient du produit des terres cultivées par des familles attachées à la propriété, habitaient des palais et jouissaient seules du privilège de porter de riches vêtements. Les terres étaient en commun et l'Indien cultivait celle qui lui était assignée. Toutes les charges et les corvées, en un mot, retombaient sur les classes inférieures, qui peinaient pour subvenir, non à leurs besoins, mais à ceux des grands.

« Elles ne pouvaient, dit P. Dabry de Thiersant,

posséder ni terres, ni rien qui pût être considéré comme objet de luxe ; elles n'avaient pas la liberté de s'habiller, de se chausser, de boire, de manger suivant leurs goûts, ni d'habiter une demeure de leur choix. Des lois draconiennes punissaient toute infraction à cet égard, et nul ne pouvait échapper à l'œil inquisiteur de la police qui devait pénétrer dans les moindres détails de la vie privée. Sous prétexte que la paresse est une mauvaise conseillère, on les écrasait de corvées publiques et, pendant qu'on les obligeait à vivre dans des masures, on leur faisait bâtir des palais et des temples aussi gigantesques que les monuments des Pharaons et, au besoin, on les faisait servir de bêtes de somme. Mais ce qui était plus dur pour ces pauvres déshé-rités, c'est qu'ils ne pouvaient même pas nourrir l'espoir d'améliorer un jour leur position. Tous étaient parqués dans leur métier ou profession héré-ditaire. En outre, pour étouffer en eux tout désir, toute ambition, les lettres et les sciences leur étaient fermées, pendant que le clergé, par la super-stition, terrifiait leur pensée [1].»

---

[1]. Les masses, cependant, tout en étant assujetties aux tra-vaux pénibles, incapables de rien posséder en propre, pou-vaient toujours compter sur le lendemain assuré. L'Etat, par de sages mesures de prévoyance, veillait à prévenir la misère publique. Il connaissait, par l'intermédiaire d'officiers préposés à cette fin, les besoins des familles et venait en aide, au moyen de caisses de secours formées à même les revenus des impôts,

L'historien moderne, Aligio Ancona nous fait de l'organisation maya avant la conquête, un tableau désolant :

« Un ou plusieurs princes gouvernant en maîtres absolus ; prêtres exerçant un pouvoir omnipotent sur les consciences ; nobles monopolisant les emplois publics, et l'immense majorité de la nation divisée en deux castes, plébéiens sur qui pesaient toutes les charges pour le maintien des classes privilégiées, esclaves sur qui le maître exerçait le pouvoir le plus tyrannique [1]. »

Ainsi, le régime social qui, en Orient, tenait le peuple dans la plus absolue des servitudes, régnait aussi en Amérique.

« En examinant de près les ruines de ces monuments gigantesques et surprenants que vous avez reconstitués, le temple du Soleil de Cuzco, par exemple, on constate le même art, la même pensée de despotisme, la même sujétion de servitude humaine qu'on retrouve en Egypte et dans l'Inde [2]. »

---

aux malades, aux vieillards, aux orphelins et aux veuves. Chaque centre important de population renfermait des magasins publics qui s'ouvraient en temps de disette.

1. *Hist. de Yucatan.*

2. M. Edmond LEPELLETIER, discours de réception aux membres du Congrès international des Américanistes, Paris, session de 1900, p. XXVIII.

« Les vies d'hommes ne comptaient pas plus autour des lacs mexicains que dans la vallée du Nil
quand il s'agissait de satisfaire à l'ambition des
prêtres en élevant de prodigieuses bâtisses [1].»

Les temples d'Ellora, d'Ongkor-Thom, de Boeroe-
Boedor, d'Anaradjapura, doivent leur existence à
l'esclavage et.à la corvée. « Il y a, dit Jules Leclercq,
dans les parties reculées de l'île de Ceylan, des
ouvrages aussi gigantesques que les pyramides
d'Egypte, et, pour les édifier, il a fallu des millions
de bras. Ils représentent l'effort et la sueur de tout
un peuple courbé, comme autrefois les sujets des
Pharaons, sous le joug qui faisait de l'homme un
esclave et un corvéable.»

Or tous ces monuments, on l'a déjà vu dans les
pages qui précèdent, ont leurs pendants dans la
région autrefois habitée par les Mound-Builders,
comme dans celles du Mexique, du Yucatan, de
l'Amérique centrale et méridionale; ils ont surgi
dans des conditions identiques, et les uns et les
autres attestent la misère des peuples sacrifiés
pour leur érection. On comprend maintenant
comment une poignée d'étrangers, dont certaines
prophéties semblaient annoncer l'arrivée, étrangers
armés de tout ce qui était de nature à jeter l'épouvante parmi ces populations timides et apathiques,

---

1. E. RECLUS, *Géographie universelle*. t. XVII, p. 103.

eurent si facilement raison des races qu'ils rencontrèrent et chez lesquelles le régime déprimant du
despotisme théocratique et civil avait éteint l'amour
de la patrie et de l'indépendance, l'esprit d'ambition
et d'initiative personnelle. Les Péruviens ne connaissaient que la volonté du souverain, laquelle
était illimitée. L'Inca avait de nombreux soldats,
bien disciplinés ; il suffit pourtant à quelques Espagnols, véritables brigands, mais d'une autre trempe
que les humbles Qquichuas, de se présenter : « Pizarro, saisissant l'Inca par sa robe brodée, l'arracha
de son dais, et soudain s'écroula l'empire [1]. » Les
Mayas du Yucatan, sous la conduite de leurs caciques, se battirent cependant vaillamment, et ne
furent vaincus que par la supériorité des armes des
envahisseurs.

La destruction des empires du Mexique et du
Pérou causa, naturellement, une perturbation profonde dans l'organisation de tous ces peuples, com-
motion ressentie jusqu'aux provinces les plus éloignées, et suivie de découragement et d'une paralysie
morale qui dut influer, suivant la remarque d'un
auteur, et d'une façon radicale, sur la fécondité de
la race. Nous sommes pourtant forcé d'avouer que
le régime néfaste des castes, régime de servitude,
était encore préférable pour ces pauvres Indiens

---

1. E. RECLUS.

civilisés mais dégénérés, à celui qui suivit les temps immédiats de la conquête.

Le premier soin des *conquistadores*, et non le gouvernement de l'Espagne, disons-le à son honneur, fut d'étouffer ce qui restait de lumière chez la population indigène et de la réduire à l'ignorance complète. Les caciques, les nobles et les prêtres, c'est-à-dire les éléments intellectuels, qui avaient survécu aux guerres de l'invasion, furent pourchassés, réduits à l'esclavage ou exterminés sans pitié. On rassembla et on livra aux flammes tous les manuscrits et les peintures hiéroglyphiques des indigènes. On accabla ceux-ci de corvées excessives, d'impôts écrasants ; on les condamna à l'exploitation des mines où la plupart moururent dans les supplices ou d'épuisement. Quand un fils naissait à l'Indien, le père l'accueillait par ces tristes paroles : « Tu viens sur la terre pour souffrir ! Souffre donc, mon enfant [1], » et la race allait s'amoindrissant physiquement de génération en génération.

Les Espagnols pillèrent ou détruisirent nombre de villes, de monuments, temples et palais. A Mexico, toutes les maisons des indigènes furent rasées. Les différentes industries et les œuvres d'art dont s'occupaient ces anciens Américains policés disparurent si promptement, qu'on a peine à se figurer aujourd'hui qu'elles aient jamais existé.

---

[1]. Adolf BASTIEN, *Mexico*.

L'agriculture périssait. Au Mexique, villes et
campagnes se dépeuplaient avec une telle rapidité,
qu'à la fin, Las Casas, indigné de la conduite barbare de ses compatriotes, s'adressa à Charles-Quint
pour empêcher l'annihilation entière de tout un
peuple. Dès cette époque, les indigènes des Antilles
achevaient de disparaître sous le coup des massacres
et de l'oppression ; il a fallu depuis repeupler ces
îles par des esclaves africains.

Outre les mauvais traitements, les brutalités de
chaque jour et les pénibles travaux des mines et
des plantations, il y eut des épidémies qui déci-
mèrent des provinces entières [1].

Ainsi finit cette vieille et étonnante civilisation.
Des Indiens qui survécurent à ces jours de deuils
et de souffrances, les uns sont retournés à l'état
sauvage, tandis que les autres n'ont cessé de traîner

---

1. 1° La petite vérole de 1521, que les Indiens appelaient
huey-zahuatl, la grande lèpre ; la moitié des Indiens en moururent ;

2° La rougeole (*sarampion*) en 1531, qu'ils appelaient *tepiton-
zahuatl*, la petite lèpre, qui causa une grande mortalité ;

3° Les bubas-bubons ;

4° Le flux de sang en 1545 ; à Tlaxcala et à Cholula seulement, il mourut 250,000 Indiens ;

5° Enfin, diverses épidémies, en 1564, 1576, 1588, 1595, qui
enlevèrent plus de 3,000,000 d'Indiens. Les mêmes maladies
agirent dans le Tabasco et le Yucatan et avec plus de rigueur.
(Désiré CHARNAY, *Les Anciennes Villes du Nouveau-Monde*,
1885, p. 176.)

une existence misérable, oubliant, comme les peuplades décadentes de la Polynésie, leur passé,
perdant, avec leurs mœurs, leurs coutumes, la tradition d'une foule d'arts que leurs ancêtres cultivaient autrefois.

Un exemple, cité par Stephens, suffit pour démontrer les effets funestes de l'occupation espa-
gnole.

« Avant la destruction de Mayapan, capitale du
royaume des Mayas, dit-il, tous les nobles du pays
avaient leurs maisons dans la ville et étaient
exemptés d'impôts. D'après le témoignage qui
sert d'autorité à Cogolludo[1], en l'année 1582, c'est-à-
dire quarante ans après la conquête, tous ceux qui
se réclamaient de la noblesse montraient encore
l'emplacement même de leurs demeures pour justifier de leur rang, mais, « maintenant, dit ce vieil
« auteur, par suite du changement de gouvernement
« et le peu d'estime que l'on fait d'eux, ils ne
« semblent pas tenir à transmettre leurs titres de
« noblesse à leur postérité, car aujourd'hui, si les
« descendants de Tutul Xiu, qui était le roi et le
« chef naturel en vertu de la loi du pays de Maya,

---

1. Cogolludo (Diego), franciscain, auteur espagnol, écrivait
vers le milieu du XVIIe siècle. Devenu provincial de son
ordre au Yucatan, il fit de sérieuses études des antiquités de ce
pays, et composa une bonne *Historia de Yucathan*, publiée par
Fr. de Ayeta, à Madrid, en 1688.

« ne s'occupent pas en personne de travaux manuels,
« ils n'ont rien à manger. »   « Et, ajoute Stephens, si,
dès les temps si rapprochés de la conquête, les
nobles ne tenaient plus à leurs titres, et si les descendants de la maison princière n'avaient rien à
manger que ce qu'ils pouvaient gagner de leurs
mains, il n'est pas étonnant que les habitants
actuels du Yucatan, après neuf générations, privés
d'une langue écrite, asservis par trois siècles d'esclavage, peinant chaque jour pour une maigre
subsistance, ignorent leur histoire et soient indiffé-
rents à tout ce qui se rapporte à leurs ancêtres, de
même qu'aux grandes cités en ruines qui sont sous
leurs yeux.   Leur condition présente n'est que la
conséquence naturelle et inévitable de la politique
barbare qui a détruit toutes les sources de connaissances anciennes, et coupé dans sa racine toutes les
traditions du passé [1]. »

Sans traiter précisément ce sujet, le célèbre
explorateur que nous venons de citer, se trouve à
peindre dans ses incidents de voyages à travers le
Yucatan, un tableau qui a ici sa place :

. « En arrivant au village de Macoba, dit-il, nous
aperçumes à travers la forêt, en gravissant une
colline, les « vieux murs » des édifices des anciens

---

1. *Incidents of Traval in Yucatan*, vol. II, p. 214 et 215.

habitants. Cet endroit était un des plus déserts de tous ceux que nous avions encore rencontrés; les arbres y étaient d'une belle venue, et ce n'est pas sans éprouver une certaine émotion que nous approchâmes de ce centre habité, car nous avions entendu dire que l'ancienne ville était repeuplée et que les Indiens avaient repris possession de ses édifices. Le jour commençait à baisser; les Indiens étaient revenus de leur travail; la fumée s'échappait des ruines, dont les sommets, entrevus à travers les arbres, semblaient animés par la présence d'une nombreuse population; mais, en arrivant sur les lieux, une pénible déception nous fit presque rebrousser chemin. Il me sembla voir les malheureux Arabes du Nil fourmiller autour des temples en ruines de Thèbes, lamentable contraste de la misère présente avec la magnificence du passé. Des feuilles et des branches servaient à boucher les portes des édifices. Les flocons de fumée que renvoyaient les ouvertures avaient noirci les décorations sculptées des façades, partout, enfin, régnaient le désordre et la malpropreté particulière aux Indiens. Ceux-ci nous regardaient passer avec étonnement; les femmes, effrayées, saisissant leurs enfants qui jetaient des cris de terreur, se sauvaient.»

Disons, pour terminer ce triste chapitre, que depuis un siècle, au Mexique du moins, le sort des anciens possesseurs du sol a été beaucoup amélioré.

Depuis plus de trente ans, écrit quelqu'un qui a
vécu pendant plusieurs années au milieu d'eux, ces
vaincus semblent se réveiller de leur longue apathie
et retrouver leurs facultés natives. Ils cultivent les
lettres, les sciences, les arts. Peu à peu, ils euva-
hissent tous les postes, deviennent présidents, ingénieurs, médecins, peintres, sculpteurs. Phénomène
singulier, ils commencent, ajoute-t-on, à dominer
moralement la société qui les a si longtemps repous-
sés et n'a guère su que les opprimer. Le même phénomène se reproduit dans la péninsule yucatèque,
grâce aux écoles, qui n'existaient pas à l'époque où
Stephens écrivait, mais qui ont été fondées depuis.
Les aborigènes, décimés durant les guerres de la
conquête, avaient presque fini par disparaître ; ils
reprirent vie cependant, à tel point qu'aujourd'hui
ce sont les conquérants qui sont les vaincus. La
langue maya est d'un usage général. A Mérida
même, capitale du Yucatan, on est tenu d'apprendre
la langue des anciens habitants du pays, car ceux-
ci, quoique connaissant l'espagnol, refusent souvent,
paraît-il, de le parler. L'instruction est assez répandue au Yucatan, beaucoup plus que dans les républiques de l'Amérique centrale, où la race indigène
n'est plus que l'ombre de ce qu'elle était autrefois.
Là aussi, la race se referait si on voulait l'instruire,
lui donner des écoles propres à lui inculquer l'esprit
de progrès et d'initiative personnelle, chercher enfin
à en faire un peuple sobre, prévoyant et ambitieux

d'amélioration. Carrera, illettré, fils d'Indiens, président de la République du Guatemala en 1844, qu'il gouverna, mais despotiquement, pendant vingt-six ans, aurait pu faire un homme d'État de premier ordre et rendre de grands services à son pays, si seulement il avait reçu le bienfait de l'instruction et d'une saine éducation.

———

II

ANTIQUITÉ DES RUINES AMÉRICAINES

Il serait du plus vif intérêt de connaître l'époque du débarquement en Amérique de la race des grands bâtisseurs. Ce dut être un jour mémorable pour ces vieux Kouschites que celui où ils abordèrent ce continent, jour dont l'étude des ruines peut nous donner une idée plus ou moins approximative. Je dis plus ou moins approximative, car il y a une grande variante dans les appréciations des archéologues sur l'ancienneté des ruines. Pour celles du Yucatan, par exemple, pays sec et par conséquent conservateur, si un grand nombre d'explorateurs et de savants leur attribuent une très haute antiquité, qu'on ne peut apprécier, d'autres, au contraire, et en particulier M. Désiré Charnay, leur donnent une date de fondation beaucoup plus récente. M. Henri Goodman, par l'étude spéciale qu'il a faite des symboles des années du calendrier et de certains codex mayas, croit que l'histoire de la race remonte à une époque aussi reculée que celle des Babyloniens, c'est-à-dire cinq mille ans avant J.-C., ce qui paraît exagéré [1].

---

1. *American Antiquarian and Oriental Journal*, 1904, p. 149.

Il y a peu d'années encore, on croyait que les pyramides de Cholula et de Teotihuacan pouvaient avoir été construites vers le milieu de l'ère chrétienne ; mais, aujourd'hui, on se demande avec M. Lucien Biart : « Sont-ce des ruines aztèques ou toltèques ? Non, puisque les annales nahuas ne parlent pas de la construction de ces temples, et qu'ils semblent antérieurs à l'ère chrétienne, après laquelle seulement apparurent les Toltèques. Teotihuacan, comme tant d'autres villes mortes d'Amérique, est l'œuvre d'un peuple inconnu [1]. »

Le pavé de cette ville se composait de plusieurs couches superposées de ciment séparées par des couches de terre où l'on rencontre une foule de fragments de poterie. Ces différentes assises correspondent sans doute à autant de successions d'occupants, les derniers venus couvrant par une nouvelle couche de ciment les décombres accumulés par leurs prédécesseurs. En tout cas, l'enfouissement sous la poussière et sous ses propres débris de cette ancienne ville ne peut être expliqué que par le fait de siècles innombrables. Ceci concorde avec la tradition qui veut que Teotihuacan ait été plusieurs fois détruite. Le commentaire du *Codex Vaticanus* et les souvenirs gardés par les peuples nahuas attribuent l'érection de Cholula et de Teotihuacan aux géants, c'est-à-dire aux habi-

---

1. Lucien BIART, *Les Aztèques.*

tants primitifs de l'Anahuac et qui seraient venus
du Sud [1]. Ces pyramides ont tellement perdu l'aspect de constructions artificielles que c'est à peine si
l'on y reconnaît aujourd'hui la main des hommes [2].

---

1. Cholula, d'après la légende, « aurait été élevée par les
ordres d'un géant en l'honneur du dieu Tlaloc, qui l'avait sauvé
d'un déluge, et toutes les briques nécessaires à la construction
furent passées de main en main par une file d'ouvriers alignés
du Potocatepetl à Cholula. » (H. H. BANCROFT, *Native Races*,
vol. III, cité par E. Reclus.)

2. Par l'importance de ses ruines et la preuve que l'étendue
de son territoire nous fournit relativement à son antiquité et sa
population, dit M. W.-H. Holmes, Teotihuacan était certainement la plus considérable de toutes les anciennes villes du
Mexique. Le grand nombre de ses pyramides, de ses terrasses,
de ses monticules, dépasse de beaucoup celui de tout autre
groupe de ruines. Cholula a une pyramide plus monumentale,
mais elle n'a pas cette multitude de constructions attenantes
qui, à San Juan de Teotihuacan, couvrent une superficie de
plusieurs milles carrés.

Ramón Almaraz, archéologue mexicain et membre de la
commission scientifique de Pachuca, donnait, en 1865, la description suivante des deux pyramides de Teotihuacan, celle du
Soleil et celle de la Lune : « Les deux pyramides ont la base
quadrangulaire. Elles sont tronquées toutes deux, et ce sont,
à proprement parler, des troncs de pyramides. Le temps et
d'autres causes que nous ne connaissons pas, en ont détruit et
caché une grande partie. La terre y est amoncelée en abondance ainsi que la végétation, cachant ainsi les matériaux dont
elles sont faites et leur forme primitive, ce qui fait qu'à première vue on est plus porté à les prendre pour des montagnes
réelles que pour des monuments élevés par la main de l'homme. »

Le gouvernement mexicain a voté $1,500,000 pour remettre
à jour les deux fameuses pyramides, et faire des fouilles dans
leurs alentours.

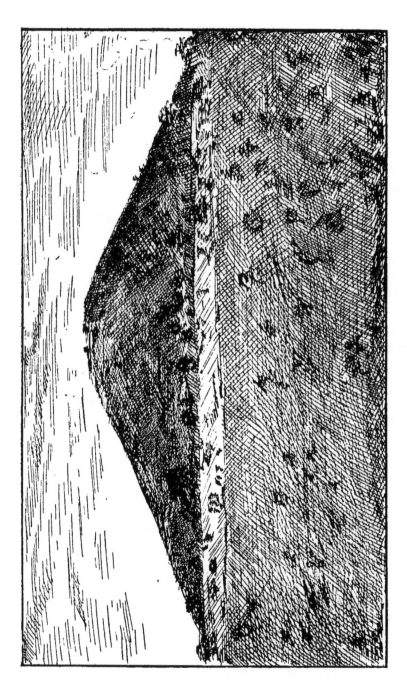

Fig. 46.— Pyramide du Soleil, telle qu'elle apparaissait avant les travaux de déblaiement commencés, en 1905, sous la direction de Senor Leopoldo Batres, inspecteur et conservateur des monuments archéologiques de la république mexicaine.

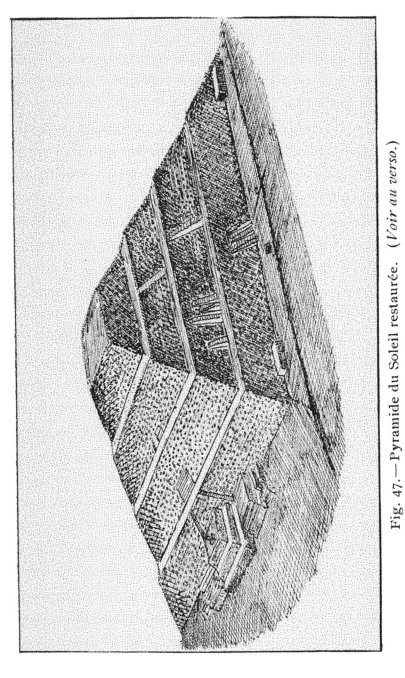

Fig. 47.—Pyramide du Soleil restaurée. (*Voir au verso.*)

Cette pyramide, dont la base est plus étendue que celle de la plus grande des pyramides d'Egypte, a quatre étages et une hauteur de 216 pieds Au coin sud-ouest, on a découvert sur une grande place pavée en ciment, un temple adjoint à la pyramide. Ce monument repose sur une vaste plate-forme d'une hauteur de trente pieds, avec plan incliné. Cette plate-forme, d'après M. Batres, était autrefois recouverte de grandes pierres taillées comme celles des pyramides d'Egypte. Autre point de ressemblance à noter : en Egypte, le temple ne couronne pas la pyramide, mais s'élève, sur un des côtés, devant celle-ci.

Nombre de ces villes préhistoriques n'étaient déjà plus, à l'arrivée des Européens, que des amas de décombres. Quelques-unes semblent avoir été abandonnées à une date relativement récente ; d'autres, peut-être même la plupart des villes du Yucatan, par exemple, étaient encore habitées à l'époque de la conquête, c'est-à-dire que, de ces villes, nous connaissons la fin de leur histoire comme centres habités, mais non la date initiale de leur fondation, du moins pour les plus anciennes. En général, on peut dire d'elles ce que Diego Garcia Palacio raconte de Copan, dans une lettre écrite au roi d'Espagne Philippe II, en 1576. Il lui mande qu'il trouva, dès cette époque, les monuments en ruine, et les Indiens qui demeuraient dans les environs ne purent lui donner aucun renseignement touchant les restes de cette antique cité. Abandonnée longtemps avant l'arrivée des Espagnols, toute tradition qui s'y rapporte était perdue, et son nom même était oublié. M. Gordon, dans la description qu'il nous donne des ruines de Copan, fait remarquer que le style architectural de ces édifices ne comporte pas un caractère unique, mais accuse des manières de faire différentes et diverses phases historiques. Les fouilles pratiquées sous les fondations des constructions qui en occupent aujourd'hui la surface, ont mis au jour non seulement les chambres comblées et les murs écroulés d'autres édifices encore plus anciens, mais aussi des monu-

ments ornés de sculptures. Ces restes de constructions antérieures avaient servi à l'érection de monuments plus grandioses. L'état de ces ruines accuse
au moins une civilisation qui remonte loin dans le
passé. Et si cette succession d'édifices et de pavages
dans leurs fondements indique, comme on le croit,
différentes époques d'occupation, cela nous reporte
à une antiquité dont il devient impossible de déter-
miner une date même approximative [1].

Les explorateurs signalent également les traces
de reconstructions de plusieurs autres villes avant
leur abandon final, et citent en particulier les
substructions des monuments de Mayapan et de
Palenqué comme plus anciennes que les édifices en
dernier lieu dessus érigés. Le mode d'architecture
et d'ornementation de plusieurs anciennes villes du
Yucatan représente plus d'une époque distincte
et différentes phases de civilisation dans l'histoire
de la péninsule [2]. Elles n'ont donc pas toutes été
fondées en même temps. Chichen, quoique la

---

1. Thèbes, l'antique cité égyptienne, malgré tant de siècles
d'abandon, présentait encore, à la fin du XVIIIe siècle, « le plus
grandiose et le plus prodigieux ensemble de constructions élevées par la main des hommes qui existe dans le monde.» La
date de sa fondation se perd dans la nuit des temps ; l'histoire
ne prononce son nom pour la première fois que vers la XIe
dynastie, c'est-à-dire plus de 4000 ans av. J.-C.

2. BALDWIN, *Ancient America*, pp. 155-156.

mieux conservée de toutes ces villes, a une apparence de plus haute antiquité que la plupart d'entre
elles. Quelques-uns de ces édifices sont plus anciens
que d'autres, et de longs intervalles ont pu s'écouler
entre les dates de leur construction [1]. Enfin, dans
les ruines les plus anciennes, tout ce qui était d'une
nature périssable avait presque disparu ; il ne restait
plus de ces édifices que les fondations et les terrasses
artificielles, les pans de murs, les pierres, le ciment,
le stuc durci et autres matériaux à défier les
siècles, le tout, le plus souvent, enfoui dans les
profondeurs de la forêt. Les armes, les outils, les
vases, tout avait disparu ; à peine trouve-t-on ci et
là quelques informes débris.

Les archéologues divisent la partie du Pérou
comprise entre les Andes et la mer, soit une largeur
de vingt milles, en six sections, contenant des ruines
qui diffèrent non seulement les unes des autres,
mais de celles des régions alpines. L'état d'ancienneté de ces ruines semblerait indiquer que les premiers civilisateurs du Pérou sont venus par mer,
comme le veut d'ailleurs la tradition. Ces ruines
sont d'époques différentes, les plus anciennes datant
d'une très haute antiquité. M. Clément-C. Mark-
ham dit qu'on peut y reconnaître cinq modes de faire
distincts, chacun représentant une longue période
de temps, le règne des Incas faisant partie de la

---

1. STEPHENS, *Incidents of Travel in Yucatan*, vol. II, p. 323.

Fig. 48.—Edifice servant de résidence aux Incas,
suivant la tradition.

(Le renvoi de la fig. 14 à la fig. 45 doit être reporté à cette figure (48),
trois gravures nouvelles ayant été ajoutées au travail durant le cours de
l'impression.)

Fig. 49.— Mastabah de l'Ancien Empire, à Saqqarah.
(Fr. Lenormant, *Hist. anc. des Peuples de l'Orient.*)

dernière époque. Squier, célèbre archéologue, qui connaît les ruines du pays pour les avoir étudiées minutieusement, affirme que l'on trouve, au Pérou, des monuments qui, s'ils ne sont pas contemporains de ceux que la science considère comme étant les plus anciens de ce qu'on appelle l'Ancien Monde, leur sont tout au moins absolument semblables par le caractère [1].

On a constaté que les Aymaras, à l'époque où les Espagnols pénétrèrent dans leur pays, étaient une nation déchue, moins policés que les Qquichuas, devenus leurs maîtres. Ayant perdu la mémoire de leur ancienne civilisation et devenus incapables de construire des édifices comparables à ceux qu'avaient élevés leurs ancêtres dans la péninsule de Tiahuanaco, ils les attribuaient à des bâtisseurs inconnus, « travaillant avant que le soleil éclairât la terre », suivant l'expression de M. Elisée Reclus (*Géographie universelle*, t. 18, p. 653), qui se fait ici l'écho de la tradition touchant l'antiquité de la race.

L'érection de plusieurs de ces anciens monuments américains a exigé le concours de toute une génération d'hommes et peut-être davantage. Au Pérou, les édifices que l'on attribue aux Aymaras et qui sont regardés comme les plus anciens, ont

---

1. George SQUIER, *Incidents of travel and exploration in the land of the Incas*, p. 175.

été élevés à une grande distance des carrières, ce
qui a nécessité, pour le transport de leurs matériaux,
une somme de travail incalculable.   A Copan, dans
le Honduras, on distingue dix-neuf pyramides de
diverses hauteurs, couronnées de temples, de palais
et autres édifices.   M. Niven compta jusqu'à vingt-
deux temples érigés sur de colossales pyramides en
adobes dans les ruines de l'ancienne ville qu'il
découvrit, en 1896, dans l'État de Guerrero,
Mexique, ce qui suppose un long séjour sur les
lieux d'une même population.   Et qui dira le
nombre des siècles qui ont dû s'écouler, depuis le
jour où les premiers immigrants policés ont abordé
l'Amérique, à celui où leur influence a fini par pénétrer tous les territoires dont les monuments attestent
leur civilisation, civilisation identique, c'est-à-dire le
Pérou, l'Amérique centrale, le Yucatan, le Mexique
et une grande partie des États-Unis actuels, soit
une surface mesurant un million de lieues carrées
environ.   Et puis combien de générations ne se
sont-elles pas succédé avant que les grandes cités,
un certain nombre d'entre elles du moins, et les
palais tombés en ruines, aient été recouverts par la
forêt et que leur souvenir ait disparu ? On cite le
fait de villes *pueblos* (Arizona) qui, à en juger par
l'état des ruines, ont dû être abandonnées depuis
mille cinq cents à deux mille ans, mais qui ont
bien pu aussi l'avoir été à une époque beaucoup
plus reculée.

La multiplicité de ces édifices accuse certainement une longue durée de siècles et une population très dense.   Les ruines sont nombreuses dans le sud du Mexique.   «A chaque pas, s'écrie M. Frédérick Artès, dans le *Guatemalteco* du 31 mai 1893, au milieu des bois, on découvre (département de Peten, Guatemala) maints monticules artificiels et objets brisés d'origine précolombienne.»   A Camalcalco, dans le Tabasco, outre la pyramide principale que décrit Charnay dans les *Anciennes Villes*, cet explorateur ajoute que d'autres pyramides, par centaines, toutes chargées de palais, s'étendent jusqu'à la côte, ensevelies dans les profondeurs de la forêt.   On peut en dire autant de l'État de Chiapas, devenu un désert couvert de forêts au temps de Fernand Cortez, qui le traversa avec sa petite armée et faillit y périr de faim et de misère, à peu de distance de Palenqué, ville alors abandonnée et dont il ne soupçonna pas même l'existence.   Le Yucatan est littéralement couvert de ruines, de temples, de palais, de forteresses, etc.   A l'époque de la Conquête, le pays avait perdu son unité et s'était fractionné en plusieurs provinces, dix-huit, suivant Herrera, dont chacune, dit-il, renfermait «tant d'édifices qu'on en est étonné.»   Aujourd'hui encore, à peine existe-t-il une ville, un bourg, une maison isolée, qui n'offre dans ses constructions des restes de pierres sculptées.   Ah! ces pierres, sur la plupart desquelles sont gravées tant de signes énig-

matiques, mais qui certainement expliquent les
sculptures qu'ils accompagnent, si elles pouvaient
parler, elles nous diraient peut-être l'origine et
l'histoire des auteurs de ces édifices, leur destination
véritable et surtout leur âge, ce qui mettrait fin à
bien des discussions. Malheureusement, voilà plus
d'un quart de siècle que les savants de l'Amérique
et de l'Europe étudient le système d'écriture hiéroglyphique de l'Amérique centrale, et ils n'ont pas
encore réussi à nous en donner la clef [1].

M. Désiré Charnay attribue aux Toltèques seuls
l'érection des monuments de Tabasco, du Chiapas,
du Yucatan et des provinces de l'Amérique du
centre. Il semble difficile d'adopter cette théorie,
en présence des dernières découvertes. Les Toltèques, nous le savons, étaient de grands bâtisseurs,
habiles dans tous les arts mécaniques. Ixtilxochitl,
écrivain indigène, Veytia, et les auteurs espagnols
des premiers temps de la Conquête, nous les dépeignent comme les mieux doués de toutes les tribus
nahuas. De fait, l'appellation toltèque dans la
langue nahuatl signifie « ouvrier habile ou artiste, » et
ne fut probablement jamais employée dans un sens
ethnique. Quoi qu'il en soit, au Mexique ils fon-

---

1. « Pour la langue sculptée sur les pierres de Palemque, de
Mitla et de Xochicalco, peinte sur les feuilles de papier d'agave
de Boturini et d'Aubin, un Champollion manque encore. »
(Auguste GENIN, *Notes d'archéologie mexicaine*, Journal des
Américanistes de Paris, 1901.)

dèrent Tula, leur capitale, et d'autres grandes
villes. Après le renversement de leur empire par
les Chichimèques, à la fin du XIe siècle ou au
commencement du XIIe, il se produisit, paraît-il,
parmi les vaincus, un mouvement · d'émigration
vers le Chiapas et les régions méridionales. Nous
ne pouvons dire le chiffre de la population toltèque
de cette époque ; mais depuis longtemps déjà, la
nation, en proie à une série de calamités, avait été
en partie détruite. Combien, parmi les survivants,
abandonnèrent alors leur patrie ? Nous n'en savons
rien, sinon que ce ne fut qu'une émigration par-
tielle, un certain nombre de familles ayant continué
à demeurer au Mexique. Bancroft, qui, en la matière, a comparé les autorités, croit même que le
gros de la nation n'a pas quitté le Mexique. En
tout cas, nous connaissons historiquement la date
de ce déplacement, que l'on fixe généralement de
1050 à 1115 de notre ère. Il n'y a aucun doute que
ceux des Toltèques qui se répandirent dans les pays
habités par les Mayas-Quichés y firent sentir leur
influence, y élevèrent un certain nombre d'édifices,
y fondèrent même des villes ; mais peut-on les considérer comme les auteurs de tous les monuments
dont les débris jonchent le sol du Chiapas, du
Yucatan tout entier, du Guatemala et du Honduras ?
La multitude de ces villes, dont chacune renfermait
quinze à vingt pyramides surmontées de temples et
d'édifices divers, les moyens d'action dont les Tol-

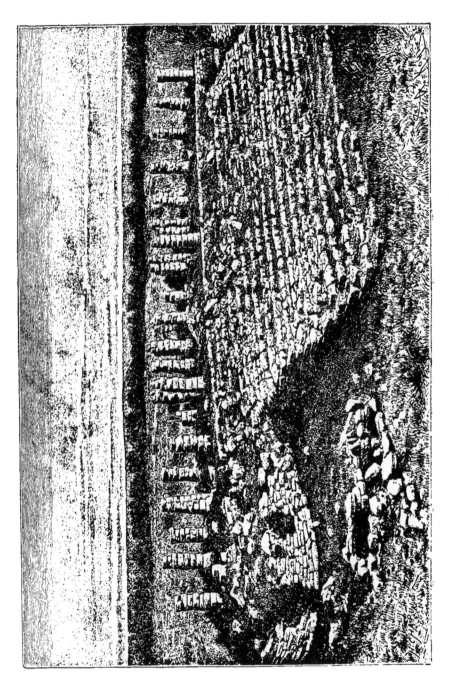

Fig. 50.—Grande pyramide et galerie à Aké.

...nes Villes du Nouveau Monde.

tèques disposaient, l'ignorance où nous sommes de
leur nombre, l'espace de temps qui s'écoula entre la
date de leur arrivée en ces contrées et la prise de
ces mêmes territoires par les Espagnols, ne permettent pas une telle supposition.   Nous n'avons
aucune preuve quelconque que le Yucatan, par
exemple, était dépourvu de villes ou de tout monument architectural avant l'arrivée des Toltèques.
Aké, au contraire, tant par son mode d'architecture
que par l'état de vétusté de ses constructions, accuse
une époque beaucoup plus reculée que celle qu'on
assigne à l'émigration des Toltèques.   Ceux-ci, de
gré ou de force, ont bien pu s'établir dans les villes
déjà existantes et y ajouter des édifices ; il est tout
à fait vraisemblable qu'ils ont pu bâtir de nouvelles
cités ou réédifier celles qui pouvaient déjà être
passées à l'état de ruines.   Il ne s'ensuit pas du
fait que les monuments du Chiapas, du Yucatan et
de l'Amérique centrale ressemblent à ceux du
Mexique, que les Toltèques soient les auteurs de
toutes ces constructions, et que les premières soient
postérieures aux secondes.   D'ailleurs Charnay ne
parle point du Pérou dans ses ouvrages, et semble
ignorer les similitudes qui existent entre les anti-
quitées de cette région, étrangère aux Toltèques
assurément, et celles de la zone intertropicale.   On
pourrait avec autant de raison retourner la théorie
du célèbre explorateur et croire, comme le veulent
plusieurs auteurs, que les Mayas-Quichés avaient

pénétré au Mexique longtemps avant l'arrivée des Nahuas, et y avaient introduit, avec la civilisation, un mode d'architecture qui servit de modèle à leurs successeurs. Il est possible, probable même, qu'ils élevèrent, entre autres, les pyramides de Teotihuacan et de Cholula, dont les Toltèques firent des villes saintes, des centres populeux. « Précisément, dit un missionnaire archéologue, à qui un long séjour sur les lieux a permis de se bien renseigner, à côté de nombreux débris de l'industrie toltèque et aztèque, les explorateurs trouvent à Teotihuacan des figurines, des idoles, des ornements, qui paraissent d'une époque antérieure et rappellent jusque dans leurs détails le style de Copan. Des terres cuites que nous avons recueillies à Cholula et sur d'autres points de la même aire, comme au Tepozuchitl, accusent, selon nous, un faire tout différent de l'art toltèque. Quelque peuplade du sud nous paraît avoir passé par là, bien avant les émigrés de Huehuetlapallan [1] ».

Dans la province de Durango on a découvert une grotte qui a livré des milliers de momies desséchées accusant une race différente de celle des Indiens actuels. A côté de ces momies se voyaient des

---

1. A. GERSTE, S. J., *Revue des Questions scientifiques*, 1885, p, 231.

vases remarquables comme forme et dont la décoration rappelle le style égyptien [1].

Des hiéroglyphes gravés sur la pierre, des figures en haut-relief bien proportionnées, aux formes mêmes élégantes, nous montrent chez les peuples du sud une sculpture et une statuaire assez parfaites. En 1903, M. Teobert Maler a rapporté de certaines ruines dans l'ouest du Guatemala, des dalles sculptées représentant des profils humains qui sont regardés comme de véritables œuvres d'art. Si tous les édifices de ces diverses régions paraissent sortis de la même main, c'est qu'ils ont été construits par des peuples, sinon de même origine, du moins de mêmes croyances, de mêmes mœurs. Ils prouvent l'unité de civilisation des Mayas-Quichés, des peuples policés du Pérou et des tribus Nahuas, au nombre desquelles sont les Toltèques, civilisation que nous appelons kouschite, comparée à celle qui existait en Orient aux époques primitives.

D'ailleurs, lorsque M. Désiré Charnay déclare, subséquemment à ses voyages d'exploration en Amérique, après avoir eu l'occasion de consulter le grand ouvrage de MM. Perrot et Chipiez, *Histoire de l'Art dans l'Antiquité*, que, « les monuments américains ont été construits d'après les mêmes principes et sur le même modèle que les monuments chaldéens », et que les analogies qu'on peut signaler

---

1. Mis de NADAILLAC. *L'Amérique préhistorique*, p. 385.

entre les civilisations de l'Amérique du Nord, de
l'Amérique centrale et les civilisations de l'Asie,
nous prouvent que « c'est avec la Chaldée et l'Assyrie que se multiplient les rapprochements les plus
éclatants », et que « ces rapprochements ne peuvent
venir que de parenté, de relations suivies ou de
traditions », ne semble-t-il pas, en la matière, modifier les idées exposées dans ses *Anciennes Villes*, et
conclure à l'extrême antiquité de la civilisation de
l'Amérique précolombienne ?

Chose singulière : les plus beaux de tous les
monuments préhistoriques américains, au point de
vue de l'architecture et de l'ornementation, paraissent être les plus anciens, ce qui serait tout le
contraire si la civilisation eût été indigène et se
fût développée graduellement. Il semble qu'en
Amérique, comme en Chaldée, comme en Egypte,
les colons kouschites, en arrivant, n'aient eu aucun
apprentissage à faire, et que, dans les parties des
deux mondes qu'ils ont colonisées, ils aient élevé
tout de suite les monuments qui sont restés les
témoins les plus éloquents de leur civilisation.

Comment remonter par l'étude des idiomes à
celui dont se servaient les premiers civilisateurs ?
Les difficultés sont d'autant plus grandes aujour-
d'hui, comme le faisait remarquer M. Conrado Perez
Aranda aux membres du congrès des américanistes
de 1895, que les alphabets actuels de la langue

maya parlée de nos jours ne concordent aucunement avec les signes des monuments mayas anciens. L'explorateur Stephens avait déjà constaté, dès 1840, l'identité des caractères hiéroglyphiques inscrits sur les monuments de Palenqué, de Copan et de Quirigua. Cependant, dit-il, ces mêmes territoires sont maintenant occupés par des populations indigènes parlant des langues différentes, tout à fait inintelligibles les unes aux autres ; on a lieu de croire que cette région tout entière était autrefois habitée par une race de même origine, parlant une langue commune, ou, du moins, faisant usage d'une même écriture [1].

Il est probable que la race, si elle n'était pas déjà altérée par quelque greffe étrangère avant de toucher le sol de notre continent, ne s'y est pas longtemps conservée pure. L'Amérique offre une multitude de types différents, croisés, entre-croisés de mille manières, qui rendent aujourd'hui extrêmement difficile non seulement le classement des races, mais l'étude des langues. Il en est probablement de cette langue comme de celle que parlaient les auteurs des monuments d'Ongkor, conservée dans les inscriptions, mais que personne aujourd'hui dans le Cambodge ne peut comprendre : c'est une langue morte. Peut-être quelques vestiges de la langue

---

1. *Travels in Central America*, 1843, p. 243.

des premiers immigrants ont-ils subsisté jusqu'à nos
jours chez certains groupes de leurs descendants ou
des héritiers de leur civilisation ; cela est possible,
mais n'étant point linguiste, je n'ai aucune autorité
pour me prononcer en la matière. Le lecteur se
rappelle sans doute ce que je dis dans une autre
partie de cet ouvrage touchant les analogies que des
voyageurs et des missionnaires ont cru remarquer
entre quelques dialectes de l'Amérique méridionale
et les plus vieilles langues du sud de l'Inde.

Une étude comparative complète de ces divers idiomes peut, seule, nous fixer sur ce point. Les langues
parlées de l'ancienne Amérique civilisée, néanmoins,
n'ont jamais atteint l'étage supérieur. A l'époque
de la Conquête, l'écriture en usage chez les Aztèques
n'était dans son ensemble qu'une écriture idéogra-
phique, quoique leur langue fût d'une élasticité,
d'une richesse d'expressions étonnantes, et que
nombre de signes rendaient les objets non point par
leur vraie figure, ni par un symbole convenu, mais
par le nom qu'ils portaient dans l'idiome parlé. On
ne connait point l'écriture des Toltèques. Ceux-ci,
d'après la tradition, auraient eu de vastes bibliothèques de peintures manuscrites, mais les Aztèques,
jaloux de la gloire de leurs prédécesseurs, détruisirent ce qui restait de ces documents. On prétend
que les *analtés* ou manuscrits des peuples du Yucatan et de l'Amérique centrale, et les caractères en

Fig. 5 I.—Spécimen des hiéroglyphes de l'Amérique
centrale.—Nadaillac.

relief appelée *katuns*[1], qui couvraient leurs édifices
publics, contenaient également des éléments phoné-
tiques ; mais ce système graphique ne paraît pas
avoir dépassé ce degré d'évolution, semblable en
cela à l'écriture cunéiforme des Schoumers et des
Akkads du bas Euphrate, qui n'a jamais dépassé,
dans son développement, les premiers états du pho-
nétisme, où elle s'est immobilisée, cristallisée.   Il
semble que quand l'antique Chaldée est devenue
stationnaire, tout s'est arrêté sur ce continent.   En
Amérique comme en Asie, nous avons la période
des grands monuments en pierre et des palais avec
inscriptions ; puis, de part et d'autre, nous demen-
rons en présence d'une civilisation arrêtée dans son
développement.

« Il est très possible, dit un auteur, que le Pérou
ait été atteint il y a trois et même quatre ou cinq
mille ans.   Remarquons, à ce sujet, que l'occupation de l'Australasie par les Malais doit avoir eu
pour effet de couper aux Sumériens (nom donné
par M. Oppert aux Chaldéens primitifs), toute
communication avec l'Amérique.   Or, ceci a son
importance, car si les Sumériens avaient pu com-
muniquer avec le Nouveau-Monde, postérieurement
à l'emploi de navires d'un fort tonnage par les

---

1. Les *katuns* constituaient les périodes de vingt, ou, dans
certains cas, de vingt-quatre ans, dont les Mayas se servaient
dans leure computs chronologiques.

Phéniciens, les Chinois, les Grecs, les Romains ou les Arabes, des bestiaux et des chevaux eussent été transportés de l'autre côté du Pacifique, et, par suite, la civilisation américaine se serait développée dans d'autres conditions [1].

Les Péruviens, comme les autres habitants de l'Amérique, paraissent toujours avoir ignoré l'usage du fer. Il était remplacé par le bronze ou le cuivre, et les armes, les outils, les instruments, les ornements, dont on a recueilli des quantités considérables, étaient fabriqués avec l'un ou l'autre de ces métaux. On voit dans les plus vieux tombeaux de la Chaldée, qui ne remontent pas moins haut que les sépultures égyptiennes de l'Ancien Empire, que le métal le plus répandu est le bronze. C'est en bronze que sont faits tous les ustensiles et tous les instruments métalliques. Quant au fer, il est plus rare, et semble avoir alors le caractère d'un métal précieux, par la difficulté de sa production ; au lieu d'en faire des outils, on en forme des bracelets et d'autres parures grossières. Les premiers immigrants ont dû quitter l'Asie pas plus tard qu'à l'âge du bronze, vers l'époque où l'on commençait à élever les palais, les grandes villes murées, les

1. Hyde CLARK, *Researches in prehistoric and protohistoric comparative philology, in connection with the origin of culture in America and the Accad or Sumerian families.* N. Trübner, London, p. 19-20.

pyramides à terrasses de la vallée du Tigre, et les grandes pyramides d'Egypte sous les quatre premières dynasties. Comme on vient de le voir quelques pages plus haut, si les monuments du Pérou ne sont pas contemporains de ceux que la science considère comme étant les plus anciens de ce qu'on appelle l'Ancien Monde, ils leur sont tout au moins absolument semblables par le caractère. On le sait déjà, aux Indes, en Chaldée et en Egypte, les temples les plus antiques étaient des pyramides ; les pyramides sont le trait dominant de l'ancienne architecture américaine, et je serais porté à croire que si elles ne sont pas contemporaines de celles du monde oriental, elles n'ont pas dû leur être de beaucoup postérieures. En Orient, comme en Amérique, elles semblent marquer un âge dans la vie nationale des familles kouschites. Seulement, en Amérique, cet âge a persisté à travers le temps, par suite de l'isolement où s'est trouvée cette civilisation primitive ; livrée à elle-même, ne recevant aucun apport de l'étranger, privée d'autres centres de vie progressive, elle ne put évoluer en dehors de formes traditionnelles plus ou moins modifiées.

IMMIGRATIONS ITÉRATIVES

Il est possible qu'il y ait eu en Amérique plus d'une arrivée d'immigrants d'origine kouschite. Les édifices dont nous retrouvons les ruines dans les forêts du Mexique, du Yucatan et de l'Amérique centrale, tout en accusant dans leur ensemble des principes identiques d'art et de civilisation, ne sauraient guère être attribués, en raison même de leurs différences de caractères et de leur variété d'architecture, ni à un même peuple ni à une même époque. Au Pérou, les monuments Aymaras (les plus anciens, ou du moins antérieurs à ceux de l'époque incassique) sont construits en pierres régulièrement équarries et sont couverts d'inscriptions hiéroglyphiques, tandis que les monuments Qquichuas (période Inca-Péruvienne) sont, la plupart du temps, construits en *adobes* ou briques crues et ne portent point d'inscriptions, cette dernière race ignorant l'art de l'écriture [1].

---

1. Il n'en aurait pas toujours été ainsi, s'il faut en croire la tradition, transmise par Montesinos. D'après cet auteur, les Qquichuas auraient d'abord connu l'écriture, et peut-être même en auraient-ils fait un usage abusif, A tout événement, un des

Le mode d'architecture et la céramique du Pérou
rappellent plutôt la manière de faire des Egyptiens,
tandis que les édifices de l'Amérique du centre, du
Yucatan et du Mexique offrent d'étonnantes analogies avec ceux de la Chaldée, de l'Inde et de l'Indo-
Chine.   Au Congrès international des Orientalistes,
tenu en 1897, on signalait les rapports de conformité qui existent entre les monuments américains
et les monuments indous et malais.   Mais je ne
répéterai pas ici ce que j'ai déjà dit dans une autre
partie de mon ouvrage ; je me contenterai de signaler certaines similitudes dans les arts plastiques et
dans les symboles religieux que nous montrent les
monuments de l'Inde et les monuments américains,
ceux de la presqu'île yucatèque en particulier,
similitudes dont la coexistence chez des peuples
aussi éloignés, ne peut s'expliquer que par une

---

potentats du Pérou, ayant consulté le dieu suprême, aurait
déclaré que les lettres étaient la cause de toutes les corruptions,
de toutes les infortunes nationales, et rendu un décret, que
sembleraient seuls justifier les excès de la presse de nos jours,
ordonnant l'abandon, sous peine du bûcher, de l'écriture, qu'il
qualifie d'invention diabolique.   Ce qui est certain, c'est que
les Qquichuas connaissaient les sciences mathématiques et astronomiques ; leur système de numération, par ordre décimal,
égalait la précision du nôtre ; ils savaient observer les éclipses
et la marche du soleil sur l'écliptique ; ils divisaient l'année en
trois cent soixante-cinq jours.   (Léon de ROSNY, *Amérique centrale*, Charles WEINER, *Essai sur les Institutions de l'Empire
des Incas* ; E. RECLUS, *Géographie Universelle*, t. 18, p. 538.)

affinité originelle commune ou par des migrations postérieures.

Ces similitudes sont d'abord la surcharge et l'inharmonie. « Que l'on examine au nord, au sud, au centre, ces *chaïtyas* et ces *viharas* qui furent conquis sur le granit, taillés dans les flancs des montagnes, ou les édifices pesamment étagés sur le sol, et les *stupas* et les *gopuras*, on constatera tout de suite, comme caractère commun, la surcharge et l'inharmonie. Ces défauts, on les constate sur les sanctuaires les plus anciens qui soient parvenus jusqu'à nos jours et sur les constructions les plus modernes ; aucune influence adventice, ni l'hellénique, ni la persane, ni la musulmane, de rare intensité pourtant, n'y changèrent rien [1]. Dans toute l'Amérique centrale, les prêtres, les rois et autres personnages, sont revêtus d'une telle quantité de brillants ornements et d'insignes qu'ils en paraissent comme surchargés et encombrés. On dirait que l'objet principal que l'artiste avait en vue dans l'exécution de ses œuvres, était le déploiement des parures. Certains détails d'exécution démontrent, en effet, que cette surcharge n'est pas due au manque de savoir de la part de l'artiste. Dans la grande presqu'île asiatique, de l'Indus et du Guzerat aux dunes d'Orissa et jusqu'au delà du Mé-kong, et de l'Himalaya à Ceylan, temples et palais sont couverts

---

1. Alphonse GERMAIN, *Le Sentiment de l'Art*, p. 242 et 243.

de sculptures de toute sorte, de représentations
d'animaux symboliques à l'aspect effrayant et monstrueux, de statues informes, où pourtant l'artiste
manifestait dans le détail infime ou les parties
négligeables un souci exagéré de l'exécution minutieuse. M. E. Cotteau, parlant des sculptures colossales qui décorent les temples souterrains d'Ellora,
et qui représentent les dieux et les déesses du pan.
théon hindou, dans l'attitude consacrée par la tradition, ajoute : «Toutes ces figures grimaçantes, ces
torses aux bras multiples, ces corps humains à têtes
d'animaux, se rapprochent évidemment du type
égyptien.   Assurément ces statues sont de mauvais
goût, souvent obscènes et de dessin incorrect ; mais
leurs proportions colossales. leur nombre infini,
étonnent et provoquent l'admiration.   D'un autre
côté, l'art hindou, qui n'a rien su produire de véri-
tablement beau dans la représentation de la nature
vivante, dont il n'a saisi que le côté grotesque,
excelle dans tout ce qui se rattache à l'art décoratif.
Les moulures et les encadrements des plafonds, les
ornements des piliers, sont. presque toujours des
merveilles de bon goût et d'originalité artistique [1].»
Des figures humaines d'un relief énorme, à
visages laids et grimaçants, entremêlées de dessins
ingénieux et de motifs d'ornementation d'un fini
méticuleux, couvrent les angles, les linteaux, les

---

1. *Voyages autour du Monde.*

Fig. 52.—Vue d'une des ruines d'Anaradjapura.

(J. Leclercq, *Séjour dans l'île de Ceylan.*)

22

frises et les murailles des monuments américains.
D'énormes serpents y déroulent leurs anneaux
minutieusement travaillés, au milieu de tortues,
d'oiseaux semblables à des ibis non moins parfaitement sculptés. Au Yucatan comme au Cambodge, ce sont des têtes colossales au nez en forme
de trompe sculptées aux angles des édifices, échantillons d'un art hiératique dont il n'était point
permis de se départir. Ce sont toujours et partout
les mêmes édifices polychromes, reproduisant les
mêmes masques humains, les mêmes figures fantastiques et terribles des monstrueuses divinités
indiennes [1]. Dans l'Inde, « les statues qui soutiennent les travées grimacent en vrais magots. »

Pourtant, les indigènes de l'Inde, comme les
anciens peuples de l'Amérique civilisée, étaient
d'habiles architectes, de véritables artistes dans
l'orfèvrerie, dans la ciselure, dans la céramique,
dans le tissage, dans la broderie, et, en général,
dans n'importe quel art technique et industriel. Si

---

[1]. Nous trouvons cependant dans le Guatemala et le Honduras des stèles, des piliers, des dalles et des linteaux sculptés
représentant des personnages en haut relief admirablement
travaillés, des profils humains superbes, qui peuvent être comparés, dit Stephens pour ceux de Copan, aux meilleures pro-
ductions de l'art égyptien, manifestations artistiques qui
n'existent pas dans le Yucatan et le Mexique. Il est probable
que nous avons affaire ici à deux branches separées d'une
même famille, les Mayas et les Quichés, que le temps et l'espace
avaient quelque peu modifiées.

les premiers « se sont vautrés dans une barbarie esthétique indigne d'artisans de leur valeur, c'est parce que la direction d'art qu'ils reçurent les poussait au symbolisme [1]. » Une figuration strictement conforme au rite, voilà ce que les prêtres exigeaient de l'artiste.

« Il y avait parmi nos Indiens, nous dit Mendieta, d'habiles sculpteurs, qui travaillaient la pierre à leur gré avec des outils de caillou et de silex, et ils la sculptaient aussi bien que nos meilleurs ouvriers de Castille, avec leurs instruments d'acier... Il y en avait de fort habiles qui peignaient au naturel, et spécialement des oiseaux, des poissons et des paysages ; mais ils ne peignaient point les hommes beaux, mais fort laids, comme leurs dieux, *ainsi qu'on le leur avait enseigné, car ils se les figuraient toujours sous des formes monstrueuses* [2]. » Ils pouvaient faire mieux, et la preuve en est que « quand ils furent chrétiens, ajoute le même auteur, et eurent vu nos images de Flandre et d'Italie, il n'y avait images ni retables, quelque beaux qu'ils fussent, qu'ils ne reproduisissent et n'imitassent parfaitement. »

---

1. *Le Sentiment de l'Art.*

2. Geronimo de MENDIETA, *Historia ecclesiastica indiana,* liv. IV, ch. XII.

Les personnages des bas-reliefs de Palenqué, dit
Désiré Charnay, étaient d'un modelage exquis, d'un
fini de détails extraordinaires, tandis que sur les
frises au-dessus de chaque porte se développaient
une série de figures gigantesques et monstrueuses
avec leurs yeux saillants, leurs bouches fendues,
comme des gueules et leurs dents de crocodile.
Autant les premiers, ajoute-t-il, attestaient la recherche d'un idéal sauvage, autant les secondes attestaient la recherche d'une laideur voulue. Enfin, dit
un célèbre architecte et explorateur, M. Viollet-le-
Duc : « Dans tous ces monuments, temples ou palais,
que les peuples élevèrent sur le sol mexicain ou sur
le plateau du Yucatan, il est impossible de ne pas
reconnaître l'influence d'un art hiératique, rivé à
certaines formes consacrées par une civilisation
essentiellement théocratique.»

Dans l'Inde antique, comme en Amérique, c'était
donc le hiératisme qui inspirait les sculpteurs et les
peintres et leur imposait des règles qui, réprimant
leur originalité, finissaient par produire cette alliance
de genres disparates, où le grotesque le disputait à
la laideur, sans expression d'aucune grande pensée
morale. Et le contraste est d'autant plus frappant
que les anciens Mexicains civilisés et instruits
possédaient une philosophie très élevée. La littérature aztèque nous a laissé des exhortations
morales d'une pureté remarquable, d'une hauteur
de sentiment dont on trouve peu d'exemples, même

dans l'Inde. Disons-le encore une fois, la coexistence de semblables similitudes en fait d'œuvres plastiques chez des peuples séparés par de telles distances, ne peut provenir que de croyances, de traditions communes, d'instincts héréditaires et d'institutions enlevant presque tout exercice à la liberté des individus.

Les symboles du culte de Çiva, dont sont remplis les sanctuaires de l'Inde et où ils sont encore les objets d'hommages avec les mêmes cérémonies en usage il y a 6,000 ans, se rencontrent aussi fréquemment parmi les ruines du Mexique, du Yucatan et de l'Amérique centrale.

Le serpent, adoré dans l'Inde, comme en Amérique, l'était également au Cambodge, où son image est reproduite sur les magnifiques monuments d'Ongkor-Thom. Mais ces cultes étaient aussi fort répandus en Chaldée, en Chanaan, en Phénicie et autres régions habitées par les descendants de Cham, ou qui avaient subi leur influence ; on ne peut donc guère insister sur les conclusions à tirer de ces rapprochements quant à leur provenance première en Amérique, si ce n'est qu'ils étaient communs á toutes les familles chamitiques.

L'art plastique aux laideurs déconcertantes, le culte phallique et celui du serpent sont autant d'originalités ethniques dont l'influence ne paraît pas avoir été prédominante dans l'empire du Pérou, quoique le culte du soleil et des astres fut général parmi tous les anciens peuples civilisés de l'Amérique [1]. Il n'en est pas moins vrai, cependant, que la physionomie manque tant à la statuaire qu'à la peinture péruvienne, comme elle manquait d'ailleurs dans les arts plastiques de l'Egypte, de la Phénicie. Rien, au Pérou, dans les figures que reproduisent les poteries, par exemple, n'y dénote la joie, la tristesse, la colère, la méditation, en un mot aucune des passions qui se jouent sur le visage vivant [1]. Les coïncidences archéologiques qu'on retrouve au Pérou nous font plutôt songer à l'Egypte. Certains édifices péruviens rappellent le style égyptien, tandis que celui des ruines de l'Amérique du centre se rapproche davantage des styles chaldéen et hindou. Aux premiers temps de l'Egypte, les cadavres, tel que l'a constaté Amélineau dans ses fouilles sous les buttes d'Abydos [2], étaient placés dans une position accroupie ; cette position est celle des momies péruviennes dans leurs huascas.

On a aussi souvent comparé les produits de la céramique du Pérou et du Mexique à ceux de l'Egypte, quoiqu'ils offrent également certains traits communs avec ceux de la Chaldée et de l'Assyrie. Au Musée de Leyde, on remarque une figure égyptienne représentant une femme accroupie et mon-

---

1. Lucien de ROSNY, *Histoire de la Céramique*, introduction, p. 166.

2. *Les nouvelles Fouilles d'Abydos.*

trant à l'œil le vase d'où sort l'espèce humaine ;
je trouve pareil fait, pareille attitude, dans mes
poteries de l'ancien Pérou, dit M. Lucien de Rosny [1].
Le culte des animaux, des végétaux, le soin que
l'on prenait des corps des morts, les pouvoirs, à la
fois temporel et spirituel conférés à l'Inca ou plutôt
qu'il s'attribuait à lui-même comme « fils du Soleil »,
tout cela a une physionomie égyptienne. Les
familles ou les particuliers, chez les anciens Péruviens, avaient leurs dieux *lares* appelés *conopa* ou
canopa, et qui, coïncidence singulière, correspond
comme nom et signification au *canope* égyptien
et qu'on trouve dans certains tombeaux de ce pays.
Au Pérou, les dieux domestiques étaient également
enterrés avec leurs propriétaires [2].

On a trouvé dans la vallée de San Augustin,
située dans la Nouvelle Grenade, au sud de Jolima,
de nombreuses statues, la plupart de proportions
colossales, et qui rappellent le type des sculptures
relevées dans certaines antiquités égyptiennes du
temps des Pharaons. « Devant ces monuments, qui
appartiennent, on n'en saurait douter, dit un témoin
oculaire, à une époque reculée, et sont aussi inconnus que la race dont ils constituent les admirables
vestiges, l'imagination reste émerveillée et confon-

---

1. *Introduction à une Histoire de la céramique chez les Indiens du Nouveau-Monde*, p. 162.

2. RIVERO et TSCHUDI, *Peruvian Antiquities*, p. 171.

due. On interroge en vain le passé auquel appartiennent ces gigantesques statues, et c'est en vain
qu'on cherche à se fixer sur les attributs singuliers
dont elles sont ornées... L'état avancé de la civilisation du peuple qui a vécu dans cette vallée n'est
pas contestable ; il possédait toutes les commodités
de la vie matérielle ; il avait, sous le rapport intel-
lectuel, des goûts élevés, ainsi que le prouvent les
statues qu'il dressa partout, soit comme ornement
de ses édifices, soit pour commémorer ses héros et
ses divinités, soit enfin à l'effet de symboliser des
idées abstraites...[1]» Il a fallu pour tailler ces
statues des instruments très perfectionnés et très
résistants [2].

Si l'on compare ces statues à celles des statues
colossales en basalte de Tiahuanaco, dont « le dessin
à tête carrée est demi-égyptien », des statues gigantesques de quelques-unes des îles de la Polynésie
qui ont une coiffure semblable à celle que « les

---

1. Congrès international des Américanistes, 1879, tome II.
p. 145.

2. La Nouvelle Grenade, aujourd'hui la République des
Etats-Unis de Colombie, était, par sa position géographique,
dans la zone d'influenee de l'ancien Pérou.

Le Pérou, tel qu'il était constitué sous les Incas, comprenait,
outre le Pérou contemporain, les républiques actuelles de
l'Equateur et de la Bolivie, une grande partie du Chili, et même
une notable superficie appartenant aujourd'hui à la république
Argentine. Ce vaste empire s'étendait de 4° de latitude nord
au 34° de latitude sud (Congrès, 1879, tome II, p. 110.)

divinités égyptiennes portent sur la tête », selon une
expression du capitaine Cook, si l'on n'a pas oublié
la remarque de Mariette-bey qui, en Egypte, dans
les tombeaux de l'Ancien Empire, à Saqqarah,
comme aux pyramides, certains bas-reliefs montrent
des ouvriers occupés à tailler du bois avec un outil
absolument semblable aux haches de pierre de
l'archipel polynésien ; enfin, si, outre ces similitudes,
il est tenu compte de ce qu'une ancienne tradition
attribue le premier peuplement de Java et des îles
de la Polynésie à « des gens venus en navires de la
mer Rouge, et qui auraient été bannis de l'Egypte »,
gens qu'on représente comme adorateurs du soleil,
et de cette autre tradition conservée au Pérou qui
veut que les premiers habitants de ce pays soit
venus par mer, l'on pourrait conclure avec quelque
raison qu'une colonie de civilisateurs ayant conservé
plusieurs des traits distinctifs de leur origine égyptienne, aurait, à une très haute antiquité, par le
moyen des îles de la Polynésie, abordé le Pérou,
tandis que l'Amérique du centre, le Yucatan et le
Mexique, à en juger par les indices que nous savons
maintenant avoir été particuliers à ces régions,
auraient plutôt subi l'influence directe de la Chaldée
et de l'Inde [1].

---

1. Gustave d'EICHTHAL a signalé de nombreux points de
contact entre la religion des peuples de la Polynésie et ceux de
l'antique Egypte, et cela est d'autant plus remarquable qu'ils

On sait déjà que les monuments khmers d'Ong-kor-Thom et d'Ongkor-Wât étaient placés sur terrasses en retrait, comme les édifices sur pyra-mides à terrasses du Mexique et de l'Amérique centrale ; mais on ignore peut-être que le vêtement cambodgien, tel que représenté sur les bas-reliefs de la terrasse, façade est du palais d'Ongkor-Thom, correspond en tout point au *maxtli* mexicain ; que, de plus, « ces bas-reliefs, qui représentent des caria-tides, offrent des personnages qui, par leurs poses, sont des copies exactes des mêmes cariatides en bas-reliefs, sculptées sur les chapiteaux des colonnes et les piliers du temple le *Castillo*, à Chichen-Itza, dans le Yucatan [1].»

Enfin, le jeu de paume au Cambodge se pratiquait comme le *tlachtli*, le jeu de paume maya, toltèque, aztèque, et on y recevait la balle, du pied, du genou, de l'épaule, de la tête, du coude, mais jamais de la main [2].

Faut-il voir là le fruit d'une importation posté-rieure, ou faut-il remonter plus haut jusqu'à l'époque où les différentes branches de cette grande famille

ne se retrouvent qu'en minime partie dans la mythologie de l'Inde.» Hyacinthe de CHARENCY, *De l'Unité d'origine du genre humain*, p. 29.

1. Désiré CHARNAY, *les Anciennes Villes du Nouveau-Monde*, Préface, p. XI.

2. Idem, *Mémoire sur les Analogies*, congrès int. des Amé-ricanistes, 1890, p. 377.

Fig. 53.— Ruines du gymnase ou jeu de paume

Ce jeu de paume se composait de deux épaisses maçonneries, à m᾽
maçonneries, d'un écartement de 120 pieds, ont une longueur de 274᾽
on avait érigé sur un monticule un petit édifice, sorte de temple, en a᾽
Il est probable que le jeu s'ouvrait par quelque cérémonie religieuse.᾽

On sait déjà que les monuments khmers d'Ongkor-Thom et d'Ongkor-Wât étaient placés sur
terrasses en retrait, comme les édifices sur pyramides à terrasses du Mexique et de l'Amérique
centrale ; mais on ignore peut-être que le vêtement
cambodgien, tel que représenté sur les bas-reliefs
de la terrasse, façade est du palais d'Ongkor-Thom,
correspond en tout point au *maxtli* mexicain ; que,
de plus, « ces bas-reliefs, qui représentent des cariatides, offrent des personnages qui, par leurs poses,
sont des copies exactes des mêmes cariatides en
bas-reliefs, sculptées sur les chapiteaux des colonnes
et les piliers du temple le *Castillo*, à Chichen-Itza,
dans le Yucatan [1]. »

Enfin, le jeu de paume au Cambodge se pratiquait
comme le *tlachtli*, le jeu de paume maya, toltèque,
aztèque, et on y recevait la balle, du pied, du
genou, de l'épaule, de la tête, du coude, mais
jamais de la main [2].

Faut-il voir là le fruit d'une importation posté-
rieure, ou faut-il remonter plus haut jusqu'à l'époque
où les différentes branches de cette grande famille

---

ne se retrouvent qu'en minime partie dans la mythologie de
l'Inde. » Hyacinthe de CHARENCY, *De l'Unité d'origine du
genre humain*, p. 29.

1. Désiré CHARNAY, *les Anciennes Villes du Nouveau-Monde*,
Préface, p. XI.

2. Idem, *Mémoire sur les Analogies*, congrès int. des Américanistes, 1890, p. 377.

Fig. 53.—Ruines du gymnase ou jeu de paume Chichen-Itza, Yucatan, d'après Stephens

me se composait de deux épaisses maçonneries, à m railles perpendiculaires, courant parallè.
'un écartement de 120 pieds, ont une longueur de 274 pieds. A une centaine de pieds plus loin,
ur un monticule un petit édifice, sorte de temple, en a ant duquel s'élevaient deux colonnes c
que le jeu s'ouvrait par quelque cérémonie religieuse.

humaine ne s'étaient pas encore répandues en dehors de leur habitat primitif et possédaient en commun certains usages qui se sont modifiés ou perdus chez les uns et conservés chez les autres aux époques des migrations de ces peuples? L'une ou l'autre de ces deux conclusions s'impose.

Il ne faut pas oublier, d'autre part, que l'art maya-quiché dans son ensemble, a parfois des ressemblances égyptiennes et phéniciennes vraiment singulières. Qu'on lise, par exemple, la description suivante de dieux carthaginois, qui peut aussi bien convenir à l'Inde qu'à l'Amérique :

« L'on voyait à l'angle des frontons, sur le sommet des murs, au coin des places, partout des divinités à tête hideuse, colossales ou trapues, avec des ventres énormes, ou démesurément aplaties, ouvrant la gueule, écartant les bras, tenant à la main des fourches, des chaînes ou des javelets.»

Cette description, prise dans *Salambô*, de Flaubert, n'en a pas moins la valeur d'un texte historique, lorsque l'on connaît la fidélité scrupuleuse de l'auteur pour tout ce qui touche aux parties archéologiques de son œuvre.

Quant au physique de la population elle-même, nous voyons, dit l'auteur de l'*Amérique préhistorique* (p. 551) dans l'Amérique centrale, comme dans la vieille Egypte, des populations au teint rouge et cuivré, des hommes constamment représentés avec peu ou point de barbe. Et pourtant, n'a-t-on pas dit aussi que les femmes indiennes du Mexique, agenouillées, la tête et le buste immobiles, le regard fixe, la poitrine haute, ont l'air d'antiques statues égyptiennes ; la ressemblance est si frappante, qu'on *rêve malgré soi* à la parenté possible des deux peuples [1].»

Ce sont sans doute toutes ces similitudes qui ont donné lieu aux théories avancées par plusieurs auteurs d'immigrations de Chananéens, de Phéniciens, d'Egyptiens, d'autant plus que ces immigrations par l'Atlantique n'ont pas été matériellement impossibles. Des marins de Tyr n'avaient-ils pas, six cents ans avant J.-C., doublé le cap de Bonne-Espérance et accompli autour de l'Afrique un voyage de circumnavigation ? Ils auraient même entrevu la Mer des Sargasses, s'il faut en croire Scylax, mais la quantité d'herbe dont elle était couverte leur aurait fait rebrousser chemin. Quoi qu'il en soit, il n'est pas historiquement prouvé que les Phéniciens, les Carthaginois ou les Egyptiens aient jamais atteint l'Amérique. Comme on vient de le voir, pour rechercher l'explication la plus vraisemblable de ces similitudes diverses, trop frappantes pour être l'effet du hasard, il faut remonter jusqu'à l'époque où les différentes branches de cette grande famille humaine n'avaient pas encore quitté le berceau qui les avait vu naître et possé-

---

1. Lucien BIART.

daient en commun, en outre des traits de physionomie et de mentalité, certains usages qui se sont
modifiés ou perdus chez les uns et conservés chez
les autres aux époques des migrations de ces peuples.
Dispersés en tant de régions diverses, ces peuples,
qu'unissaient de lointaines affinités de sang et de
croyances, ont continué, pendant de longs siècles, à
travailler sur un fonds d'idées et d'images, que la
différence des lieux, du temps et des matériaux
propres à chaque pays devaient à la longue modifier
d'une manière plus ou moins sensible, ne présentant
parfois, dans leur manifestation extérieure, que des
nuances qui ne sont perçues que par un œil exercé.

Il est possible, cependant, qu'il y ait eu, après
une première immigration partie de la Chaldée ou
de l'Inde primitive, une ou des immixtions postérieures de groupes plus ou moins nombreux de
gens de même origine venus directement de l'Indo-
Chine, et cela peut-être à une date assez rapprochée
de l'ère chrétienne. Les analogies que je viens de
mentionner, jointes à celles déjà signalées dans la
première partie de mon livre, prises isolément, sont
peu de chose ; mais, réunies, elles forment un puissant faisceau de preuves qu'il a pu en être ainsi. Il
est certain que l'occupation définitive de l'Inde par
les Aryas a obligé des milliers, des millions peut-
être, de ses anciens habitants à aller au loin se créer
de nouvelles patries. D'après les Mayas eux-mêmes,
leurs ancêtres auraient abordé le Yucatan à deux

Fig. 54.—Statue provenant de Palenqué.

(L'expression du visage fait songer aux statues égyptiennes, tandis que la coiffure rappelle les coiffures assyriennes. Comme les statues égyptiennes, celle-ci porte un cartouche avec une inscription hiéroglyphique indiquant le nom du personnage ou le uom du dieu qu'elle represente.)

époques différentes, sous la conduite de deux chefs devenus leurs héros divinisés. La première de ces deux immigrations serait venue du côté de l'Est à travers l'Océan, guidée par Itzamma ; Kukulcan aurait conduit la seconde venue par l'Ouest [1].

Les conclusions de ce chapitre n'offrent évidemment aucune certitude scientifique ; ce sont plutôt des hypothèses, qui n'ont pour elles que la vraisemblance. Mais les hypothèses, quand on ne les admet pas sans quelque fondement, ont cela de bon qu'elles indiquent la voie où il faut poursuivre les recherches, lesquelles conduisent souvent à la découverte de la vérité.

Le seul fait qui me paraît démontré touchant la provenance de la civilisation de l'Amérique précolombienne, c'est que cette civilisation est d'origine kouschite, apportée ici par des émigrés de cette souche partis de l'antique Chaldée, ou de l'Inde ou d'un point du littoral entre la grande péninsule et la plaine euphratique, vers l'époque de la dispersion des diverses branches de cette grande famille humaine. Le déchiffrement des inscriptions que portent les vieux monuments américains, si jamais on parvient à les lire, nous en apprendra probablement davantage sur ce sujet [2].

---

1. D.-G. Brinton, *American Hero Myths*.

2. Il est certain que les accidents de la navigation ont jeté autrefois sur le sol de l'Amérique, comme ils l'ont fait, de notre temps, des hommes de divers pays. La connaissance de l'Amé-

rique du Nord par les Islandais, d'origine scandinave, en l'an
1000, serait due à un de ces accidents de mer. D'après M.
Bancroft, on aurait recueilli sur les côtes de la Californie,
depuis 1852 à 1875, viugt-huit navires asiatiques, dont douze
seulement étaient vides (*The Native Races of the Pacific States
of North America*, t. V., p. 52.) En 1885, un navire japonais,
poussé par des vents contraires, est venu s'échouer sur les côtes
de la Californie.   Au siècle dernier, on a également constaté
que plusieurs jonques chinoises avaient été entraînées par les
courants marins sur les côtes de l'Amérique (De Nadaillac, *Les
Premiers Hommes*, t. II, p. 106.) Le même fait a dû se produire aux époques préhistoriques. Les Chinois, dix siècles
avant l'ère chrétienne, naviguaient déjà au loin.   Toutefois, les
hommes ainsi transportés par les courauts du Pacifique à travers
le cours des âges, ont dû l'être par groupes trop infimes et à des
intervalles trop éloignés, la navigation n'étant point alors ni
aussi générale ni aussi développée que de nos jours, pour
exercer une influence marquée sur les mœurs des indigènes.
Il nous semble plutôt qu'ils ont été absorbés par les populations
au milieu desquelles ils se sont trouvés mêlés. Néanmoins, ces
apports accidentels suffisent peut-être pour expliquer pourquoi
on a trouvé, ci et là, dans les deux Amériques, soit dans les
idiomes parlés par quelques tribus, les Chinouks, par exemple,
soit, dans l'ornementation de certains vases mexicains ou péruviens, quelques ressemblances physiques, quelques vestiges,
quelques symboles, lesquels, sans être chinois, nous font pourtant songer à la Chine ou au Japon. C'est encore de cette
manière qu'on pourrait expliquer l'infiltration de certaines
influences bouddhiques qu'on a cru constater, à en juger par
des figurines en terre cuite trouvées sur quelques points du
territoire du Mexique et du Yucatan, et qu'on peut voir dans
les galeries du Musée au Trocadéro.   L'attitude générale, quelques traits du visage, certaines parties du costume des personnages représentés sur ces statuettes, dit M. Hamy (*Journal de la
Société des Américauistes*, 1897-1898, p. 105), évoquent aussitôt
à l'esprit le souvenir des idoles bouddhiques, que le Japon, la
Chine, l'Inde et Java ont multipliées pendant des siècles avec
tant de profusion.

IV

INFLUENCES CHAMITIQUES SUR LES CIVILISATIONS
SÉMITIQUE ET ARYENNE

Cependant, plusieurs points de comparaison appliqués aux Chamites le sont également à d'autres peuples que l'on sait avoir été d'une origine différente ; comment expliquer ces rapprochements ?

Les civilisations sémitique et aryenne offrent, il est vrai, plus d'un trait commun avec la civilisation chamitique. La mythologie des Grecs rappelle celle de la Babylonie, de l'Assyrie et de l'Egypte. Hercule se confond avec Melquart, Aphrodite avec Astarté, Athéné avec la déesse égyptienne Neith ; seulement, de ces mythes orientaux, la magie de l'imagination hellénique a changé leur brutalité en grâce, leur crudité sensuelle en beauté sereine : elle a tout idéalisé [1].

C'est ce que les Aryas avaient déjà fait dans l'Inde, dans une mesure moins parfaite, si l'on veut, à l'égard de Çiva et autres divinités kouschites, en les transformant, en les parant de légendes, de façon

---

1. Alfred FOUILLÉE, *Le Peuple grec*, Revue des Deux-Mondes, 1er mai 1898, p. 61.

23

à leur enlever ce que leur laideur morale avait de
trop répugnant. L'influence de la religion phénicienne se fit sentir sur toute l'Asie Mineure, et en
particulier dans les villes maritimes de l'Ouest:
l'Artémis d'Ephèse était la sœur de l'Astarté phénicienne, la même déesse-nature sous un autre nom.
Les systèmes cosmogoniques des Babyloniens, des
Phéniciens, des Grecs et des Romains accusent plus
d'un trait de conformité. Certaines similitudes de
rites, d'habitudes religieuses et de dispositions
architectoniques, chez les Grecs et les Romains,
démontrent des emprunts manifestes à la civilisation des Assyriens, qui, eux-mêmes, avaient tout
reçu des Chaldéens. Toutes les mesures de longueur, de poids et de capacité en usage à Rome, à
Athènes, comme en Phénicie, en Asie Mineure,
proviennent du système sexagésimal des Babyloniens, qui nous ont aussi donné la mesure du temps
et de la révolution diurne du soleil, la semaine de
sept jours, etc. Quant à l'astronomie, elle apparaît
comme une science déjà constituée en Chaldée et
en Egypte dès la plus lointaine antiquité. C'est de
l'Inde, toutefois, que la philosophie pythagoricienne
aurait emprunté ses principaux éléments, suivant
le professeur von Schroeder.

Il existe d'abord un premier fonds d'idées, de
croyances et de procédés communs à toutes les
races humaines, puis certaines conceptions qui

doivent être rangées parmi les souvenirs que les peuples chamitiques, sémitiques et aryens ont gardés d'avant leur séparation. Mais il semble que la civilisation chamitique avait déjà atteint son apogée d'épanouissement alors que les tribus aryennes et sémitiques en étaient encore à prendre quelque consistance politique. Ce sont les Chamites qui, par le fait de l'antériorité de leur civilisation et par suite de leurs aptitudes commerciales et industrielles, ont de bonne heure porté au loin, en même temps que leurs produits industriels, la connaissance des arts et leur influence civilisatrice. «C'est surtout l'influence que ces sociétés primitives ont certainement exercée sur cette humanité plus jeune qui, sous les noms de Grèce et de Rome, a créé, tout autour de la Méditerranée, la civilisation bien plus avancée et plus brillante dont la nôtre n'est que le prolongement. L'Egypte et la Chaldée avaient inventé les procédés et créé les modèles qui sont venus, vers l'époque d'Homère, éveiller le génie plastique de la Grèce. Après de longs tâtonnements, ce génie commence alors à nourrir de hautes ambitions et il aspire à faire œuvre d'artiste ; mais, au premier moment, il emprunte plus qu'il ne crée ; presque tous les motifs qu'il emploie sont de provenance étrangère... Parmi les lointains ancêtres dont nous avons recueilli l'héritage, cette civilisation qui, de siècle en siècle, développe avec tant d'ampleur ses ressources et sa puissance, ce sont peut-être encore les Chaldéens qui ont le plus de droits à notre respectueuse et filiale reconnaissance [1].»

Les Assyriens, d'origine sémitique mais Kouschites de civilisation, font sentir leur influence sur une grande partie du continent asiatique ; les Mèdes, les Perses et les tribus helléniques de l'Asie Mineure leur empruntent les premiers éléments de leur mythologie, de leur art et de leur architecture. « Ce dont il est impossible de douter, écrit M. Ferguson, est que ce qu'il y a d'ionique dans les arts de la Grèce a son origine dans les vallées du Tigre et de l'Euphrate. La civilisation de la presqu'île d'Argos en particulier nous apparaît, dès l'origine des temps historiques, présentant un caractère essentiellement asiatique. C'est de l'Asie Mineure, alors dans l'aire d'influence des Hittites, que vinrent les ouvriers qui bâtirent Tirynthe, Mycènes [2], et à qui il faut aussi attribuer ce bas-relief qui orne l'entrée de la célèbre acropole des rois, et qui témoigne d'un art primitif encore inaccessible aux Grecs. D'autre part, l'influence des Egyptiens et des Phéniciens eut une portée immense sur la civilisation européenne. De fait, ces deux peuples ont été les véritables fondateurs de la civilisation européenne et occidentale. Si les dernières expériences physiques ont détruit à

---

1. PERROT et CHIPIEZ, *Histoire de l'Art dans l'Antiquité.*

2. Fr. LENORMANT, *Les premières Civilisations*, vol. II, p. 410.

tout jamais la théorie des générations spontanées, les découvertes archéologiques contemporaines nous ont également appris à ne plus croire au phénomène d'une civilisation naissant sans appoint extérieur en un endroit quelconque du globe et se développant grâce au génie d'une race privilégiée. Les résultats de la science positive de nos jours montrent dans la succession des temps, les peuples initiés à la civilisation par le contact d'autres peuples déjà policés [1]. La première civilisation que nous rencontrons, aussi haut que nous pouvons remonter le cours des âges, est celle des Chamites ; ce n'est pas la première civilisation qui ait existé, mais c'est la première que nous connaissons et dont nous pouvons, grâce au progrès des études archéologiques modernes, parler aujourd'hui d'après des données positives. C'est cette race qui, aux temps préhistoriques, après avoir colonisé une partie de l'Asie et de l'Afrique, envoie jusqu'en Amérique ses premiers colons civilisés. C'est cette race, représentée par les Phéniciens, à une époque où les ancêtres d'Athènes et de Rome étaient encore à l'âge de la pierre, qui abordait à tous les rivages de la Méditerranée et de l'Europe jusqu'aux Iles Britanniques, jusqu'au littoral de la mer Baltique, répandant partout les mille objets de leur industrie et apportant à tous, en même temps que la connaissance de l'alphabet, le

---

1. PERROT et CHIPIEZ, ouvrage cité.

ferment de la pensée, accomplissant, six cents ans
avant l'ère chrétienne, autour de l'Afrique, un voyage
de circumnavigation. « L'âge du bronze en Europe
serait, non pas l'irruption d'une race nouvelle qui
aurait anéanti les sauvages primitifs de l'âge de la
pierre, mais bien l'ère de la grande influence de la
civilisation de l'Asie antérieure, créée par les Babyloniens, colportée par les Hittites à travers les terres
jusqu'à la mer Egée et à Mycènes, et par les Phéniciens le long des côtes dans toute l'Europe occidentale [1]. « Sans le Melquart de Tyr, disent encore les
auteurs de l'*Histoire de l'Art dans l'Antiquité*, sans
les marins dont il conduisait la marche à travers
l'inconnu, comme le mouvement de la civilisation
aurait été changé, comme l'essor en aurait été
ralenti ! Qui sait quels longs âges se seraient écoulés
avant que les Pères des Grecs et des Romains
sortissent de cette barbarie où se sont attardés,
jusqu'au commencement de notre ère, dans la vallée
du Rhin et dans celle du Danube, les tribus des
Germains et des Celtes.»

C'est encore cette même race, maritime, commer-
ciale, industrielle, adoratrice des astres et des puissances de la nature, représentée, on a tout lieu de
le croire, par les Sabéens du Sud de l'Arabie, qui
va exploiter les mines d'or du Mashonaland, dans
l'Afrique australe. «Les Sabéens, disait Agathar-

---

1. E. RECLUS, *L'Homme et la Terre*, t. II, p. 58.

chide, ont dans leurs maisons une abondance incro-
yable de vases et d'ustensiles d'or et d'argent.
Leurs édifices ont des portiques aux colonnes revêtues d'or et surmontées de chapiteaux d'argent... ;
ils font des dépenses énormes pour l'ornementation
de ces édifices, où ils emploient l'or, l'argent,
l'ivoire, les pierres rares et en général les matières
auxquelles les hommes attachent le plus de prix.»

Les récentes études de M. T. Bent [1] ont fait
voir que les explorations aurifères du Sud de
l'Afrique remontent à la plus haute antiquité, que
ce pays était le centre d'une production d'or intense.
D'après un calcul de M. F.-B. Fairbanks, les travaux d'extraction couvrent un espace de 4000
milles anglais. Le voyageur Maud estime à des
millions de tonnes la masse remuée là au Mashonaland dans les siècles passés, ce qui suppose des
milliers d'esclaves, tout un peuple. On extrayait
l'or au .moyen de véritables puits de mines et de
galeries souterraines. Des experts évaluent à plus
de deux milliards la quantité de métal recueilli.

---

1. Voir à ce sujet : T. BENT, *The ruined cities of Mashonaland*, Londres, 1893.—R. SWAN, *The orientation and architectural nature of the ruined Temples of Mashonaland*. (En
appendice au volume de T. Bent.)—Willoughby. *A narrative
of further excavations at Zimbabye*, Londres, 1893.—Mathers,
Zambesia, Londres, 1891, et Etudes religieuses, à l'article :
ZIMBABYE, *Les grandes ruines de l'Afrique du Sud*, année
1895, vol. III, p. 227.

Partout dans la région aurifère entre Zambèse et Limpopo, nous trouvons, parmi les ruines, cousistant principalement en tours et enceintes à étages fortifiées, des colonnes avec symboles des cultes phallique et solaire, et, à côté de ces symboles, des orientations, traces probables d'un culte solaire.

Les vieux édifices avaient été construits en granit, avec des matériaux taillés et juxtaposés sans mortier. On rencontre encore aujourd'hui dans les attrayantes et fertiles vallées de l'Inyanga, quoique maintenant désertes pour la plupart, des escaliers de terrasses anciennement cultivées, des murs d'enclos, des aqueducs, des travaux défensifs ; on y voit aussi des restes de fourneaux, de forges et de nombreuses excavations, car il est évident que la recherche de l'or a été la raison première de l'occupation de ce pays. Les fouilles de Zimbabyeh ont livré un disque en bois très dur représentant sur le pourtour du cercle les signes symboliques des mois, signes qui correspondent à ceux des zodiaques chaldéens (Norman Lockyer, *The Dawn of Astronomy*.)

Nous sommes ici tout simplement en présence de ruines et d'une civilisation d'origine kouschite. Il est possible que Zimbabyeh ait été le célèbre « Ophir » que visitaient les flottes phéniciennes du temps de Salomon ; mais l'on s'accorde généralement à voir dans ces chercheurs d'or les Sabéens de l'Arabie. « L'époque à laquelle s'établirent les

Fig. 55 Zimbabyeh. — Mur d'un temple décoré.
(E. RECLUS. l'*Homme et la Terre*.)

premiers exodes arabiques, dit le plus éminent des géographes de nos jours [1], se perd dans la nuit des temps ; est-ce 4000 ans avant nous ou plus, est-ce seulement 3000 au temps de Salomon et de Hiram ? Ce qui est certain, c'est que les communications entre les deux centres avaient cessé longtemps avant le début de l'ère chrétienne et n'ont été reprises que beaucoup plus tard.»

Que M. Henry Schlichter (*The Geographical Journal*, 1899) ait découvert dans l'Inyanga une inscription qu'il croit sémitique, il n'y a là rien d'étonnant. Déjà les Sabéens n'étaient peut-être plus que des Chamites sémitisés, et nous savons que les Phéniciens des temps historiques, alors que presque partout les Chamites se confondirent avec les Sémites, parlaient une langue sémitique. Les Hébreux offrent également, dans la forme matérielle de la vie, plus d'un trait particulier aux Chamites. La formation et l'éducation des fils d'Abraham se passèrent en plein pays chamitiques. En Chanaan, le peuple choisi était entouré de Chamites, et on sait au prix de quelles peines les prophètes ont réussi à le maintenir dans la pratique du vrai culte.

Les découvertes archéologiques contemporaines nous apprennent encore que les symboles trouvés dans les ruines de quelques anciennes villes de Cypre, de la Crète et à Mycènes, proviennent du

---

1. E. RECLUS, ouvrage cité, t. II, p. 250.

Sud de l'Asie ; mais l'existence de pareils symboles a aussi été constatée en Amérique ; bien plus, ces symboles ont les mêmes combinaisons et accusent la même idée fondamentale [1]. Le Sud de l'Asie ! c'est le pays d'origine de tous les peuples kouschites, et les premiers habitants connus qui ont habité l'île de Cypre sont les Phéniciens, venus aussi d'abord des contrées baignées par la mer Erythrée [2]. Ils dominèrent en Crète aux temps qui précèdent l'histoire. Et pendant que les marins de Tyr et de Sidon fondaient partout des comptoirs sur le littoral méditerranéen, prenaient terre sur les côtes de la Grèce et même de l'Italie, d'autres intrépides navigateurs, partis du même et premier pays d'origine, atteignaient, à travers le Pacifique, le continent américain, apportant avec eux une industrie, une culture intellectuelle, une croyance et des usages communs à tous les descendants de Cham.

---

1. It is acknowledged now that the symbols which have been found in the buried cities of Knossos, Crete and Mycenae were received from Southern Asia, but the very same symbols are also found on the American Continent, and what is more they have the same combinations and seem to have the same underlying thought. (*The Migration of Symbols*, dans l'*American Antiquarian*, année 1903, p. 334.)

2. La plus ancienne couche des objets cypriotes est enfouie sous une strate d'origine orientale, indiquant l'ascendant civilisateur des Hittites, des Phéniciens, des Assyriens et autres peuples ayant les ports de Syrie pour point de départ. (Elisée RECLUS, ouvrage cité.)

V

QUESTION DE LINGUISTIQUE

Il y a dans toute cette étude sur l'origine des peuples civilisés de l'Amérique précolombienne une question de linguistique dont il importe de dire quelques mots, non en vue de lui donner une solution définitive, mais plutôt pour expliquer un fait qui tout d'abord semblerait militer contre l'origine kouschite de cette ancienne civilisation.

Aucun américaniste n'ignore qu'à l'époque de Christophe Colomb, les langues parlées par les indigènes de notre continent appartenaient au groupe de langues dites agglutinantes. Or, Sémites, Chamites et Japhétiques sont donnés comme ayant formé à l'origine une seule et même famille, et, naturellement, avant la séparation initiale, ils devaient parler une langue commune. La parenté des langues chamitiques et sémitiques est même un fait acquis à la science. Cependant, dès qu'ils entrent dans l'histoire, nous voyons les Sémites et les Japhétiques faire usage de langues, déjà bien mélangées, il est vrai, mais parvenues à l'état flexionnel, c'est-à-dire appartenant à cette classe de

langues qui ont atteint le plus haut degré de développement, qui se prêtent le mieux à l'expression de
la pensée. Il aurait dû en avoir été ainsi des langues
parlées par les Chamites, et, conséquemment, si la
thèse invoquée dans cet ouvrage touchant l'origine
de la civilisation de l'ancienne Amérique est vraie,
nous devrions trouver des traces de cette forme
de langage, du moins chez quelques-uns de ses
habitants aborigènes. Or, nous le savons, il n'en
est rien pour ce qui regarde l'Amérique, et, fait
singulier, les progrès des études linguistiques et les
découvertes archéologiques récentes nous apprennent qu'il en a été de même dans les contrées
orientales primitivement habitées par les Chamites.

Les assyriologues, très étonnés d'ailleurs de leur
découverte, ont reconnu que non seulement l'origine
de la civilisation chaldéenne, mais que la langue
dans laquelle sont reproduites les plus anciennes
inscriptions cunéiformes, n'appartiennent ni aux
Aryens ni aux Sémites. La langue figurée par ces
premiers signes est du type agglutinant, sans flex-
ions, et qui, dans son ensemble, constitue un mode
de parler étranger à celui des immigrants qui vinrent plus tard se fixer en Mésopotamie. La patrie
de cette langue et de cette écriture mésopotamienne,
venues par la voie de la Susiane, doit être recherchée
dans le pays d'Elam, à en juger par les êtres et les
objets que représentent un certain nombre de ces

signes figuratifs [1]. L'Elam est une région située à l'Orient du Tigre inférieur, et nous savons, d'autre part, que c'est au cours de « leur migration de l'Orient » que les Kouschites arrivèrent en Chaldée. Le terme sumérien du pays était Nimma, dit M. J. Oppert, mot qui exprime également la contrée du Levant. Il est possible, ajoute le célèbre orientaliste, que ce mot, qui se rencontre dans les textes de la Susiane sous le nom de Nimma, soit identique à celui de Nimrod qui, dans la Bible (Gen. X) et dans le prophète Niché (v. 6.) est l'expression de tous le pays généralement désigné par le mot Elam.

Les idiomes, morts depuis des siècles, qui se parlaient au temps de la haute antiquité dans la région à l'est de la Mésopotamie, c'est-à-dire dans la Médie et la Susiane, et aussi dans la Babylonie et la Chaldée, étaient des idiomes nettement agglutinants. Ils se parlaient concurremment avec l'assyrien de la famille sémitique.

« L'akkadien ou suméro-akkadien est un langage qui s'est fixé de très bonne heure, que l'adoption de l'écriture dès une très haute antiquité a comme cristallisé, de même que le chinois, à un état de grammaire remarquablement primitif, dans le premier stage de l'agglutination, quand il conservait

---

1. Elisée RECLUS, *L'Homme et la Terre*, t. I, p. 492. J. de Morgau, *Histoire de l'Elam.*

encore de nombreuses traces de l'état isolant et rhématique [1].»

Dans les textes trilingues que nous voyons sur les parois des rochers et qui furent gravés par ordre des souverains akhéménides, la deuxième place, après le perse, est occupée par une langue agglutinante, qui était le parler populaire, c'est-à-dire celui des anciens habitants du pays, tombés sous la domination des conquérants aryens [2]. Les premiers habitants de l'Iran sont donnés comme Chamites par leur origine.

Quant à la flexion nominale proprement dite, les idiomes de la famille chamitique n'en offrent point de traces. La conjugaison de l'égyptien, comme celle de toutes les autres langues chamitiques, est presque purement agglutinante. Et n'était leur rapport étroit avec les idiomes sémitiques, qui oblige à les grouper avec eux, dans la même classe, on hésiterait à les compter parmi les langues à flexion.

« On peut, du reste, ajoute Lenormant, définir, avec Friedrich Müller, la parenté qui existe entre les deux familles de langues chamitiques et sémitiques, comme étant plutôt dans l'identité de l'organisme que dans la coïncidence des formes toutes faites. Les deux familles ont dû se séparer à une

---

1. F. Lenormant, *Histoire ancienne de l'Orient*, t. I, p. 364.

2. E. Reclus, *La Terre et l'Homme*, t. I, p. 418.

époque où leur langue commune était encore dans une période fort peu avancée de développement. En même temps, la persistance des langues sémitiques dans leurs formes anciennes à travers toute la période historique, est un gage du grand éloignement de l'âge où langues sémitiques et langues chamitiques n'étaient pas encore nées, mais où existait un idiome à jamais disparu dont elles devaient procéder les unes et les autres. Enfin, la famille chamitique paraît s'être divisée de très bonne heure en différents rameaux ; les idiomes qui la composent sont alliés de bien moins près les uns aux autres que ne le sont entre eux les idiomes sémitiques ou syro-arabes [1].»

Un des rameaux de cette grande famille, immigré aussi, on a tout lieu de le croire, de très bonne heure en Amérique, y est arrivé avec une langue en voie d'évolution et qui d'ailleurs dût bientôt subir une profonde transformation par contact, par mariages ou autrement, avec les autochtones. Peut-on retrouver dans les langues parlées par les tribus indigènes les mieux conservées du Pérou, de l'Amérique centrale et du Mexique, quelques affinités linguistiques avec certains idiomes de l'Inde et autres lieux primitivement habités par les Chamites ? Quelques voyageurs, des missionnaires, le préten-

---

1. F. LENORMANT, ouvrage cité, t. I, p. 370.

dent. Personnellement, je suis absolument incom-
pétent à me prononcer sur cette matière.

Il n'y a aucun doute que le parler des premiers
immigrés civilisés arrivés en Amérique en était
encore à l'état de langue agglutinante, qu'elle y est
demeurée telle, en y acquérant même un trait particulier propre aux langues américaines, qu'on a
appelé le polysynthétisme et qui n'est qu'une extension de l'agglutination. En tout cas, ce parler est
aujourd'hui perdu ; tout au plus pourrait-il en
subsister quelques vestiges chez les descendants les
moins mélangés de ces lointains ancêtres. De la
langue aztèque même, la dernière parlée de l'idiome
nahua, il ne reste guère plus que le tiers des mots
confondus dans les patois modernes [1]. Quoi qu'il en
soit, « la répartition des différents types du parler
humain en idiomes monosyllabiques ou juxtapo-
sants, agglomérants ou agglutinants et langues du
type à flexion, n'a qu'une valeur purement formelle
et ne saurait servir de base à une classification véri-
tablement méthodique... Les progrès de la philologie comparée tendent de plus en plus à nous faire
reconnaître entre les idiomes, en apparence les plus
dissemblables, de ces analogies difficilement attri-
buables au pur hasard [2]. »

---

1. AUBIN, *Mémoire sur la peinture didactique.*

2. Le comte de Charency, Etudes algiques, *Journal de la
Société des Américanistes de Paris*, 1903, p. 53.

Peut-être retrouverions-nous quelque chose de ce vieux langage si nous pouvions enfin parvenir à lire les inscriptions gravées sur les plus anciens monuments de l'Amérique préhistorique, ou qui nous paraissent tels. Malheureusement, il manquera toujours à l'archéologue américain sa pierre de Rosette, secours inespéré qui nous a livré la clef des inscriptions pharaoniques.

Je ne suis pas loin de croire que l'orientaliste, versé dans la connaissance des plus anciens idiomes des contrées originairement habitées par les Kouschites, familier avec la lecture de l'épigraphie assyrienne, égyptienne, phénicienne, punique, etc., serait peut-être le savant le mieux qualifié pour réussir à déchiffrer les katuns mayas et autres écritures hiéroglyphiques de l'Amérique centrale. Il en est peut-être de cette vieille langue et de ces inscriptions comme du genre des monuments, de la genèse des idées religieuses et sociales des peuples civilisés de l'Amérique préhistorique, qui nous sont expliqués par les découvertes et les études des antiquités orientales.

FIN

TABLE DES MATIÈRES

—

TABLE DES GRAVURES

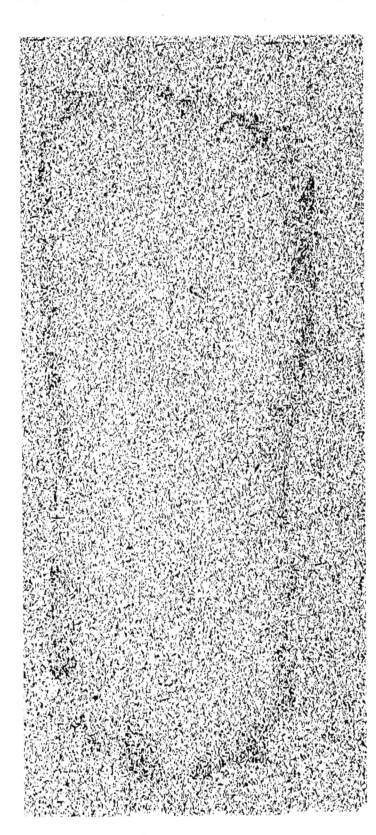